女性なるものをめぐって

深層心理学と女性のこころ

豊田園子
Sonoko Toyoda

創元社

まえがき

私たちは多くのあたりまえの中で生きている。人間には女性と男性がいるということもそのひとつである。あたりまえは疑問を封じてしまう。あたりまえを受け入れたら、面倒なことは考えなくても生きていけるのかもしれない。しかしもしふと、これまであたりまえだと思ってきたことが、必ずしもそうではないと気づいたなら、そのときはこれまで見えていなかった新たな景色の中に、これまでとは違う自分を発見するかもしれない。

人が自分のことをわかっているつもりになっているのも、ひとつのあたりまえである。ところが、いろいろなことが思いどおりにいかなかったり、自分で自分のことをもてあましてしまうようなことがあると、時には自分の中にまるで別人がいるように感じてしまうこともあるだろう。少し考えれば、自分ほどわからないものはないと気づかされる。

女性というものについても、これまであたりまえとされることが多かった。たとえば、懐妊するという身体の機能から、当然のように女性は「母性」と結びつけられ、自分を主張することよりも、人のために献身することが賞賛されてきた。長年の歴史の中で形作られてきたこうした女性についてのイメージは、いまだに女性たちを縛っている。不妊治療がこれだけさかんなのは、そのひとつの表れだろう。

いわゆる「女らしさ」というステレオタイプも、女性側からの訂正を求めるブーイングがありつつも、いまだに影響を受けている女性は少なくない。そこには男性から見た、望ましい女性のイメージが幅を利かせている。さしでがましくなく、気配りができるといったことだけでなく、外見や服装などにも及ぶ。そうした女性イメージが、現代においては、マスメディアによって拡散しているため、知らないうちに、そうしたことをあたりまえと思わされてしまうこともあるだろう。

長い間、世の中は男性中心で動いてきた。世の中を動かすルールはほとんどが男性を基準にしたものである。ただ世の中で許された女性の特質は生殖を含めた身体的な性の領域だったのかもしれない。あるいは男性の幻想の中の男性に都合のよい女性イメージだったのかもしれない。女性は無理やりでも、男性が作ったルールに合わせているうちに、自分の本性を自らも大事にできなくなってしまったとはいえないだろうか。男性を基準とする世界の中では、女性は他者となる。つまり主役ではなく対象となる。たとえば、「見られる」立場である。自分がしたいことをする前に、「どう見られるか」が気になってしまわないだろうか。

もちろん現代では自分の能力を生かして、生き生きと活躍している女性も多くはなっている。しかし一方で、性被害をこうむるのは圧倒的に女性だという事実が依然としてあることを忘れてはならない。そこには男性側の一方的な態度、すなわち女性の人格を無視し、自らの欲望の対象としてしか見ないという、いわば女性を物化してしまうというところがある。片や、女性の側も自分を守りきれない脆弱さ、諦めがあるのかもしれない。

もちろん事はそれほど単純ではなく、さまざまなことがその背後にはあるのだろう。男性がもつ、女性を思うように支配したいという欲望の背後には、女性への恐れ、女性に対するコンプレックスもあるだろう。また、この世界では発揮する場を与えられず、能力を阻まれた抑圧された女性のパワーは、そのぶん、影のちからとなって、見えないところで、人々を操作したり、ネガティブな作用をすることもある。たとえば、母親が無意識のうちに、子どもの自立の芽を摘んでしまうことも珍しくない。

このような状況は男性、女性にかかわらず、不幸なことではないだろうか。女性が男性の基準に合わせられないといって、自分を低く見る必要はないだろう。女性は女性という本性をもっと大事にしていいのではないだろうか。こんなことを筆者は長年考えてきた。それは筆者が女性であるということもあるが、長年にわたって心理カウンセラーとして、相談に訪れた多くの女性たちのお話を聴かせていただくという中で考えてきたことでもある。

筆者は深層心理学の一翼を担うユング派の訓練を受けたので、人間は意識している以上にこころの深層の無意識に動かされているとする立場をとっている。ユング心理学では、人間が意識できていない無意識をも含む広大なこころの領域を統合する自己(Self)というものを想定し、自己からのメッセージを夢などを通して汲み取ろうとすることで、その人が本来いちばんその人らしく生きられる生き方を模索する。まさに見えない世界への探索となる。

そうした中で、女性たちの生き方がいかに不自由で、あたりまえという型にはめられてしまっているかを痛感することになった。もちろんそれは筆者とて例外ではない。いつのまにか知らないうちに、そのような型にはめられていることで、本来のその人らしさを否定したり、裏切ることすらある。なぜそうなってしまうのだろうか。女性が本当にその人らしく、自分を肯定して生きるためにはどうしたらいいのだろうか。今流布している女性イメージは本来の女性の姿ではなく、もっと別のものがあるのではないか。などと考えていくうちに、今は見えなくなっている女性の本質、女性の尊厳を支えるものとして、スピリチュアルな側面を考えてみたらどうかと筆者は思うようになった。

そのきっかけについては序章の「わたしのユング心理学」を読んでいただきたい。女性に本来備わっており、女性に女性としての尊厳を与えるものとして、筆者はそれを「女性的なスピリチュアリティ」と呼んだ。それは本書でもいろいろなかたちで、各所に取り上げられているので、少しでも理解していただけたら有り難いと思う。しかし一方で、理解していただくのはとても難しいかもしれないとも怖れている。なにしろそれは否定され歴史の舞台から姿を消してから、はるかな時が経っているからだ。何よりも女性自身がその存在を忘れてしまっている。しかも白黒はっきりさせる論理の世界には馴染まない、つかみどころのないものなのである。それがたとえ何かわからないXであったとしても、それによって女性が無理せずに、今よりも生き生きと生きられるようになれる何かだと思っていただけたらと思う。

本書は、筆者が心理臨床という場を与えられて以来の長い時間の中で、女性をめぐるテーマで少しずつ考えてきたことを、そのつどつどに文字にしたものを集めている。ずいぶん古いものもあるが、その時の勢いもあるので、あえて修正は加えずほぼそのまま紹介している。

女性なるものについて問いかけ、追いかける、長い旅の記録のようなものかもしれない。それによって、とても女性の本質に迫るところまではいけてはいないが、さまざまな素材と切り口で、自分なりにわずかでも外堀を埋めるようなことをしようとした。本書を手に取っていただいた方に興味をもっていただけるところがひとつでもあり、そこからまた新たな問いかけをしていただけるようなら、こんなに嬉しいことはない。

（それぞれが別の機会に書かれたものであるために、本書には重複的な内容があり、目障りな印象をもたれるかもしれないが、くり返し述べている部分は特に重要な部分でもあるので、ご容赦願いたい。

さらに時間の経過の中で語句の使い方に微妙な変化があったことをお断りしたい。たとえば、「こころ」と「心」の使い分けは、基本的にはたましいに近いニュアンスのときは「こころ」とし、マインドに近いときは「心」としたが、かなり以前に書いたものではその区別をしていないものが多い。また、「力」と「ちから」についても、男性的なニュアンスのときは「力」、女性的なニュアンスのときは「ちから」と意識して書き分けたところもあるが、そうなっていないところも多い。「言葉」と「ことば」の区別も同様である。統一するべきかとも思ったが、あえて書いたときのままにした。）

女性なるものをめぐって――深層心理学と女性のこころ ◈ 目次

〔凡例〕

❖本文中の用字用語は、原則、執筆当時の表記のままとした。

❖同一章内で、節によって文体（常体／敬体）が変わる箇所があるが、テーマの流れや執筆当時の雰囲気を重視し、元のままとした。

❖ギリシア神話の神／女神名は、可能なかぎり岩波書店刊『ギリシア・ローマ神話辞典』の表記に準拠した。

❖欧文人名の原綴りは、参考文献中に取り上げられているものについては、ファーストネームをイニシャルのみとし、文献にないものは、初出時にフルスペルを入れた。

❖聖書からの引用は、特にことわりのない限りは聖書協会共同訳としたが、文脈上、新共同訳を採用した箇所もある。

序　章

わたしの
ユング心理学

はじめに

今日は三月三日のお雛祭りの日、女の子の節句です。このような日に少し女性ということについて考えてみるのもいいのではないでしょうか。ここにお集まりの女性であれば、おひとりおひとりが女性としての体験をされてきたはずです。女性であることがとても喜ばしいことであると感じてこられた方もいらっしゃるでしょうし、時に重荷となった方も、あるいは言われなき差別を受けて、男性に生まれたかったと思われた方もいらっしゃるかもしれません。そもそも男性女性という意識をもつことがけしからんと思った方もいるかもしれませんし、男性をひそかに馬鹿にしながら男性を立ててきた女性もいるかもしれません。

最近ある若い女性が「女性はいつもブレーキをかけている」と言っていました。男性はのびのび遠慮なく能力をいっぱいに使うことができたり、したいことをすることができるが、女性はそうではない、というニュアンスでしたが、こういう感じをもたれたことはあるでしょうか。結局、女性はありのままで生きることが難しいということかもしれません。

性別を意識しすぎではないか、仕事に関しては男性も女性も関係ないと考える方もあるかもしれません。しかし心理療法の仕事をするというのは、まず生きている自分というものが土台ですから、自分が女性に生まれている以上、自分が女性であることを無視することはできないというのが私のスタンスです。が、やはり女性であることについてのこだわりは強い方かもしれません。それは育った環境が関係していると思います。

私は三人の兄の下のひとり妹として生まれ、同胞内での男女の差別を受けて育ったので、自分が女性という意識は子どもの頃から高かったかもしれません。たとえば女性同胞だけとか、あるいはそうでなくても最初に生まれた子どもは女の子であっても親の期待を多く引き受けるものかと思いますが、私の場合はまったく親から期待されない子どもとして育ちました。それはそれで気楽でよかったと思いますが、同時に意欲をもつことなく、ひどい怠け者になってしまいました。なにしろ私の父は「女は勉強なんかしたら不幸になる」というのが持論でしたから。ただ、とにかく若い頃から小説に出てくる女性があまりに男性に都合よく描かれていることに腹を立てる感じはずっとありました。たとえば村上春樹でもそう思われることがないでしょうか（★注1）。

1 ❖ ユング心理学との出会い

それでも私は普通に結婚して普通に子育てして、〝奥さん〟をして……というふうに思っていました。私の周りは皆そうでしたし。それがこんなふうに思わぬ道に来てしまったのは、ありふれた話ですが、いわば人生の危機があったからです。それまでは何かあっても努力すればなんとかなるという価値観で来ていたものが、ガラガラと崩れるという経験ですね。つまり努力すればするほど事態が悪くなるということになって途方に暮れたのです。そのときに出会ったのがユング心理学でした。そのとき自分に起こっていることの意味が、ユング心理学によって少しはわかるような気がしたのです。

もっとユング心理学について勉強をしたいと思い、河合隼雄先生の門を叩こうと思ったのが、そもそもこの道に来るきっかけでした。入った京都大学の大学院ではいきなり心理療法の訓練が待っていました。私はそういう仕事があることは知ってはいましたけれど、そういう仕事を自分がしたいと思ったことは一度もなかったのですが、否応なしにそこに引き込まれることになりました。そもそも四月の授業が始まる前から先輩が電話をかけてきて、院生は必ずすることになっているのだからと言われ、何もわからないままにいきなり療育教室というところに連れていかれ、重い自閉症の子どもと関わることになったのです。しかも、大学院では心理療法の実際の訓練ばかりで、ユング心理学についての講義もありませんでした。私は自分でこの仕事を選んだわけではなく、気づいたらなぜかしていたという感じで、どこか〝迷い込んでしまった〟という気持ちをもち続けてきました。それが私の弱さですね。覚悟が足りない。それは絶対にあると思います。

スイスのユング研究所に行くなどということもまったく思いもつかないことでした。ところがなぜかいろんなコンステレーション（★注2）が働いてしまい、バタバタと物事が進んで最後は「もう逃げられない」という思いでスイスに行きました。ただ京大でもユング心理学については、あまり系統だって学ぶことはできませんでしたから、勉強の機会を与えられたのはよかったと思います。

2　心理学以前のこと

ただ、あとから思うといろんな布石があったのかなと思います。私はそもそも大学ではフランス文学を専攻しました。といっても大学紛争というものがあった頃で、大学が封鎖されたりしていたので、勉強はあまりしていないですね。仏文を選んだのは、高校生のときにアルベール・カミュの『異邦人』を読み、カミュを好きになったからでしたが、大学時代はむしろカミュ熱はさめていて、興味はいろいろに飛んでいました。いろいろな研究室を覗いていたのですが、心理学だけは避けていました。でも、どことは決めきれずに結局のところ仏文に行くことになりましたが、卒論は古典であるラファイエット夫人の『クレーヴの奥方』で書きました。あとから考えると、これは仏文史上最初の心理小説といわれているものです。そのうえ、卒論のときにいちばん参考にしていたのが、*Vers L’inconscient du Texte*（『テキストの無意識に向けて』[1]）という本だったのも、ずっとあとになって気が付いたことです。大学時代の私は、無意識というものにほとんど興味をもっていなかったと思います。ただその後一年足らずですがフランスにいたことがあって、そのときにたまたま本屋に山積みになっていた本でマリー・カーディナル（Cardinal, M.）という人の*Les Mots pour Le Dire*（『語る言葉』[2]）という本を夢中になって読んだことがあるのですが、それはある女性が精神分析を受けた体験を書いたものでした。その頃はそんな仕事があるというのはあまり知らなかったので、男性分析家との間で揺さぶられる女性の心を不思議な気持ちで読んだのかもしれません。

それから若い頃の私は美術史に興味をもっていたのですが、フランスではロマネスク美術に夢中になりました。ロマネスク様式というのはゴシック様式の大寺院が立てられる前の時代一二世紀に建てられた円いアーチが特徴の教会建築に見られるものですが、私は教会の扉上の空間や柱頭を飾る彫刻に魅了されました（図1参照）。それは言葉にならない感動だったのです。なぜこのようなこともわざわざ言うのかといえば、そのこととそののちの興味がどこかつながっていると思うからです。ヨーロッパではキリスト教に席捲される前にはケルト民族がドルイド教という自然崇拝的な宗教をもっていたのですが、ロマネスク教会はドルイド教の聖地の跡地に建てられていることが多いのです。そしてそこは黒マリア信仰の巡礼地として今も多くの巡礼者が訪れます。黒マリアというのは、文字どおり黒い色をしたマリア像なのですが、キリスト教以前の地母神の面影を残しています。それはキリスト教の枠組みの中でわずかに残った女性的な要素なのです。私がロマネスク彫刻に心動かされたのは、場所のちからや、そういう女性的なちからの系譜をどこか感じたから

図1　知恵の実を取るイブ、ロマネスク彫刻の傑作　（オータン、フランス）

かもしれません。

ユングのことを知る前に、もうひとつ美術への関心から興味をもったことに曼荼羅があります。空海が唐から持ち帰った両界曼荼羅を東寺の宝物殿で見たときに、やはりことばにならない感動を覚えました。今思うと、若い頃はまだ時間もあって、いろんなことに感動できたのだと懐かしく思います。

3 ❈ 京大時代のこと

さて、ユング心理学を勉強したいと京大に入るべく試験を受けたのですが、一年めは受からず、そんなときに京都の丸善で *Sabina Spielrein: Entre Freud et Jung*（『ザビーナ・シュピールライン：フロイトとユングのはざまで』[3]）という本を偶然見つけて買っています。一九七七年になってシュピールラインの日記やユングやフロイトと交わした手紙類がジュネーヴで発見されて、彼女とユングとの親密な関係が明るみに出されたわけですが、その資料をイタリア人のアルド・カロテヌート（Carotenuto, A.）がまとめてイタリア語で出版したもののフランス語訳です。英語の翻訳はこれより三年後なので、ずいぶん早くにシュピールラインの名前を知ったことになります。なぜか女性をめぐる問題に自然と導かれてしまう感じがあります。

京大では改まってのユング心理学の講義はなかったですが、河合隼雄先生からはもちろん多くのことを学びました。山中康裕先生も非常に張り切っておられましたし、先輩方も素晴らしい方々で、本当にいい時代を過ごさせていただきました。何しろ私は臨床心理学の知識や経験がまったくゼロの状態で京大に入っていますので、周りからしたら私の無知に呆れていたことと思いますが、私の方は見聞きするものすべてが新しく、新鮮で、少しずつ心理療法の世界に馴染んでいきました。いろいろな女性たちとの面接で多くのことを教えられると同時に、女性であることの問題も考えさせられました。その頃、河合先生がアメリカからユング派の女性が書いた女性に関する本をたくさん持ち帰られて、院生たちに読むようにと配ってくれたことがありました。当時アメリカでは男性と同等であることを主張したいくぶん闘争的なフェミニズムの波が下火になり、男性とは違う女性の本質は何かということに改めて取り組む女性たちが出てきていたのです。今思えば、そういう動きを敏感に捉える河合先生は素晴らしいと思います。

4 ❖ スイス——沖縄との出会い

さて、はからずもスイスにまで行ってしまったのですが、日本では目が回るほど仕事が忙しかったのに、仕事がまったくない生活が始まり、まずは分析を受ける（★注3）ということで、自分に向き合うことになったわけです。いろいろありましたが、自分にとっていちばん大変だったのは、分析家を移ったことだと思います。私は著作に感銘を受けた男性分析家についたのですが、私はその分析家にすばらしいイメージをかぶせることで、自分がどんどんエネルギーを失っていってしまったことに、あるとき気づくことになったのです。それは大変つらい体験でもありましたし、そのことによって私は自分自身の中に根強い男尊女卑の気持ちがあることに気づきました。その後、私は女性分析家に移り、息を吹き返しましたが、このことによってもまた自分が女性であることを考えさせられることになりました。

そしてそのスイスで、私は沖縄に出会います。ユング研究所では民族学のレポートを出さないといけないのですが、何のテーマにするか迷っているときに、京大の先輩で一緒にアルバイトに行っていたことからいろいろ教えてもらっていた井上亮さんという方（残念ながらお亡くなりになってしまったのですが）が、その頃アフリカのカメルーンにシャーマン修行に行かれていて、つまりそこのメディスン・マンのフィールドワークに行かれていて、帰りにチューリッヒに寄られたんですね。話をする中で民族学のテーマをどうするか迷っていると話したら、沖縄にしたらと勧められたのです。

それでまずは現地の図書館に文献を見に行き、そこで「沖縄では女性は男性よりも霊的に優れていると見なされている」という一文に出会い、衝撃を受けたのです。その後、チューリヒ大学の日本学図書館に行くと、そこではいろいろな文献と出会うことができました。というのも元日本学教授のアウェハント先生は、実は晩年の柳田國男の弟子で、沖縄の波照《はてる》間島《まじま》の専門家だったのです。

そこで調べていくと、沖縄では霊的に優れているとみなされている女性が宗教祭祀のリーダー的な役割をとり、男性は世俗的なリーダーとなるということ、特に男性にとって女性同胞は「おなり神」といって守り神的な位置づけであることなど、いろんなことがわかってきました。

そうした男女の形態は日本でも古墳時代までは同様であったのではないかということ、ただ日本は仏教が

図2　久高島のノロ　（中山太郎『日本巫女史』より）(4)

早くに到来したために、女性のそういう特質は尊重されないようになっていったことがわかりました。この写真（図2）もまた私に衝撃を与えました。これは久高島《くだかじま》のノロの写真です。「ノロ」というのは宗教祭祀のリーダー的女性のことですが、私はこの威厳ある姿に圧倒されました。それは長年私自身にも植え付けられてきた女性らしさのイメージとはまったく違っていました。強く、厳しく、圧倒的な存在感です。

5 ❖ 「女性的なスピリチュアリティ」を考えるように

結局は民族学のレポートにとどまらず、私はここから触発されて「女性的なスピリチュアリティの系譜」という資格論文を書きました。そこでは日本文化の中で、女性の中にあるかもしれないそういう特質がどんどん尊重されなくなり、忌避されるようになっていったことを日本神話などでたどりました。そこでは同時に男女関係において同胞の絆よりも、夫婦の絆の方が強くなっていく過程をたどることができました。女性の霊的な優位性。現代を生きる女性たちは、自分の中にそんな特質があることはまったく自覚してないことがほとんどではないでしょうか。むしろあったら邪魔ぐらいの感じではないかと思います。しかし男性と同じように業績をあげても疲弊するばかりでそれが自信に結びつかなかったり、関係性の中だけでしか自分を評価できなかったりする女性の話を聴くにつけ、個としての女性が尊厳をもつためには、もうすっかり忘れられてしまっているそうした特質を取り戻すことが大事なのではないかと考えるようになったのです。

私が「女性的なスピリチュアリティ」と呼んだものは、女性が今や忘れてしまった、つまり、もはや無意識の底に沈められた何か、女性にとって本質的なもの、女性としての尊厳を与えるものであり、関係性の中でなく、個としての女性を支えるものです。女性の本質というと、母性ということが思い浮かぶかもしれませんが、母になるためには子が必要なので、女性をひとりの個として考えることはできません。それは沖縄の女性たちが宗教祭祀を担ったように、非合理的で、なかなかことばにもなりにくいものかもしれません。しかし大いなるものの気配を感じるちからであったり、直感的な知恵ともなりうるものではないかと想像します。

もちろんこれを別の名前で呼ぶこともできるでしょう。たとえばマリオン・ウッドマン（Woodman, Marion）は「女性的意識（Conscious femininity）」ということを言い、その象徴として叡智の女神ソフィアをあげています[5]。女性的な知恵は古くにはもっと尊重されていたかもしれないことは、旧約聖書の「知恵の書」では知恵の人称は「彼女」になっていることからもうかがえます。女性がもつこのような知恵は、男性中心の世の中になると邪魔になり、排斥されることになります。その端的な例が魔女狩りかもしれません。魔女狩りが汚れなき処女マリア崇拝の高まりと同時期に起こったのは興味深いところです。男性に都合のよい女性像しか許されなくなっていく、ひとつの例ともいえます。日本でも女性的なものは美意識としては受け継がれたかもしれませんが、「赤不浄」「白不浄」といわれるように女性の血は汚れとみなされましたし、仏教でも女性は男性に変化しないと成仏もできないというように、女性は男性の従属的な位置に置かれてきました。女性はありのままの自然な状態では生きにくくなったのです。

6 ❖ ユングと女性性の再評価

合理的精神や科学的思考が行きわたり、「神も死んだ」世界において、ユングが長く抑圧されてきた女性性に目を向けたのは大変な功績だと思います。それは無意識というものをフロイトが考えた個人的なレベルにとどめず、集合的なレベルにまでに深化させたことで初めて為しえたことでした。まさに無意識の奥底で女性は発見されたのです。いまや『赤の書』としてその詳細を知ることができる、いわゆるフロイトからの離反後の無意識との対決の中で、ユングは女性と直面したからです。彼は自分のこころの中に自立性をもった女性が息づいていることを認めざるを得なくなりました。この、こころの奥底の女性人格で表されるようなもの、それを「アニマ」と呼んだのです。「たましい」という意味です。それは失われていた自然という女性的なものであり、それとのつながりを回復することが、男性が全体性を回復するためには必要だと考えたのです。

ユングは父なる神を仰ぐ西欧のキリスト教世界が女性的な精神性を否定してきたことに対しても異議を唱えました。キリスト教が言う「父と子と聖霊の三位一体」の神格に対し、「四」というのがあるべき全体性だとして、第四のものとして女性を考えたのです。しかしここで少し問題なのは、ユングはあるときは第四のものとして、女性をあげながら、あるときは第四のものとして悪をあげているのです。これはトリッキーです。これでは、女性イコール悪となりかねません。それはイブから始まった女性に悪を押しつけるキリスト教の伝統と同じともいえます。それよりも聖霊を意味するヘブライ語ルアーハという言葉が女性名詞であることを考えてみる方がいいのかもしれません。ユングもまた、

> 初期のグノーシス主義の観念によれば、鳩の姿で現れる聖霊はソフィア、サピエンティア、智恵でありキリストの母であると考えられていた（Jung, C.G., 1954）[6]。

と書いています。しかしそれでもこの世界にとって欠けているものとして女性原理がいかに大事であるかを指摘したユングの功績は、女性にとってもはかりしない意味があると思います。

> アニマとは〈キリスト教の〉教義で言う魂《ゼーレ》、つまり哲学的概念である《理性魂》ではなく、自然な元型である。自然な元型とは無意識、未開人の霊魂、言語史や宗教史、の語ることすべてを十分に含んだものである（Jung, C.G., 1936）[7]。

とユングは言っています。また、「アニマはあらゆる範疇を越えた生命である」（同上）[8]とも言っています。それは生命の元型といってもいいのではないでしょうか。ユングは男性との関係の中でアニマを考え、そこに四つの発達段階を提示しました。第一段階はイブで象徴されるものであり、第二段階はトロイのヘレンで象徴され、第三段階は聖母マリア、第四段階が女神ソフィアで象徴され、より高い価値が置かれています。

ユングが無意識の底に見出したアニマ、それは長く女性が忘却のもとに無意識に置き忘れてきた「女性的なスピリチュアリティ」と関連はあるのでしょうか。しかしユングはこれは男性のこころの中にこそあるものであって、女性の中にあるとは考えませんでした。女性には男性人格で表されるようなアニムスがその代わりにあるとしたのです。

7 ❖ ユングに惹かれた女性たち

女性的なものの価値を高く評価したユングの周りには多くの女性たちが集まり、ユングはそうした女性たちが自分たちで女性の本質について探求するように励ましました。フォン・フランツ、バーバラ・ハナー、エスター・ハーディングなどといった傑出した女性たちがすぐれた著作を残しています。妻のエマ・ユングやトニー・ウルフは言うまでもありません。ユングは女性たちが自己実現に向かって進むことを促しました。多くの女性たちが女性としての自分ならではの道を探求したのだと思います。しかしそれは必ずしもうまくいかなかったのではないでしょうか。

> 一九四九年から一九五二年のあいだ私は多くの時間を「女性とスピリット」の問題に思いをめぐらせていた。私は（一九四三年に亡くなった）ピーター・ベインズ博士の助手として働いているときに頼りにしていたスピリチュアルなちからを探していたのだ。しかし見出すことはできなかった。私には大変理解のある愛すべき夫と、実際的に手を差し伸べてくれる良き友たちがいた。しかし職業的に私はひとりぼっちだった。私は女性の同僚たちをとても尊敬していたが、私は男性の「スピリチュアルな権威」

> を求めていた。女性として私は大地に根を張りながら、スピリットを求めた。肉体の中にはまだ理解できないような「エッセンス」があり、私はそれについても、また活動や「存在すること」においてそれが何を意味するのかが分からなかった（Champernowne, I., 1980）[9]。

これを書いたのは、トニー・ウルフが亡くなる前日に彼女の分析を受けた女性です。結局、女性は男性の中にスピリチュアルな権威を求めてしまい、自分の中に確かに「エッセンス」として感じてはいるものを大切にすることは難しかったのだと思います。これをずいぶん昔の話だと、今は違っていると言うことはできるでしょうか。私自身もまた、まだまだこのようなところがあるのではないかと思っています。

せっかくユングは女性性の回復ということに大きな働きをしたのにもかかわらず、弟子の女性たちが必ずしも、自分の中の女性の本質をつかみきれなかったのはなぜでしょうか。

そこには先にも述べたように、ひとつの問題として、ユングがアニマを女性の中に見ようとしなかったことがあると思います。アニマに対応するものとして、女性の中には男性として人格化されるようなアニムスというものを考えたのです。

> 女性は男性的な本性によって補償されている。だからこそ女性の無意識は、いわば男性的な兆候を持っているわけである。ここから男性と女性とのいちじるしい違いというものが出てくる。このような事情に即して私は、投影を形成する動因を女性の場合にはアニムスと名付けたが、この語は理性あるいは精神を意味している。アニマが母性的なエロスに照応するように、アニムスは父性的なロゴスに照応する（Jung, C.G., 1976）[10]。

とユングは述べていて、さらに女性のこのロゴスは「熟慮考察から成っているのではなく、個人的意見の寄せ集めだからである」（同上）としています。そこから聞きかじりの意見を言いたがる女性はアニムスにとり憑かれた女として揶揄されることとなりました。ユングのアニマとアニムスの男女への割り振りは、現実に生きている男女の逆のものが無意識にあるという発想でした。そこには男女について二項的に相いれないものとする姿勢がはっきりしています。しかし私が「女性的スピリチュアリティ」を考えるときには、男女を同胞異性の関係で捉えたいと思うのです。つまり同じルーツをもつ同胞異性は「違うけれど同じ」なのです。

現在ではアニムスというのは人格化されるようなものではなく「はたらき」を言っているのだという意見や、「自我」と言ってもいいのではという意見もあり、男女を問わずどちらの性であっても、アニマもアニムスもあるという考え方をする人が増えています。アニマが生命の元型であるということからすれば、女性の中にそれがないというのは不自然なことです。しかしユングは男性＝ロゴス、女性＝エロスという振り分け方に縛られていた面があったように思います。たとえばタイプ論（★注4）においても、感情タイプを女性に、思考タイプを男性に結びつけがちなところがありました。しかし面白いことに彼は思考タイプの女性に大変惹かれていたのです。最近、ナン・サヴェイジ・ヒーリー（Healy, N. S.）という人が書いたトニー・ウルフの評伝[11]（*Toni Wolff & C.G. Jung: A Collaboration*, 2017）[11]が出版されましたが、トニーはまさに思考タイプでした。そしてこの評伝の著者はむしろユングが感情タイプだったのではないかと指摘しています。二人ともうひとつのタイプが直観であることは共通していますが。

最近エマ・ユングの評伝やトニー・ウルフの評伝が相次いで出版されたことで、男性の創造活動を支えてきた女性の働きということも考えさせられます。この二人にかぎらず、表に出ることはなくても、そうした女性は数かぎりなくいるのではないでしょうか。もちろんそうすることが自分の幸せである女性もいて、関係性の中にこそ自分らしさを発揮できると感じている女性もいるでしょうから、それについては何も言うことはありません。しかし、身も心も卓越した知性も、すべてユングに捧げてきたトニー・ウルフの晩年が幸せそうではなかったことには胸が痛みます。

ユングの周りに集まってきた多くの女性たちにとって、ユングはまさに「スピリチュアルな権威」である男性であったのでしょう。自らの女性としての本性を探求しながらも、女性たちはおそらく多くの自分の資質をユングに投影（★注5）していたのではないでしょうか。

8 ❖ 「女性的スピリチュアリティ」のイメージを求めて

ユングの言うアニマが女性にもあるという考え方をするならば、ユングがアニマについて書いていることは、私が女性的なスピリチュアリティと呼んでいるものと、イメージ的にはかなり重なるところがあるのではないかとも思います。それは自然であり、生命です。女性たちが自分でも忘れてしまい、確かに摑みがたくなっているそれを、いろいろ想像してみるヒントにはなるかもしれません。

ユングの女性心理学への貢献はこれだけにはとどまりません。母親元型（★注6）や母娘元型についての論述には女性が考えるべき多くのことが示唆されており、驚かされます。しかしそれに感激してばかりはいられません。そうしたことから多く学びながらも、それを鵜呑みにするのでなく、女性は自分の実感や違和感を大事にしていくことも必要だと思います。どうしても男性の権威に弱いところを自覚しなくてはなりません。言葉をもつのは男性であり、多くの書物が男性によって書かれているのですから、ついついそうなるのは本当によくわかりますが。

私が女性的なスピリチュアリティと呼ぶものは、理性では摑みきれないような、言葉にしにくいものです。合理的精神からいえば、胡散臭く、わけのわからないものでもあるでしょう。だからこそ、恐れられ、邪魔にされ、否定されてきたのだと思います。それを取り戻すことはそんなに簡単なことではないでしょう。でもそれを取り戻すのは、女性が尊厳をもつためには必要なことだと考えます。そしてそれは、この合理的精神が行き過ぎてしまった世界では、女性のためだけではなくて必要なことだと思うのです。

かくも得体の知れない女性的なスピリチュアリティですが、ここでそのイメージのヒントとして、鈴木大拙の『日本的霊性』について考えてみたいと思います。鈴木の言うそれは、鎌倉仏教において到達した悟りの境地ではありますが、彼がわざわざ日本的としているのは、彼が宗教以前とけなしている古神道の頃から日本人が自然に対する敬虔な気持ちをもち続けてきたこと、さらにやはり彼は思いきりけなしていますが平安文化の女性的な色合いなどの土台のうえに、いわばそういう日本人のＤＮＡがあって初めて外来の仏教が独自の進化を遂げたと考えたのです。彼は霊性について次のように言っています。

> 精神または心を物（物質）に対峙させた考えの中には、精神を物質に入れ、物質を精神に入れることが出来ない。精神と物質との奥に、今一つ何かを見なければならぬのである。二つのものが対峙する限り、矛盾・闘争・相剋・相殺などいうことは免れない。それには人間はどうしても生きて行くわけにいかない。なにか二つのものを包んで、二つのものが畢竟ずるに二つでなくて一つであり、また一つであってそのまま二つであるということを見るものがなくてはならぬ。これが霊性である（鈴木大拙、一九四四）[12]。

この霊性は「宗教意識」と言い換えてもよいとも言っています。またその特徴として大地性をあげています。

霊性というと、いかにも観念的な影の薄い化物のようなものに考えられるかも知れぬが、これほど大地に深く根を下ろして居るものはない。霊性は生命だからである。大地の底には底知れぬものがあるからである。空翔けるもの、天下るものにも、不思議はある。しかしそれはどうしても外からのもので、自分の生命の内からのものではない。大地と自分は一つのものである。大地の底は自分の存在の底である。大地は自分である（同書）。[13]

彼が神道をけなしたのは、それが汚れを祓うことで清浄を求めることをもっぱらするというところでした。彼の言う霊性的自覚は泥にまみれた苦悩の中からこそ生まれいずるものだったのです。彼が言う大地性は確かに女性的なスピリチュアリティにも当てはまりそうです。しかし彼が否定したような天とのつながりが無いかといえば、それも違うような気がします。むしろどっちもあるのではないかと思います。また清らかさと汚れであっても、どちらもある。どちらも否定しないのが女性的なスピリチュアリティではないかと思います。

鈴木大拙はさらに華厳経に言う事事無礙法界《じじむげほっかい》について述べていて、

黒は黒でない、白でない、そして黒にもなり、白にもなる。そして黒は黒であるという。それが事事無礙法界である。さらに言い換えると、すべてがすべてであって、そのまま一々であり、一々がそれぞれの一々であって、そのまま他の一々であるということである（同書）。[14]

これは究極の悟りの境地なのかもしれませんが、女性的なスピリチュアリティにはそういう面がありそうな気がします。

9 ❈ イザイホー

さて、ここで突然話はまた沖縄になります。実は今日の講演で沖縄のことを少し取り上げようと思ったのは、昨年（二〇一八年）一二月にイザイホーの記録映画を見る機会を得たからでした。それが沖縄のことを思い出させてくれたのです。

イザイホーというのは、沖縄で神の島といわれている久高島《くだかじま》で一二年に一回、四日間にわたってなされる、島の女性たちが神女《しんにょ》になる儀式です。一九七八年まで行われ、今は途絶えてしまっています。その島では女性はすべてこの儀式を経て、神人（カミンチュ）になります。一二年に一度のこの儀式で新たに神人となる候補者は三〇歳から四一歳の女性、つまりほとんどがすでに出産を経験している女性です。そこには血の汚れなどという発想はありません。

先ほども述べましたが、昨年一二月に『岡本太郎の沖縄』という映画が公開されました。岡本太郎は一九五九年に沖縄を訪れたときに、「〝ほんとうの日本〟がここにある」と言って感激しましたが、そのときに岡本太郎が撮影した久高島のノロである女性の写真（図3参照）に感銘を受けた葛山喜久《かつらやまよしひさ》監督が作ったのが今回のドキュメンタリー映画です。岡本太郎はその後一九六六年のイザイホーの年に再び久高島を訪れ、この儀式をつぶさに見て、多くの写真を残しています（図4参照）[15]。

この『岡本太郎の沖縄』という映画の中では、一九六六年までアメリカ占領下にあった沖縄のテレビ局が撮った映像が一部用いられたのですが、その元の映像を見る機会がありました。それは先ほどお見せしたチユーリヒで出会った久高島のノロの写真（図2）を蘇らせる体験でした。そこから私はやはり、女性的なスピリチュアリティのことを考えていきたいと思ったのです。

石牟礼道子はイザイホーに立ち会った経験を文章に残しています。

図3　久高島のノロ　（岡本太郎撮影の写真より）

図4　イザイホーで神女となった女性たち　（岡本太郎撮影の写真より）

> 初日、暮れゆく御殿庭の前に全員髪の具などをほどき去り、身を浄めて、垂れ髪白衣（神衣）となった女神たちが、その籠り屋から御殿庭に出てきた。
> 家族とも島の者たちとも離れて、ひたすら「七つ屋」ごもりを続けていて、はじめて神と接した「ナンチュ」を中心に、付き添う形の姉神たちや年とった国神たち、その従神たちの姿は形容を絶する。そくそくと入魂の表情でほとんど伏目となり、犯しがたい野性の気品ごときが匂い出ていた。（中略）
> 三日目の朝、髪を結あげて清らかな白鉢巻を背に垂らした神女たちは「イザイ花」をその髪にさしていた。イザイ山から全員で「エーフヮイ、エーフヮイ」とゆっくりとなえながら合掌しつつ列をつくって、朝陽のさす中を御殿庭に出てきた。白衣の下の素足が素朴さの優美ともいえるものをかもしだす[16]。

イザイホーの核心は祖母の霊を孫娘が継承するということにあるといわれます。母を飛び越して祖母から孫というところに、女性的な知恵の継承ということがうかがえます。母と娘ではまだ関係は生々しく冷静になりきることはできません。

女性は娘・母・祖母という三つの相を含んで女性だということは忘れがちです。クレア・ダグラス（Douglas, C.）はユングがデーメーテールとコレーの神話を用いて母娘元型について述べた中で、「どの母親も娘を、どの娘も母親を、自分の中に含んでいるといえる。つまり女性は誰でも、過去に向かっては母の中へ、未来へ向かっては娘の中へと、自分を拡大する」と指摘していることを評価しつつも、そこにデーメーテール神話の第三の女神であるヘカテー、つまり老女の相について言及されてないことを批判しています[17]。彼女は何かが起こったことを知って、デーメーテールを導きます。産婆の女神でもあり、中世のキリスト教社会では、魔女の女王ともされたヘカテーは、女性的なスピリチュアリティについて考えるのにふさわしい女神かもしれません。

文明の速度の進み方の速い今日では、代々の女性から女性への継承はそんなにうまくいっていないように思います。自分の中の源泉とのつながりを失ってしまった女性は、自信をもって自分を生きることができず、可能性をもつ娘に嫉妬するか、過大な期待をもつか、しがみつくかになってしまいがちです。母と娘の関係がこじれることは、母親にとっても娘にとっても不幸なことです。

10 ❖ スピリチュアリティへの関心の広がり

私がユング研究所の資格論文を書いた頃は、日本で「スピリチュアリティ」ということばはそれほど使われてはいませんでした。それでもあえて「霊性」という訳語を使わなかったのは、「霊性」ということばもどこか胡散臭い感じをもたれそうだったからです。ところが今では「スピリチュアル」「スピリチュアリティ」ということばは世の中にあふれています。人々は科学技術が発達し、効率が優先するこの世の中で、いよいよ心が乾き、精神的な命の水を求めているのかもしれません。ユングの言っているように、人間は本来宗教的なものを必要としているに違いないのに、伝統的な教義宗教はそうした人々の受け皿たるべき魅力を失いつつあります。そういう集団には属さずに、もっと個人レベルで宗教的な体験をする、つまりヌミノースな体験を得ようとするときに、「スピリチュアリティ」ということばは用いられることが多いようです。場合によっては、非常にお手軽にそういうことを求めようとすることもあるでしょう。一般的には教義宗教に属さないで個人的にもつ宗教意識を「スピリチュアリティ」と言うのだと思います。教義を通さないのでそれはより直接的なものとして体験されますが、それだけに時には危険もあるかもしれません。

私が女性的なスピリチュアリティなるものを考えたのは、女性の本質的な資質としてそうした世界への開かれというか、感度のようなものがあったのかもしれなくて、その資質を取り戻すことによって、女性としての尊厳が得られるのではないかと考えたからでした。しかし女性的なスピリチュアリティが枯渇してしまうことの問題は女性だけの問題ではないということの男性側からの指摘もあります。デイヴィッド・テイシー（Tacey, D.）は *Remaking Men*（『男性を作り直す』[18]）という著書の中で、男性の母からの自立を象徴するものとしてよくあげられる英雄の龍殺しについて、龍を殺してしまってはいけないのではないかということを言っています。龍というのは呑み込むような母ともいえるし、女性的な無意識のちからともいえます。それは忌避され恐れられてきたけれども、実はそこに生命の源があるのではないかということです。テイシーがこのような認識をもったのは、彼がオーストラリアのアボリジニと交流のある環境で育ったことと無関係ではないと思います。

またテイシーは別のところで、イブについても次のように言っています。

> 蛇は男と女に「目をあけよ」と言った。それは意識の幅を広げよということのメタファーである。意識というものが最初に女性に起こり、そのあとに男性に渡されたのは興味深いことだ。これは道徳的にいえば、女性は堕落に陥りやすいという現われなのかもしれないが、心理学的には逆であって、女性たちの方が変化再生の有機的なプロセスのより近くに居るのであり、再生の可能性は何よりも命を産むものであるイヴに生じるのだ（David T, 2013）[19]。

このように、まずはこれまであたりまえと考えてきたこと、信じ込まされてきたことを疑ってみることから始めないといけないのでしょう。女性の感覚をもって疑問をもつこと、それが第一歩だと思います。文明の歴史の中で長い間、女性的なものが抑え込まれてきたという偏りを少しずつ正していく時期がそろそろ来ているのかもしれません。そのためには女性は男性から着せられた美しい衣装を脱ぎ捨て、自分の中の暗い部分もまた引き受けて自分のちからで自分の衣装を織っていく必要があるのだと思います。

おわりに

失われた女性的なスピリチュアリティの回復は女性だけの問題ではなく、より大きな世界のためにも必要なのではないでしょうか。世界が恐ろしいほど長い間、自然をないがしろにしてきてしまったことを人々は感じ始めています。

女性的スピリチュアリティは二項対立を超えたものです。心理療法においても、これまでは相反するものがぶつかることによって、新たな第三のものが生まれるというのがひとつのパラダイムでした。それもあっていいですが、「まったく違うのだけれど同じ、同じだけれど違う」というあり方もあっていいのではないでしょうか。

この世界への女性性の回復、魂の回復ということで、ユングの果たした役割は果てしなく大きかったと思います。それは個人の宗教性にも関わってきて、そのスピリチュアルなものを無視しては、現代に起こっているさまざまなこころの問題には対処が難しくなっているのではないでしょうか。テイシーは次のように言っています。

図5 「神秘の神の知恵は隠された知恵であり、世界を前にして我々の栄光を定める。それはこの世のいかなる王族さえも知らぬもの。……なぜなら聖霊があらゆるものに入り込むから」（C.G. Jung,, *The Red Book*, 1925）[21]

> ユングにとって魂は人間の精神よりも広大な寺院を要求する。それは人間性の寺院を求め、世界に住まうことを切望する。魂に仕えようとするなら、我々は社会的、あるいは文明的な次元で働く必要がある。とりわけアニマ・ムンディという局面において（*Ibid.*）[20]。

最後にユングの『赤の書』の中の絵（図5）をご紹介して終わりたいと思います。

この知恵を表す女神の姿は衣に包まれて、ほとんど見ることができません。三日月は女神ヘカテーのシンボルでもあります。これを女性的なスピリチュアリティのひとつの象徴的な絵であるかもしれないと、私は勝手に思うことにしました。女性が姿を現せるかどうかは、女性たちが自分の中の失われた源泉を取り戻せるかどうかにかかっているのかもしれません。なぜ女性はブレーキを踏んできたのか、それを考えながら今日は終わりたいと思います。

［注］

★注1……たとえば、川上未映子は村上春樹との対談『みみずくは黄昏に飛び立つ』の中で、村上の小説では女性が性的な存在として男性の自己実現の道具とされているとして、そのように感じる女性が少なくないことを指摘している。

★注2……一見ばらばらに見える事柄が、ある意味をもって布置されること。たとえばここでの筆者の体験としては、すべてが準備されていたかのように道が開かれてしまった。

★注3……ユングは治療者になろうとする者は自分自身が患者の立場で自分の無意識を見つめる分析を受けることが必須であると考えた。以来、深層心理学の分野の訓練において、〝分析を受けること〟は欠かせないものとみなされており、「教育分析」と呼ばれる。

★注4……ユングの「タイプ論」では、内向、外向という心の向かう方向とともに、人間の四つ心の機能をあげ、そのどれが優勢かによって、性格傾向を捉えている。四つの機能とは、合理機能としての思考と感情、非合理機能としての直観と感覚であるが、それぞれ二つの機能は相反しており、たとえば思考機能が優位な人は感情機能が劣等であると考える（「思考タイプ」）。またその場合は非合理機能である直観と感覚のどちらかが第二の補助機能として働くが、劣等機能である感情は未発達なままにあり、制御不能な弱点となる。同じように「感情タイプ」「直観タイプ」「感覚タイプ」という性格傾向が考えられており、相反するタイプの人は互いに理解するのが難しいとされる。

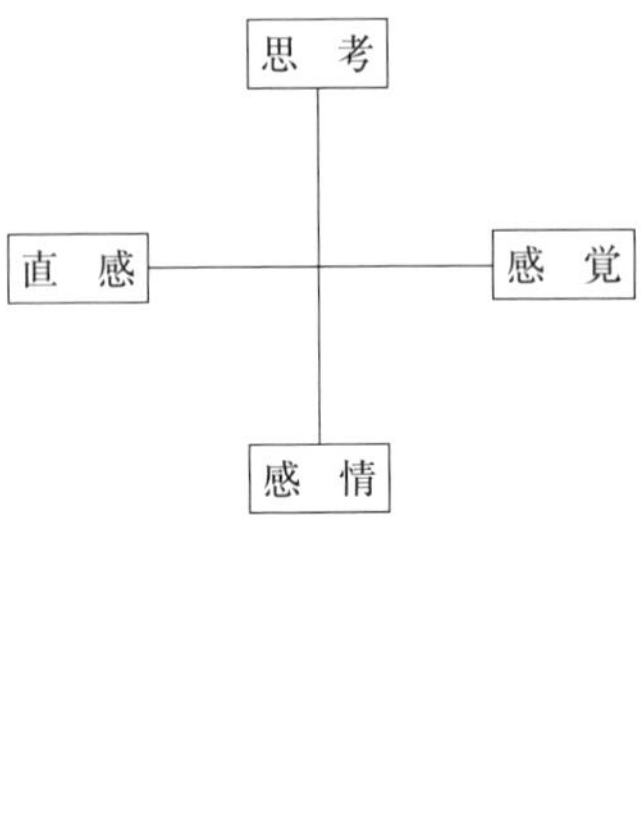

★注5……自分の内にありながら意識できていないものを外の他者に投げかけ、他者に見ること。自分で認めたくないネガティブなものを、他者に見て、他者を毛嫌いすることは起こりがちで

あるが、ときには自分の中の良いものを認められず、周りの人に見ることもある。

★注6……ユングは、人間の心の深層の個人を超えたより深い無意識を「集合的無意識」と呼び、そこには人間が時代を超えて代々引き継いできたさまざまな心のパターンがあると考え、それを「元型」と呼んだ。たとえば「母親元型」とは、すべての人の心の中にある〝母なるもの〟であり、われわれはそれをイメージとして捉えることができる。そのイメージはすべてを受け入れてくれるという肯定的なものから、すべてを呑み込むという恐ろしいものまでの幅をもつ。ユングの言うアニマも人々が抱く「女性なるもの」という元型と捉えられている。第6章1の（4）も参照。

［引用文献］

（1）Bellemin-Noël, Jean : *Vers L'inconscient du Texte.* PUF, 1979.

（2）Cardinal, Marie : *Les Mots pour Le Dire.* Édition Grasset & Fasquelle, 1975.

（3）*Sabina Spielrein Entre Freud et Jung.* Dossier découvert par Aldo Carotenuto et Calo Trombetta, Édition française de Michel Guibal et Jacques Nobécourt, Éditions Aubier Montaigne, 1981.（入江良平・村本詔司・小川捷之訳『秘密のシンメトリー――ユング／シュピールライン／フロイト』みすず書房、一九九一）

（4）中山太郎『日本巫女史』八木書房、一九二九

（5）Woodman, Marion: *Addiction to Perfection: The Still Unravished Bride.* Inner City Books, 1982.

（6）Jung, Carl Gustav: Der Begriff des Kollektiven Unwewußten. *GW9-1,* 1936.（林道義訳『元型論』紀伊國屋書店、一九九九、一六頁）

（7）Jung, C. G.: Über die Archetypen des kollektiven Unwewußten. *GW9-1,* 1954.（林道義訳『元型論』紀伊國屋書店、一九九九、五九頁）

（8）同書、七〇頁

（9）Irene Champernowne: *A Memoir of Toni Wolff.* C.G. Jung Institute of San Francisco, 1980, p.8.

（10）Jung, C. G.: *Aion: Untersuchungen zur Symbolgeschichte.* Rascher Verlag, 1951.（野田倬訳『アイオーン』人文書院、一九九〇、二九頁）

（11）Healy, Nan Savage:*Toni Wolf & C.G Jung: A Collaboration.* Tiberius Press, 2017.

（12）鈴木大拙『日本的霊性』角川書店（ソフィア文庫）、二〇一〇、三〇頁

（13）同書、六四頁

（14）同書、四一五頁

（15）岡本太郎撮影（一九五九）、平野暁臣編『岡本太郎の沖縄』小学館クリエイティブ、二〇一六、一六二頁（日本放送出版協会二〇〇〇年刊の追加・再構成）

（16）石牟礼道子『最後の人――詩人高群逸枝』藤原書店、二〇一二、四一八〜四一九頁

（17）Douglas, Claire: *The Woman in the Mirror: Analytical Psychology and the Feminine*. Sigo Press, 1990, pp.74-75

（18）Tacey, David: *Remaking Men: Jung, Spiritually and Social Change*. Routledge, 1997.

（19）Tacey, David: *The Darkening Spirit: Jung, Spirituality, Religion*. Routledge, 2013, p.93.

（20）Ibid., p.150.

（21）Jung, C. G.: *The Red Book: Liber Novus*. S. Shamdasani (ed.), W.W.Norton & Company, 2009.（河合俊雄監訳、田中康裕・高月玲子・猪股剛訳『赤の書』創元社、二〇一〇、一五五頁）

第 1 章

女性であることとスピリチュアリティ

1 ❖ 心と身体とスピリチュアリティ

1 ❖ スピリチュアリティへの新たな関心

かちかちに固まってひび割れた地面に、水がしみ込んでいく。人生でいちばん初めの記憶を尋ねたときに、そんなイメージを語ってくれた女性がいた。効率優先で、余裕をなくした現代に生きるわれわれのこころも、いつのまにか乾ききってはいないだろうか。スピリチュアリティということに、人々が気をとめるようになったのも、そんなことが関係しているのかもしれない。それはいのちの水のようなものでもある。

自分を大事にできない女性がいる。自信満々に見える女性の中にも、心理療法の面接の場では、それを感じることは少なくない。なぜそうなのかを考えるうちに、女性たちが自分の中にあるはずの、女性としての尊厳を支える何か大切なものを、いつのまにか見失ってしまっているのではないかと筆者は考えるようになり、それを「女性的なスピリチュアリティ」と呼んだ。もう二〇年近く前のことである。当時、スピリチュアリティということばの日本語訳には、「霊性」ということばがあてられることが多かったが、少し胡散臭い感じもして、そのままスピリチュアリティと片仮名書きを通すことにした。

ところがその後一九九七年頃から、このことばは、ＷＨＯにおいて健康であることの必要条件として、身体、精神が完全な状態であるだけでなく、そこにスピリチュアルという要素を入れることが提案されたこともひとつのきっかけとして、全世界的にさまざまなかたちで、人々の口にのぼるようになってきた。それはたとえば、終末期医療におけるスピリチュアルケアであったり、エコロジーにおける緑のスピリチュアリティであったりする。

このことばはもともとキリスト教世界で、神秘主義的意味合いをもって、特に修道院における修練の指針として一七世紀のフランスで用いられるようになったといわれる。それがキリスト教における父と子と聖霊の三位一体という教義での聖霊の「スピリット（spirit）」から派生しているのはいうまでもない。ヘブライ語では「ルアーハ（ruah）」、ギリシア語では「プニューマ（pneuma）」、そしてラテン語では「スピリタス（spiritus）」というこのことばの原義は「風」や「息」であり、もともと万物に宿る目に見えない、いのちを与えるちからを表していた。ところが三位一体に組み込まれることによって、父なる神とイエス・キリストとの関連でのみ捉えられるようになり、本来「ルアーハ」ということばに込められていた女性的なものは切り捨てられてしまったのである。

それゆえにキリスト教のこうした父権的なあり方に、異議を唱えるフェミニスト神学者たちが、このスピリチュアリティということばを拠り所にしようとしたのは、当然の成り行きであろう。そのことばはキリスト教という枠を超えて、定義され直すことになる。キング（King, Ursula）はその定義を、「超越」「根本的価値」「人生の目標と意味」「人生の充足」「創造性」「癒し」「他者・自然・地球・宇宙とのつながり」とする。これは、ＷＨＯが議論の中で明らかにしたこのことばの定義と、多くの部分で重なっている。フェミニストたちはまた、天、精神、文化を男性的とし、大地、感情、自然を女性的とするような二元的な捉え方が、長く女性の地位を貶めてきたことを批判し、「関係の神学」を生み出した。リューサー（Ruether, Rosemary）は、両者の「本来的な調和」こそが、真の根源であるとしている。[1]

このようにスピリチュアリティには対立を超えた第三のものとしての意味合いがある。それはこころと身体をつなぐものであり、そこにいのちを吹き込むために、本来欠かせないものなのである。自然破壊や地球温暖化により、足元がぐらつきだした現代人はやっといのちの水脈を取り戻そうとやっきになっているのかもしれない。こうした近年のスピリチュアリティを希求する動きを、島薗進は「新霊性文化」と呼んでいる。[2]

新しい意味でのスピリチュアリティへの関心は、現代のユング派の中にも見られる。オーストラリア出身で、アボリジニの文化にも接してきたテイシー（Tacey, D.）は、*The Spirituality Revolution*[3]という著作で、新しいスピリチュアリティへの希求は、価値が多様で先行きの見えない現代に生きる足場の不安定な人々によって、下から湧き起こってきたひとつの大きな、ある意味必然的な動きであり、一方で起こっている宗教の原理主義的動きとは対照をなすものであると述べている。「聖なるもの」について、後者が盲目的に教義にとらわれ、正しいとされる答えに固執するのに対し、前者はより自覚的、意識的に答えの出ないものを認め、聖なるものとのそのつど変化する深い結びつきをもとうとするものである。大学でスピリチュアリティについての講義もしているテイシーは、従来の宗教には手ごたえを感じられない若い人たちにそうした希求が非常に強いことを肌で感じているという。

彼は「全人的（holistic）」ということばと、「聖なる（holy）」ということばが同じ語源をもっているとし、人間が全体性を回復するためには、聖なるものに目を向けることが必要であること、また「熱意（enthusiasm）」ということばが「内なる神（en-theos）」ということばに由来することを取り上げ、スピリチュアリティは人間の「生きる力（vitality）」の泉であることを述べ、それを抑圧することは、性リビドーを抑圧する以上に、人間の本来のちからを削ぐ結果となっているとさえ述べている。「われわれは目に見えない、生命を支える根とのつながりを失い、イミテーション文化の中で、本当のリアルな感覚をもてないままに、疲れきっている。未知の領域に足を踏み出すことになろうとも、深い部分でのリアルな実感を求めるための、新たな創造的な歩みが未来への希望である」とテイシーは述べている。

科学的世界観に慣らされた現代人にとって、言われるままに宗教の教義を受け入れることは難しい。既成の宗教は教義を確立し、組織化していくことによって、原始的な宗教がもっていた、直接的な聖なるものとの出会いの体験の機会を遠ざけてきた面がある。「神は死んだ」と、宗教に期待をもたないことにいったんは納得した人々も、埋められないこころの空白に気づきだした。それはたましいの飢えなのかもしれない。

2 ❖ 「聖なるもの」との出会い

同じくユング派のコルベット（Corbett, L.）は、多くの西欧人がユダヤ・キリスト教文化を背景にもちながらも、もはやそれが生きるうえでの疑問には応えてはくれないという思いをもっていること、そして今必要なのは、宗教を超えたスピリチュアリティであり、直接的な聖なるものとの出会いであるとし、実際に現実や夢で起こったさまざまなヌミノース体験を紹介している。[4] ヌミノース体験は深い癒しをもたらすものであるが、時には病理と結びつくこともある。彼は現代人の多くのこころの問題の背後にスピリチュアリティの問題があることを指摘する。

ヌミノース体験とはどのようなものか、ここでは日本人写真家の例を取り上げる。ニューヨーク在住の写真家、井津健郎は、アンコールワットの石の遺跡に大蛇のようにからみつき生息する樹木のすさまじいまでの生命力に、その後の生き方を決するほどの、深い感動と畏れの気持ちを抱いたという。その後、ひとりで誰もいない遺跡を歩いていたときの体験を次のように述べている。

ある分岐点に来た時、ふと背後に気配を感じて振り向いた。回廊には苔に覆われた石壁と、昔は天井を形づくっていたのであろう大きな角石がいくつかあった。するとまた違う方向に気配を感じて振り返ると、そこにも同様な回廊が続き、遠くの壊れた天井からの光が、這い下がる蔦の影を石壁に映している。（中略）

瞬間、とてつもなく大きな「何か」に包み込まれたと思うと、いきなり涙があふれてきた。抑制がきかなかった。幸せだった。赤子が母の胸に優しく抱かれる、というのはこのような感覚だろうか。これほどの安らかな気持ちになったことは私のこれまでの記憶になかった。[5]

何が起こったのだろうか。この体験の前に、彼は自然の植物の圧倒的な生命力に衝撃を受けている。それは人間が永遠に残そうと石をもって築いた構築物を簡単に突きぬけるとともに、一方では、この自然の生命力は人間が残したものを誰も知らないところでずっと護ってきてくれたようにも感じられたという。この写真家は当時ある種の行き詰まりを感じていて、アンコールワットを映した一枚の写真に導かれるように、その地に足を運んでいる。そこで確かに彼は何かの答えを得た。それは自然と自分が深いところでつながる体験ではなかっただろうか。一五年という時を経てその体験を振り返るとき、「あの、私を包んだ大きな『何か』とは、言葉にすると陳腐に聞こえるかもしれないが、おそらく『愛』というものであると、今は思える」と彼は記している。それは自分がこの自然の中に、世界の中に、宇宙の中に受け入れられたことを実感する体験だったのだろう。

　このような深い体験は、人間存在全体が揺さぶられる体験であり、こころとか身体とかの区別はない。そこでは言葉にはなりにくい確かな実感だけが、こころにも身体にも体験される。これだけの体験は人生でそう出会うものではないにしても、こころと身体をつなぎ、超越し、調和をもって人間全体を包むものがスピリチュアリティではないだろうか。

3 ❖ つながりを求めて

今求められるスピリチュアリティとは、世界の中に、自然の中に、さらにいえば宇宙の中に自分を位置づけることであり、宇宙の中の同じ小さな存在としての人々とのつながりを回復する道でもある。それは一九七〇年代にアメリカで流行した、瞑想により特別な変性意識状態を求めるような、いわゆるニュー・エイジというものとは違う。先にあげたテイシーは、ニュー・エイジを子どもっぽいものだと批判する。今望まれるのは、もっと日常的、意識的に、人智を超えた未知のものに畏れの気持ちをもち、何か大きなものに生かされていることへの感性をもつことであろう。その大いなるものとは既成宗教の多くがそうであるような、人格化した神をいうよりは、特に名付ける必要のないものであり、その表れはその気にさえなれば、世界のどこにでも認められるものである。

　これが個人のレベルであれば、ユング（Jung, C. G.）が言う自己へ近づこうとすることであり、人間がその全体性を回復するということである。科学時代に生きるわれわれは、デカルトの心身二分法的な捉え方に慣らされてしまい、こころと身体を切り離して、二元論的に考えてしまいがちだ。スピリチュアリティはそれを超え、またそれをつなぐものであるといっていいだろう。『日本的霊性』において、鈴木大拙は二元論が知性をもたらすとしながらも、次のように述べている。

（精神と物質という）二つのものが対峙する限り、矛盾・闘争・相克・相殺などということは免れない、それでは人間はどうしても生きていくわけにはいかない。なにか二つのものを包んで、二つのものが畢竟ずるに二つでなくて一つであり、また一つであってそのまま二つであるということを見るものがなくてはならぬ。これが霊性である。[6]

現代はこころと身体ばかりか、こころそのものまでもばらばらになるような解離的な症状をもつ人が目立つようになっている。さらには、人と人とのつながりも、どんどん希薄になりつつある。若者の間でそれはより顕著であり、だからこそ強迫的に携帯電話にしがみつきメールを打ち続けるのではないだろうか。スピリチュアリティへの希求は、自覚はないままにも、若い人に高まっているのかもしれない。

「こころと身体をつなぐもの」というとき、それを「たましい」ということばで思い浮かべる人もあるだろう。河合隼雄は宮迫千鶴との対談で、ＷＨＯがスピリチュアルという言葉を加えようとしたことについて、次のように言っている。

ただ、日本でスピリチュアルということをどう考えるかは、すごく難しい問題があります。私たちは、「ソウル」を使っています、「魂」。……魂というのはむしろ根源というか……ＷＨＯが言っている「スピリチュアル」というのは、いま私が言ってるような意味の「魂」も入っているんじゃないでしょうか。[7]

実際に、今日人々が目を向け始めたスピリチュアリティは、筆者がこれまで「女性的なスピリチュアリティ」と言っていたものと近いものがある。その筆者が言う女性的なスピリチュアリティとはまた、ユングの言う「アニマ」つまりたましいのイメージとも重なるところがあると考えている。たとえば、そのつなげる機能や、変容をもたらすところ、ソフィアで表されるような知恵、また捉えがたいところなども。しかしユングにとって、アニマとは男性の無意識の奥にある女性的なものとして表せるようなたましいなのであり、女性のこころの奥底を覗いてもアニマ（soul）はなく、代わりにアニムス（spirit）があるとした。もちろん現代のユング派の中には、これを批判して、アニマもアニムスもそれぞれの機能をもって男女どちらのこころにもあるのだと考える人も少なくない。

しかし筆者が現代の女性が見失ってしまっているかもしれない女性の本質的なものとして女性的なスピリチュアリティで表そうとしているものは、創造性という点でアニムスの属性のようなものも含んでいるし、むしろアニマ、アニムスという二元的な考え方にとらわれないものである。それは命の根源であり、地中深く流れる地下水でもあるし、天に昇っては、また雨となって地を潤すような、循環するものとして、天と地をつなぐものでもある。その点では男性も女性もなく、どちらにとっても非常に重要なものといえるだろう。ただ女性にとっては、それが女性の本質的な部分でもあるだけに、それとのつながりを失ったときの痛手が大きいということなのだ。

ユングが現代世界においては自然や女性性がないがしろにされており、男性が自分のたましいとのつながりを失っていることを問題提起したのは、大変な功績である。女性性とのつながりを取り戻すことが目指される個性化の道を通して全体性を回復しようとしたのは、現代に起こってきているスピリチュアリティへの希求を、百年近くも前に先取りしていたことになる。しかし女性自身に関わる問題については、考え直す余地があるのではないかと、筆者は考えている。またそれは、女性自身が取り組まねばならない問題であろう。

たましいとスピリチュアリティの関係について、湯浅泰雄は、「たましいとは無意識にある人間の本性であり、意識することのできないものであるが、われわれは体験を通してそれを霊性として捉えることができるのだ」[8]としている。スピリチュアリティは、二元的なものをつなぎ、超えることで、創造性とも結びついている。いのちは常に新しいのである。

4 ❖ 心理療法とスピリチュアリティ

もはや宗教がそれに十分応えられないとすれば、現代においてスピリチュアリティへの希求を満たしてくれるものは何であろうか。そういう方面において感性が鈍ってしまっているわれわれは、直接的なヌミノース体験も、普段の生活の中でもつことは難しいのかもしれない。それがこころと身体をつなぎ、全体性を回復するための道のりであるとすれば、宗教に代わって、心理療法が何らかのその機会を与えることは、考えられるだろう。

逆に、悪くすれば心理療法はスピリチュアル・アビューズを引き起こす危険もあることも考えておかなくてはならない。スピリチュアル・アビューズとは普通、カルトに入った人が、そこから抜けられなくなったり、そこを離れたあとも後遺症をもち続けたりするときに言われることであるが、心理療法においても、クライエントが強い転移（★注1）を起こしてそこから抜けられないときに、そういう例を見ることがある。セラピストから見捨てられた場合の傷は深く、去っていった〝神〟をうらむこともできず、自分を取り戻すことは容易ではない。

問題はセラピスト自身もそれだけのことをしていたという自覚がないことであろう。実際心理療法において、〝スピリチュアル〟などという、胡散臭いことはしていないと考えているセラピストは多いだろうし、自分のやっていることが科学的裏づけをもつと信じている人も少なくないだろう。しかし、そうした次元のことが起こることをセラピストは自覚しておくことは必要ではないだろうか。

筆者は以前、心理療法において女性的なスピリチュアリティが働くことが大事であると書いたことがあるが、そこにおいては、sister-brother元型が動いて、強い転移は生じないことを述べた[9]。その考えは今も変わらない。そのためには、セラピスト自身が、女性的なスピリチュアリティに開かれていることが必要である。こうしたものが働いていれば、むき出しの真実を無理に暴き出す必要はなく、イメージの中で、自分の物語をつむいでいけるのではないだろうか。トラウマがさかんに喧伝されるようになったのは、そうした面があまりにも希薄になってしまったからのようにも思われる。

ハズラト・イナーヤト・ハーン（Khan, H. I.）は言う。

> 精神とは、そして物質とは何でしょう。……それを物質とよぼうと、精神とよぼうと、それは始めから終わりまで一つの生命なのです。……生命は調和から生み出されたものです。すべての創造の背後には調和があり、すべての創造の秘密とは調和です。……霊性を獲得するとは、全宇宙が一つの交響曲だとはっきり理解することです。その中では個々人が一つの音となり、その人の幸せは宇宙のハーモニーと完全に同調することにあるのです[10]。

今、いろいろなかたちで、スピリチュアリティに目が向けられるようになってきた。自分の内なるいのちの響きに耳を澄ませながら、心理臨床の道を歩んでゆきたい。

［注］

★注１……転移とは、本来は心理療法の中で患者が過去の主要人物に向けるべき感情を治療者に向けることを意味するが、場合によっては誇大な元型的イメージを治療者にかぶせ、依存的になることも起こる。

［参考文献］

（１）岡野治子「フェミニスト神学の視点から社会倫理を再考する――スピリチュアリティ・平和をめぐって」湯浅泰雄監修『スピリチュアリティの現在――宗教・倫理・心理の観点』人文書院、二〇〇三、二二六〜二五〇頁

（２）島薗進『スピリチュアリティの興隆――新霊性文化とその周辺』岩波書店、二〇〇七

（３）Tacey, David: *The Spirituality Revolution: The Emergence of Contemporary Spirituality*. Brunner-Routledge, 2004.

（４）Corbett, Lionel: *Psyche and the Sacred: Spirituality Beyond Religion*. Spring Journal Books, 2007.

（５）井津健郎「聖地――やがて土に還る」『スカイワード』九月号、ＪＡＬブランドコミュニケーション、二〇〇八、六六〜七七頁

（６）鈴木大拙『日本的霊性』岩波書店（文庫）、一九七二、一六頁

（７）河合隼雄『心理療法対話』岩波書店、二〇〇八、一五三〜一五四頁

（８）湯浅泰雄『哲学の誕生――男性性と女性性の心理学』人文書院、二〇〇四

（９）豊田園子「女性的なスピリチュアリティと心理療法」河合隼雄編『ユング派の臨床』金剛出版、二〇〇〇、八六〜一〇二頁

（10）Khan, Hazrat Inayat: The Mysticism of Sound. In *The Sufi Message of Hazrat Inayat Khan*. Volume 2. Barrie and Rockliff, 1962.（土取利行訳『音の神秘――生命は音楽を奏でる』平河出版社、一九九八、一一九〜一二〇頁）

2 ❖ 女性的なスピリチュアリティと心理療法——ユング派の観点から

小さな面接室で日ごと語られる人々の話にはふたつと同じものはなく、一つひとつがその人の生きてきた世界の独自の光を放っている。しかしそうしたさまざまな話が治療者という媒体を通されるときに、それは治療者自身のあり方とも関わって、ひとつのテーマとしてぼんやりと収束されてくる。筆者が女性的なスピリチュアリティということを考えるようになったのも、面接の中で女性たちの話に耳を傾けてきたことが元になっているが、筆者自身が女性であることとも深く関わっており、女性の視点からの発想であるといえるだろう。しかし同時に女性的スピリチュアリティの問題は単に女性だけの問題ではなく、今この時代にこころというものを考えるときに、無視してはならない問題だとも考えている。ここでは今日の女性にとっての女性的なスピリチュアリティの問題を取り上げるとともに心理療法における女性的なスピリチュアリティの問題についても考えてみたい。

1 ❖ 今日の女性の問題と女性的なスピリチュアリティ

今日さまざまな困難から心理療法家のもとを訪れる女性たちに共通に見られる問題は自信のなさであり、自己価値観の低さであり、拠り所のないような空虚感であり、ひいては存在の希薄さである。一見社会に出てバリバリと仕事をしていて、そんなふうにはとても見えない人でも、分析を始めてしばらくすると、結局、自分が他人の価値観、あるいは社会の価値観の上に乗っかって生きてきたのに過ぎず、「自分というものがわからない、自分が本当のところ何を望んでいるのかわからない」と言うことがまれではない。彼女たちが拠り所としてしまった価値観とはこの合理的精神のもとに科学文明の発達した男性的な枠組みの社会においての価値観、つまり男性的な価値観である。そしてそれにのっとって女性が行動するとすれば、それはどこか女性としての本性を裏切るものとなり、そのためにさまざまな問題が起きてきてしまっているように思われる。その意味では、ユング派分析家のマリオン・ウッドマン（Woodman, M.）も言うように、現代文明社会に生きる女性たちはすべて「父の娘」であり[1]、それは一面で母性社会といわれる日本でも例外ではない。女性たちが知らないうちに男性の期待に沿って、あるいは男性からの評価を求めて行動し、自分たちの足場を不確かにしてしまっている。それに気づき、自分を取り戻していく過程は考えるほどやさしいものではない。

次の夢はある非常に知的な若い女性が見たものである。

夢

私は両親とテーブルでカード遊びをしているが、同時に危険を感じている。私だけが知っているのだが、このゲームをすると必ず悪魔が部屋の中に入ってくることになっているのだ。しかし私は悪魔を追い払うトリックを知っていると思っていたのでそれほど怖がってはいなかった。私だけがすでに悪魔が部屋の中にいるのを感じた。そのとき私には悪魔を追い払うトリックとは私の父の目をじっと見つめることだということがわかった。私の想像の中で父の目が悪魔のぎらぎらした恐ろしい目になった。悪魔の目は私を見返す。もし私が悪魔とのにらめっこを続けるだけの強さがあれば彼は立ち去るが、もし私にそれだけの強さがなければ悪魔はずっと私の部屋に居座ることになる。……突然私はもう永久に悪魔をこの部屋から追い

◇◇　払えないかもしれないという絶望的な気持ちにとらわれて、恐怖のうちに目覚める。　◇◇

多くの女性は知らないうちに、世界をまた自分自身を父親の目で見てしまっている。その父親の目と対決しなければ、女性の心は悪魔に居座られてしまうのかもしれない。その悪魔はいったん住み着くと、女性に自分の気持ちを裏切らせ、自分を傷め、否定する方向にやすやすと走らせてしまうことは、多くの摂食障害の女性たちが経験していることではないだろうか。

過食症の女性たちは自分の中の空虚感を埋めようとするかのように食べずにはいられない。しかし「心にぽっかり穴のあいたような」空虚感を感じている女性は過食症の女性に限らない。その心の空洞を自分の子どもで埋めようとする女性もいれば、異性関係で埋めようとする女性もいれば、仕事で埋めようとする女性もいる。なぜそこに空隙ができてしまったのか、本来そこには何があったはずなのかを考えるとき、それはこの文明世界を成り立たせてきた長い歴史の中でいつのまにか置き忘れられてきた女性的なスピリチュアリティではないかと筆者は考えるようになった。それは女性から女性へと伝えられていくはずだったのに、いつのまにか女性自身がそれを見失ってしまっているのが現代の女性が置かれている状況なのではないだろうか。そして今日の女性が女性としての尊厳と自律性を取り戻し、本当の意味での自信をもてるようになるためには、この女性的なスピリチュアリティを回復することが是非とも必要なのではないかと筆者は考えている。

筆者がここで「女性的なスピリチュアリティ」と呼んでいるものは、深い女性の知恵といってよいようなものであり、合理的な理性を越えた超越的な知恵である。また自然や宇宙と感応するようなちからであって、すべて対立するものを結びつける、つまり天と地を結び、心と身体を結び、生と死を結び、意識と無意識を結ぶようなものであり、ファンタジーや想像力の源泉ともなるものである。このようなイメージは、C・G・ユングが男性の心の深層の魂としたアニマのイメージに近いものがある。ただそれをあくまでも男性だけのものとしてしまったところに、ユングもまた男性中心の時代精神から自由になれなかったとの批判がユング派の中にも出始めている（こうしたユングの二元的な考えの限界や、その後のユング派の考え方については、序章7や第1章－3なども参照）。

ユング派の中で今日の女性が女性的な知恵を回復する必要があることを指摘している人として女性の立場では、先ほども取り上げたウッドマンがあげられるが、彼女が古来女の英知の霊を表わすソフィアをイメージして言っているconscious femininity（意識的女性性）[2]というものも筆者の言う女性的なスピリチュアリティに近い。またロバート・グリンネル（Grinnell, R.）はlunar-spirit（月のスピリット）に結びつくfeminine-conscience（女性的意識）という言い方で女性の知恵について述べながら、特にそれが働かない場合に女性にもたらされる影の作用について考察している。[3]一方、ジェームス・ヒルマン（Hillman, J.）はアニマについてのその著書の中で、ユングが男性だけのものとしたアニマというものが女性にとっても男性にとってと同じだけ重要であることを述べている。[4]そこで彼が言っているanima consciousness（アニマ意識）というものも筆者の考える女性的なスピリチュアリティのイメージに近い。その他、ヘルムート・バルツ（Barz, H.）の言うmatriarchal animus（女系的アニムス）[5]やマレイ（マリーとも）・スタイン（Stein, M.）の言うlunar conscience（月の意識）[6]もそれぞれに重なるところがあるなど、近年、こうした面に目を向けようとしているユング派は女性に限らず少なくないと言うことができる。そこには今日、この女性的なスピリチュアリティの回復は女性だけの問題ではなく、時代の病を癒すためにも大切だという認識があるのであろう。

2　ケース

ここで、今に生きる女性のひとつのケースを取り上げよう。

分析を希望してきた当時の彼女は女性問題によって別居中の夫から離婚を求められている状況で、結婚以来二〇年近くの間、一度も心安らぐときはなかったというほどの、こじれにこじれた夫婦関係を見直す必要を感じているようであった。彼女は夫に捨てられるという怖れの中で結婚にしがみつく気持ちがある一方で、結婚生活を続ける自信もなかった。こうしたことを語りながらも彼女の話は非常に論理的かつ冷静で、夫がいかに未熟な性格であるかを分析し、また夫の相手の女性がいかに問題の多い女性であるかを語って、そんな未熟な夫を哀れに思ってつい許してしまうのだと、自分を優越した位置に置こうとしていた。

確かに彼女の主張は正論ではあったが、それを振りかざしてお説教されるのは夫ならずともかなわないと思われた。しかし何よりも彼女の論理が彼女の感情をも押さえつけていることが問題のように筆者には感じられた。その押さえつけられた感情は時としてヒステリックに暴発し、夫も自分も傷つくというパターンをくり返しているようであった。こうした彼女の見た夢には、何もかも自分のものを取られてしまうという不安や恐怖が現われていた。しかしまた「吸血鬼のようだ」と非難していた夫の恋人の顔が自分の顔になっているという夢を見るようにもなる。

やがて彼女は夫に対して専制的になってしまうこと、またそうなってしまうのは、自分が不安なときであることに気づいていく。また夫の恋人がいつのまにか自分の学校時代の親友になっている夢を見て、「私は人に良く見せようとするので疲れてしまう。夫にも負担だったかもしれない。その親友も夫の彼女ももっと正直に自分を出せる人」と言うようになっていった。そうした妻の変化のためか、夫の方は恋人との関係を清算して、三年ぶりに家族のもとへ戻ることを決心したのであった。

　久しぶりに夫と顔を突き合わせる生活は互いに緊張を強いるものであったが、一方で彼女は以前よりは自分の気持ちを率直に夫に言えるようになり、「結婚以来初めて私が私自身でいられる。もう無理をしなくていいのだと思えるようになった」と述べていた。しかしこのように自分のこころの中を覗き込むことができるようになったとき、彼女を襲ったのはとてつもない空虚感であったのである。そしてそのこころの空隙を埋めようとするかのように、彼女は何か仕事をした方がいいのではないかと焦ったが、焦るばかりで実際自分が何をしたいのかわからないでいた。この頃は家の中で何かを捜し回る夢をくり返し見ている。抑うつ感もあり、無気力で、更年期障害の症状にも苦しめられていた。自分が夫と張り合ってきたことに気づいた彼女は、同時に「いつのまにか自分というものがなくなっていた」ことに愕然とする。また自分の帰る家が見つからないという夢も見ている。

　やがて家の中を捜し回っている夢において、あるとき彼女は自分の亡くなった祖母を捜したのだが、ついに祖母のいる部屋を見つけ、親しく話をすることができた。祖母はとても芯の強い女性だということだったが、そのことを彼女はそれまでは批判的に見ていたのだった。またフェミニストの妻をもつ男性が若い恋人をつくったことを当然だと思う夢を見て、自分に男尊女卑の考え方が根強くあることに思い至り、落ち込んだりもした。次の夢はひとつの大きな転回点となったものである。

夢

ちょうど面接室のような部屋の窓から教会の大伽藍がそびえているのが見える。すると教会の後ろにある丘の向こうから津波が襲ってくるのが見える。一回目は小さくてすぐに水が引き、二回目はもう少し大きかったが、それも水が引いた。三回目にものすごく大きいのがくるのが見え、これは私たち全部のみこまれてしまうと思い、眠っている息子を起こして子どもたちと大きなもののかげに避難して身を縮めていると、すごい大音響とともに教会も何もかもがこっぱみじんに壊れる。水が引いて我に返ってみると、私たちの他は何もかもがなくなっていて、丘の向こうから太陽が昇ってくるのが見えた。

この夢は彼女に大きな衝撃を与え、「精神的なものが空中分解してしまったよう」と述べた。しばらくして彼女は祖母が自分に蒲団をかけてくれる夢を見たが、その直後に電話で突然の父親の死を知らされる。父親の葬儀が済むと、夫に対する今までにない怒りが湧いてきて、彼女はそれを夫にぶつけ、それで何か自分の中でふっきれたという。「父の死を境にして自分の中でなにか大きな変化が起こっているよう。父から解き放され、男性を意識することがなくなった」と言い、また「問題があってよかった、とこの頃思う。あのまま行っていたら自分が自分でなくなっていた」と述べた。「夫からも子どもたちからもいい意味で距離をとっている」と言う彼女は次のような美しい夢を見る。

夢

死んだ父が母を連れにきて、私はひとりで残される。ものすごくきれいな光り輝く青い空の下にいて、屋根の上でひとりでバイオリンを弾いている。寂しいのもあるが、同時にすごく満足した気持ちになっている。するとどこからかフルートかトランペットのきれいな音色が聞こえてきて、私のバイオリンと美しいハーモニーとなる。この楽器を吹いている人は私のパートナーだというのが私にはわかる。ものすごく幸福な気持ちで目が覚めた。

彼女は「夫との間で理屈っぽい話をしても何もならないと思うようになった。言葉のむなしさを感じる。夫も私も居心地よくなればそれでいいと思う」と述べたが、また次のような印象的な夢を見ている。

夢

夫が池を作ろうとして、汗水たらして必死に穴を掘り、よそから水を持ってきて入れるのだが、水は穴に入るとすぐに消えてしまう。何度やっても同じで、ついに夫は力尽きてしまう。その間私は森の中をぶらぶら歩いている。夫から見たら私は怠けているように見える。でも私は森の中をぶらぶらしなければならないことがわかっている。自分の泉を見つけたいと思っていたから。ついに泉が見つかる。水がとうとうと流れ出している。私はそのまわりに石を並べて置き、それはすてきな池になった。

こうして自分の泉を見出した彼女は以前のように夫を支配したり、また夫に依存したりする必要がなかった。

その後こうして自信をつけたことで、「今ならひとりでやっていける、離婚しよう」と決意したこともあったが、その決意を揺さぶるかのように夫からやさしくされる夢を三晩続けて見て、「私あきらめたんです。もうこの人とは別れられない。これはもう私の意思ではないと思って」と笑って報告した。「夫に何か言われても前のように傷つかない。他の私が『これは私自身との闘いだ』と言っている」と述べるとともに夫に対する見方が変化して、自分にない夫の良いところがいろいろ見えてくるようになってきていた。家庭がとても楽しい場所になり、前のように何か仕事をしなければと焦ることもなくなって、「自分でゆっくり自分のために時間を使ったら、何か自分の中からエネルギーが湧いてくる気がする」、また「物事が面倒でなくなり、こだわらなくなった」ということであった。終結時に「夫とはうまくいっている。夫も家でリラックスしていて明るくなった。本当に今までこんなにいろいろ問題があったなんて不思議な気がする」と述べた彼女には落ち着きと余裕が感じられた。

　このケースに「父の娘」である現代の女性が自分のこころの源泉である女性のスピリチュアリティを回復する過程を見ることができる。このケースの女性は小さい頃から父親のお気に入りで、母親との結びつきは少なかったという。大学を卒業後海外留学していたこともある彼女は自分の内の声に耳を傾けるよりも、知的な論理で武装することで自分を強化しようとし、その傾向は彼女の足場が揺らげば揺らぐほど強くなった。そのために愛情で結びついたはずの結婚がいつのまにか、どちらがどちらを支配するかといった力関係になってしまっていたようである。彼女は夫を自分の思いどおりにしようとし過ぎたために、夫は離れていってしまった。分析を始めた時点においては、彼女にとって悪いのは浮気をする夫であり、またその浮気の相手であって、なかなか自分の方には目が向かなかったが、やがて夫の恋人に投影していた自分の影を引き戻していくことが夢を通して行われていく。

　男性的な論理による武装をやっと解くことができたときに現われた空虚感は、彼女が最も見ることを恐れていたものかもしれない。非常に抑うつ的で無気力になり、その一方で自分の存在価値を証明するために何かしなければという焦燥感に苦しめられた時期であった。何かを捜し回る夢を見続けたあとに、ついに夢の中で祖母の部屋を捜し当てる。彼女は自分の中にも流れていたはずの、女性的なちからの存在というものにやっと気づいたのではなかっただろうか。そして自分がいつのまにか男性的な枠組みで物事を捉えていたことに気づいていく。

　津波の夢のそびえ立つ教会の大伽藍の崩壊は、彼女の中で強固なものであった男性的な枠組みが崩れ去ったことを示しているのではないだろうか。そして何もなくなった地平から昇る太陽は、そこからまた新しい始まりがあることを示している。この夢は現実の父親の死の予知夢であったともいえるかもしれない。その父親の死を迎えるための内的な準備がなされていたことは、蒲団をかけてくれる祖母の夢を見たことが示しているようにも思われる。この父の死を境にして、彼女は男性の基準でものを見ることからやっと自由になれ、自分の足で立つということができたのではないだろうか。そしてひとりでやっと立てたときに見たバイオリンの夢は、彼女の中に豊かな感情が流れ始めたことを示していると同時に、本当の男女の結びつきがどういうものであるかを示しているような気もする。それはお互いの音色を損なうことなく、すばらしいハーモニーという第三の新しいものを生み出していくものなのであろう。そのためにはお互いに依存的ではない関係が必要なのかもしれない。

自分の泉を発見する夢は、彼女がついに自分の源泉である女性的なスピリチュアリティを見出したことを示しているように思われる。この夢の中の夫の姿は以前の彼女の姿でもある。それは男性的な物事への取り組みを象徴的に表しているといえよう。彼女は分析を始めるまでに、事態の解決を求めてあらゆる努力を重ねていたが、それは彼女をいたずらに疲れさせるだけだったようである。分析を通じて彼女は自分の泉を見つけ、女性的なスピリチュアリティを回復したことで、本当の女性としての自信と落ち着きを得ることができたようであった。

この女性は現代に生きる女性の中で決して特殊な例ではなく、多くの女性が彼女と同じようにいつのまにか知らないうちに男性的な枠組みに自分を合わせてしまっている。そのことに気づくことが生やさしくないこともまたこの例は示している。そのためには自分のこころの中を覗き込み、そこに見えてくる空虚感にたじろがない勇気が必要であろう。

3 ❖ 女性的なスピリチュアリティと心理療法

現代の女性にとっては女性的なスピリチュアリティの回復が望まれることを述べてきたが、一方で筆者はこの女性的なスピリチュアリティが心理療法においても重要な働きをしていると考えている。よく知られているように、ユングはその後半生を錬金術の研究に費やした。その研究は晩年に書かれた『結合の神秘』に結実したが、その基本的な考え方というのは、王と王妃の結婚、あるいは太陽と月の結婚として象徴されるような相反するものの神秘的な結合により、黄金で象徴されるようなまったく新しい、より高い次元の第三のものが生み出されるというものであり、この考え方というのはユングがごく初期に「超越的機能」として説明したものと本筋ではそれほど違うわけではない。しかし錬金術は多くの象徴的な表現によってキリスト教の世界観では抜け落ちてきた深い知恵を伝えるものでもあり、ユングが魅了されたのもその点だったのではないだろうか。実際に錬金術の書として残されたものは男性が書いたものがほとんどで、錬金術を行なったのも男性が多いとはいうものの、元来、錬金術というのは女性に与えられた知恵とされているように[7]、女性的なスピリチュアリティの系譜を引くものであり、男性の錬金術師が必ずかたわらに「神秘の妹（soror mystica）」という女性を置いていたというのも理由のないことではないと思われる（★注1）。

確かに錬金術でプリマ・マテリア（prima materia）がラピス（lapis）になっていく変容の過程は心理療法の過程の象徴的表現としてふさわしいイメージを与えてくれる。クライエントのかかえるいろいろな問題はレトルトの中で溶解され、さまざまな変容をとげていく。最終的に目指される黄金はセルフ（自己）であろう。ここで、この過程における女性的なスピリチュアリティの働きについて考えてみたい。

セラピストがクライエントの示す多くの問題、その混沌としたprima materiaの中に黄金があることを信じられること、クライエントの現在の問題だけに目を奪われるのではなく、彼／彼女のセルフ、つまり内なる神が何を言おうとしているのかに謙虚に耳を傾けること、ひとつの答えを求めようとせずに、常に多くの可能性に開かれていること、矛盾したことをそのまま受け入れられること、何もわからない状態に耐えられること、こうしたことにはすべて女性的スピリチュアリティが働いているといえないであろうか。この場合、セラピストもまた大いなるものにこころを開いていること、自分のセルフと通じていることが大事なのであろう。またことばではなくイメージを重視すること、イメージをもとに自由に遊ぶ態度も女性的なスピリチュアリティに関係している。ネイサン・シュワルツ－サラント（Schwarz-Salant, N.）は、錬金術では相反するものの結合によって第三の領域が生まれること、そこは内と外が、また意識と無意識が融合する場として心理療法に大きな意味をもつことを述べている[8]が、相反するものが存在できるこの領域は女性的なスピリチュアリティが働く場だということができるであろう。

バーバラ・スティーブンス－サリバン（Stevens-Sullivan, B.）が『女性原理に基づいた心理療法』の中で、女性的なセラピーの特徴を積極的な受け身性であるとして、セラピストの役割としてはクライエントの心が十分に何かを生み出すことができるようなスペースを提供することや、クライエントに何かをするのではなくて、クライエントとともにどうあるか（doingではなくbeing）が問題であると述べている[9]のも、似た視点にあると思われる。

ここで「何をするわけでもなく、ただそこに居る」というセラピストの役割を考えるとき、錬金術において作業をする錬金術師はあくまでクライエントであってセラピストではないと考えた方がいいのかもしれない。とすれば、セラピストは「神秘の妹」の位置にあるかもしれないのである。実際には「神秘の妹」が錬金術の作業にどのような役割をとっていたものかははっきりしないが、その呼び名からすればむしろスピリチュアルな役割を期待されていたのではないだろうか。「神秘の妹」について今まであまり顧みられることがなく、ユングもまたそれを錬金術師に従属的な役割としかみなしていないことはクレア・ダグラスも指摘しており、ユングの態度は女性に男性の個性化の道具としての役割しか与えないものだとして批判している。[10]

　ここで神秘の妹についてもう少し積極的な意味を考えてみよう。錬金術師とパートナーを組む女性はなぜ「神秘の妹」と呼ばれ、神秘の妻とか母とか呼ばれることはなかったのであろうか。彼女が妹でなければならなかったのは、錬金術における王と王妃の結婚を写したからなのではないだろうか。錬金術でいう王と王妃の結婚は、かつて王と王妃にだけ許されたとされる兄妹同士の聖なる結婚である。それはあってはならない結婚であり、非常に象徴的な魂の結合と考えた方がよいと思われる。これを具体的な近親相姦と捉え、単に男性と女性という対立したものの結合と捉えてしまうのは、錬金術の本当の意味を見失うものではないだろうか。

　シュワルツ-サラントは男性的なものと女性的なものとの対立を強調するユングの姿勢を批判して、シジギー（syzygy）という関係性の元型をあげ、その領域では男性性と女性性の区別は流動的であると述べている[11]が、筆者はこの王と王妃のペアが兄妹（あるいは姉弟）であることが非常に重要なのではないかと考えている。異性の同胞というのは男と女という意味では対立するものであるが、同じ親をもち、同じ環境に育ったという意味では同じ土台の上にいる。つまり対立しながらも同じなのである。その点が錬金術においても重要な点であったのではないだろうか。そして筆者は、心理療法においてもこのbrother-sisterモデルを考えることに意味があると考えている。

　セラピストとクライエントの関係は時として母と子、父と子のようになって、その結果母親転移、父親転移が引き起こされることがある。しかし親子というのは決して平等とはいえない。また恋愛性の転移というものもあるが、それでは両者の関係は地上的で象徴的な意味がなくなってしまう。ところが兄妹（あるいは姉弟）の関係であれば、両者は同じ地平の上に立っていて、まったく対等であり、またふたりの結びつきは地上ではありえない聖なる結婚であるからこそ、何か思いがけないことが起こりうる余地があるのだと思われる。したがってこの関係においては、いわゆる外に現れる形での転移はほとんど起こらないで済み、そうでありながらも同じ土台の上にあるので、深いところでは通じているのである。そこでは男性とか女性とかいう区別はなくなるのではないだろうか。このような関係をもたらすのが女性的なスピリチュアリティであると筆者は考えている。すなわちセラピストが女性的なスピリチュアリティに開かれていて、そういう態度でクライエントに接していると、自然にこのような関係になっていくように思われる。

先にあげたケースの泉の夢はまた、現代のこの世界においても男性的なあり方がひとつの限界に来ていることを示しているともいえるかもしれない。がむしゃらに力ずくで人間の思いどおりにしようとすることによって、自然破壊をはじめとしてさまざまな問題が生じてきている今日においては、女性的なあり方、女性のスピリチュアリティに目を向けることは、女性だけでなく、広く考えなくてはならない問題なのではないだろうか。

［注］

★注1……価値のない卑金属から複雑な化学的手続き、段階を踏んで、ついには黄金を生み出すという錬金術が、単なる似非科学ではなく、錬金術師の心の作業を象徴的に表したものであることに気付いたユングは晩年その研究に没頭した。そこでは価値のない混沌とした第一物質（プリマ・マテリア）が象徴的な作業を経ることで、賢者の石（ラピス）という至高の価値をもつものに変容することを目指すのであるが、それを人間が全体性を回復するための個性化の過程を象徴したものと理解したのである。そこで目指すべきラピスはSelf（自己）であり、果てしない探求の道ともなる。

［引用文献］

（1）Woodman, Marion: *Addiction to Perfection: The Still Unravished Bride*. Inner City Books,1982.

（2）Woodman, Marion: *Conscious Femininity: Interviews with Marion Woodman*. Inner City Books, 1993.

（3）Grinnell, Robert: *Alchemy in a Modern Woman: A Study in the Contrasexual Archetype*. Spring Publication, 1973/1989(2nd ed.).

（4）Hillman, James: *Anima: An Anatomy of a Personified Notion*. Spring Publication, 1985.

（5）Barz, Helmut: *For Men, Too: A Grateful Critique of Feminism*. Chiron Publication, 1991.

（6）Stein, Murray: *Solar Coriscience, Lunar Conscience*. Chiron Publication, 1993.

（7）Douglas, Claire: *The Woman in the Mirror: Analytical Psychology and the Feminine*. Sigo Press,1990.

（8）Schwartz-Salant, Nathan: Introduction. In N. Schwartz-Salant (ed.), C. G. Jung: *Jung on Alchemy*. Routledge,1995.

（9）Stevens-Sullivan, Barbara: *Psychotherapy Grounded in the Feminine Principle*. Chiron Publications, 1989.

（10）文献（7）

（11）Schwartz-Salant, Nathan: Anima and animus in Jung's alchemical mirror. In N. Schwartz-Salant and M. Stein (eds.):*Gender and Soul in Psychotherapy*. Chiron Publication, 1992.

第 2 章

心の内の男性と女性

1 ❖ 男性の心の深層――「内なる女性」との不幸な関係

はじめに

人の心は小宇宙である。ちっぽけな身体に閉じ込められているはずなのに無限の広がりをもつ。心理療法の仕事をし、日々人々の心の世界を垣間見せてもらっていると、つくづくそう思う。だれもこの地球の浮かぶ宇宙の全体像を把握できないように、人の心もわかっていないことの方がはるかに大きい。無限の可能性もあるが、底知れない闇もある。心の中の広大な未知の部分はフロイト（Freud, S.）によって無意識と呼ばれるようになったが、無意識というものを想定せざるを得なくなったのも、理屈では説明できないことで人々が動かされたり、あるいは苦しんだりすることを無視できなくなったからである。人は自分で思っているほど自分のことがわかっていないのだ。

　男性の心の中には女性がいる。そう考えるのも、心の果てしない広がりを思えば不思議なことではない。しかも男性にとっては、その心の深奥にいる女性こそが何よりも大事なのだと言い出したのはユング（Jung, C. G.）である。彼はそれが男性にとって魂にあたるものだとして、アニマと呼んだ。そしてこの「内なる女性」であるアニマとうまく関係をもつことが、男性の心の成熟にとっての最重要課題であるとしたのである。ユングのもつ女性観については、彼自身もその生きた時代の女性のイメージから自由になっていたわけではなく、今日の女性の目から見れば多くの批判が生まれるところではある。しかしそれでもなお、ユングが男性の内なる女性について人々の注意を喚起したことは画期的なことであり、その意味は今日でもなお失われてはいない。

　では現代の男性たちは、はたして内なる女性とどのような関係がもてているのであろうか。ユング派の心理療法では無意識からの情報として夢をあつかうことが多いが、心理療法の場でお会いする男性たちの夢にあたってみるかぎり、とても良い関係がもてているとはいえないのが現状である。それどころか、現代の男性の心の深層には共通して女性に対するただならぬ恐れがあるようなのだ。この恐れは、なにも心の病を抱えて治療に訪れる男性ばかりでなく、セラピストになるための訓練としての教育分析を受けに来られている健康で優秀な男性にも見受けられるのである。この恐れとはどのようなものであろうか。

　ここで外の世界に目を転じてみると、男性の女性化ということが目立つようになってきている。女性におとらず外見に気を使う若者も増えているが、そもそも昔のような武骨な男性よりも、ソフトな物腰の男性が好まれる一般的な風潮もある。この変化は男女の間の隔たりを狭めるものであり、より男女が平等な意識をもつようになっているのだと、喜んでいいのだろうか。一方でこうした変化を好ましく思わず、その大きな原因が父性の不在にあるとして危機感をもつむきもある。そうしたことと男性の「内なる女性」とは何か関連があるのだろうか。男性の心の深層ではいったい何が起こっているのか、それはどちらに向かっていこうとしているのかを探ってみよう。

1 ❖ 内なる女性としてのアニマ

ユングの言うアニマという概念を理解するためには、ユングが心というものをどう捉えていたかを知る必要がある。ユングは人間の心というものを、単にわれわれが意識しているものだけではなく、無意識をも含んだ包括的なものとしてイメージし、それを統合する中心機能として「自己（Self）」というものを考えている。この自己と、意識の中心たる「自我（ego）」とは必ずしも同じものを目指していないのであって、そこから神経症などのさまざまな不都合が生じてくるわけである。ここでユングは意識と無意識が相補的な関係になっていると考える。すなわち意識においてひとつの側面を推し進めようとすれば、それとまったく逆の側面が無意識において力を増すと考えるのである。それを知らないままに意識においてひとつの方向性に極端に突っ走ることになると、あるとき突然に無意識からのしっぺ返しを受けることになる。たとえば非常に道徳感が強く、常に正しい行いを心がけている人がいるとする。そうではあっても自分の内には意地汚さや名声欲、妬みや攻撃性など、もろもろの汚い部分があることを自覚できているなら問題はない。しかし、その人が自分こそは清廉潔白で、何の汚点もないと思い込んでいるとすれば、それと相反する力がいつのまにか無意識においては勢力を増し、突然自我を脅かすようになる。すると自分でもわけのわからないうちに、とんでもない行動をとってしまうことになるのだ。新聞沙汰になるようなスキャンダルを起こした人物について、普段から知る人が「あんな立派な人がなんで？」と首をひねるようなことも起こってくるわけである。

　ユングは個人的な無意識よりもさらに深い心の層には、人類に共通するような普遍的な無意識があると考える。そして、そこには人が遺伝的に受け継いでいくパターンというものがあるとして、それを元型（archetype）と呼んだ（序章注6も参照）。「アニマ」はこの元型のひとつだと考えられている。元型はそれ自体は捉えどころのないもので、イメージとなって初めて思い描くことができるようになる。それは原始心象とも呼ばれるが、たとえば「母なるもの」を表す「グレート・マザー」という元型は、すべてを受け入れる慈母からすべてを呑み込もうとする鬼婆まで、母というもののあらゆる相を含んでいる。それは人々の心の奥に共通認識として植え付けられていると考えるのである。それゆえアニマもまた「女性なるもの」として、肯定的にも、否定的にも働く。ユングが男性の無意識の奥にはアニマという女性がいると考えたのは、意識と無意識の相補性ということの一環であると言うことができる。すなわち意識においては男性であるからこそ、それを補償するものとしての無意識での女性が考えられたのである。それゆえユングがその逆の場合として、女性の無意識の奥には男性がいるとみなし、それを「アニムス」と呼んだのも、アニマは男性の心の中だけにあり、アニムスは女性の心の中だけにあると考えたのも不思議はない。しかしアニマもアニムスも元型であるならば、性別を問わずすべての人にどちらもあるべきだとするジェームス・ヒルマン（Hillman, J.）の指摘[1]は正しい。ユングの誤りは男性と女性の心をまったく正反対なものであると考えてしまったことである。このことは特に女性の心理学を考える場合に、訂正されなければならないことである。しかし男性の意識的態度と、その無意識の中の存在としての女性であるアニマとの関係についてある種の相補性を考えてみるのは、確かに興味深い面がある。

　ユングの考えでは、男性が自分のアニマと良い関係をもつことは、男性が女性化することとは反対のことなのである。それは男性としての自信を深めることなのだ。むしろ自分の中の女性の存在にまったく気づかないときには、男性がアニマに自我を乗っ取られてしまうことが出てきて、すると男性は逆に女性的になるのだという。つまり自分の中の女性性に無自覚であればあるほど、わけのわからないままに内なる女性につき動かされてしまうことが起こってくるのである。たとえば自分の男性性を誇示して豪傑ぶった態度をとり、女性を馬鹿にしているような人が、突然センチメンタルなムードにとらわれて、人前で涙が止まらなくなってしまうようなことも起こってくる。このように見てくると、ユングの考えた男性性は外から見えている「いわゆる男性的」というのとは、必ずしも一致していないことがわかる。

ユングは自分が精神的に危機的な状況になったときにアニマの存在を実感したという。普通の人の場合は、アニマは夢に現れることで、その存在を知ることができると彼は言う。われわれが眠っているときに見る夢には、男女を問わずいろいろな人物が登場する。もちろん見知っている人も多く登場する。しかし男性の夢の中に、何か意味ありげな見知らぬ女性が現れたとするならば、その女性は夢を見た男性のアニマかもしれないのである。それは男性に脅威を与える恐ろしい女性かもしれないし、絶世の美女かもしれない。あるいはよぼよぼの老婆として現れるかもしれないし、小さい女の子の姿をしているのかもしれない。その現れ方によって、その夢を見た男性が自分の「内なる女性」とどのような関係にあるかをうかがうことができるのである。

ひとつの例をあげてみよう。ある二〇代の男性は、次のような夢を見た。

夢

広いゆったりとした階段があり、ひとりのほっそりとした白い服を着た女性がその階段をゆっくりと降りていくのが見えた。僕はそれを見ながら、同じ階段には行かずに、エレベーターに乗って、超スピードで下に降りた。下に着いてエレベーターの扉が開いたところは、ごみごみした安っぽいカフェであった。いかがわしい感じのウェイトレスがいた。

この夢に現れた白い服を着た女性は、夢を見た男性のアニマだと考えることができる。しかしこの夢の中でこの男性は、アニマの存在に気がつきながらも、彼女との関係が結べていない。彼はアニマとともにゆっくりと階段を降りていくよりも、とりあえず早く下に降りたいと焦る。しかし焦って行った先は彼の成長を助ける場であっただろうか。この夢を見た男性の問題は、ドラッグを止められないことであった。彼はどこかで自分の人生の課題に気づいていたのに、それとじっくり取り組むよりは、薬物に手を出すことで自分をごまかしていたのだ。カフェにいたいかがわしい感じの女性もまた、夢を見た男性のアニマだと考えられる。しかし、こちらのアニマは彼を惑わす存在なのかもしれない。

　ユングはアニマには四つのレベルがあるとした。第一段階は生物的なアニマであり、セクシュアルな肉体的な魅力をもつものである。先の夢のいかがわしい感じのウェイトレスはこの例といえる。第二段階はロマンティックなアニマである。たとえばローレライのイメージで、なかなか手に入れることのできないあこがれとしてのアニマである。第三段階は聖母マリアのような霊的な存在としてのアニマであり、さらに第四段階は至高の知恵を表すアニマであり、そのイメージは叡知の女神ソフィアである。より高いレベルのアニマと関係を結ぶことで、男性は深い女性的な叡知を得られるということになる。しかしそれはそう簡単には成し遂げられないのは当然で、実際には第二段階あたりまでうろうろしていることが多い。そもそも男性がまだ母親と強く結びついている間は、アニマはなかなかその姿を現そうとはしないのだ。そこで日本のように、男性が常に女性に母親を求める傾向の強いところでは、男性のアニマははっきりしないのではないかという説がある。これはある程度当たっていると思われるが、それでも日本の男性の夢にアニマが現れないわけではない。ただ母親と融合した、脅威を与えるようなイメージが多いのも事実である。そこには女性に対する恐れが見て取れる。

2 ❖ 無意識にある女性への恐れ

メデューサはなぜ首をはねられねばならなかったのか。魔女はなぜ火あぶりにされねばならなかったのか。

鬼女はなぜ追い払われねばならなかったのか。そこにはそれらがもつ力に対するすさまじい恐怖があったからである。父権制が始まって以来、男性が女性の価値を低め、自分の支配下に置こうとしてきたのも、そこに女性に対する根深い恐れがあったからだと考えるのもあながち的外れではないだろう。それは表面には現れないだけに意識されないままにあるが、むしろ無意識に沈められたからこそ、ネガティブなものとして力を増しているかもしれないのである。

女性への恐れは今もなお、男性の心の深層を理解するためのひとつの重要な鍵だと思われる。ここではエーリッヒ・ノイマン（Neumann, E.）の説[2]を中心に、その恐れについて見ていこう。

彼はまず女性への恐れというものが、子どものこころの発達の過程で必然的に芽生えるものだと言う。その考え方はこうである。そもそも人間はその進化にともなって、本来あるべきよりも在胎期間を短縮して出生することになった。つまり生理的早産が起こるようになったのである。そのために子どもは生まれてからの一年くらいは、身体は母胎と別れても、心理的には母子融合の状態にあり、まだ自分というものがはっきりしていない。この時期に母子の一体感をもてていることは、その後生きていくための基本的安定感を得るためにもきわめて大事なことである。しかしそこから自我意識というものが芽生えていくときには、この母親の世界からあえて身を離すことが必要になる。このとき母親というものが自我意識の発達を阻むものとして、否定的な意味をもつようになり、子どもの内面では恐ろしいものとして体験されるというのである。それは自分を呑み込んでしまうような恐ろしい怪物であり、自我はその怪物に戦いを挑む英雄なのだという。確かに子どもの心理療法においては、プレイセラピーや箱庭表現の中で、怪物との戦いはよく見られるテーマである。

こうした人生初期の女性的なものに対する恐れは男の子にも女の子にも起こることであり、男女に区別はない。文明化した中では、女の子であれ自我の発達は必須であるからだ。しかし、母親とは異質の性である男性性を獲得していかなければならない男性にとっては、母親からの分離がうまくいかなかったときに被るダメージがはるかに大きいという理由から、女性への恐れがより強くなったとしても不思議はない。分離がうまくいかないときには、いわゆるマザー・コンプレックスを引きずることになる。母と子の二者関係から、父親が加わった三者関係となったエディプス状況において、男の子は父親権威者から去勢されるのではないかとの不安を抱くようになるというのがフロイトの説であるが、この不安もむしろそれ以前の段階の女性への恐れが元になっているとノイマンは言う。

　男性はおとなになってからも、マザー・コンプレックスからくる女性への恐れを引きずっていることが少なくない。女性への恐れは女性のもつ肉体そのものへの恐れともなる。特に女性器は古来、するどい歯をもつ〝vagina dentata〟として、男性の去勢不安を掻き立てることになる。その恐れがあまりに強いときには、同性愛に向かうこともある。

　おとなになってからの男性の女性に対する恐れは、単に母親的なものに取り込まれる不安ばかりではない。そこにさらに新たな女性への恐れが加わるとノイマンは言う。それは男性がある程度社会に適応したころに起こってくるものであるが、女性のもつ変幻的（transformative）なところが引き起こす恐れであり、男性はそれによって自分の足場を崩されそうな不安を抱くことになる。それは創造性にも狂気にも通じるものなのである。ノイマンはそれが男性のアニマの問題だとして、「アニマ・コンプレックス」と呼んでいる。アニマの変幻的な性格は男性に今までの生き方の変容を迫るものであるが、それは今まで築いてきたものをつき崩すことにもなるため、男性はそれを恐れ遠ざけることになる。多くの場合は、神経症をはじめとする何らかの危機的状況に陥ることによって追いつめられることでもないと、人はあえてその問題に立ち向かえないものなのだ。
こうした女性への恐れのために男性がとる防衛手段としては、女性を遠ざけたり、深いかかわりを避けたりということもあるが、最も多く見られるのは、女性のもつ力に圧倒されないために、女性を全体として捉えずにその一側面しか見ないというのがある。ある女性には女神を見、ある女性には娼婦を見る。女性を崇めたり、蔑んだりするが、対等な関係にはなかなかなれない。これはその男性のアニマ像も分裂していることを示している。
ここでまた、ひとつの夢を例にあげよう。三〇代の男性の夢である。

夢

ぶよぶよした不定形でグロテスクな女性器の巨大な化け物がいくつもこちらに迫ってくる。あまりの恐ろしさに声をあげて目が醒めた。冷や汗をぐっしょりかいていた。

この夢を見たのは、営業畑で出世競争のトップを行くエリート・サラリーマンであったが、あるとき突然に不安発作に襲われ、自分が死ぬのではないかとの思いで、ひとりでいることができなくなってしまった。そうなったきっかけとして思い当たるのは、長年関係をもっていた恋人から拒否されるようになったことだという。仕事においても、女性との関係においても自信満々で、自分が優位に立っていると自負していただけに、それは信じられないようなことであった。彼にとって仕事は戦いであり、勝ち抜くことに意味があったし、女性との関係も征服することこそが大事であった。しかしこの夢から彼には女性に対する大変な恐れがあることがわかる。死ぬのではないかという不安も、母なるものに呑み込まれる不安と通じるものがある。この男性は症状を得たことで、女性との関係についても、仕事への取り組み方にしても今までのあり方を考え直すようにと迫られたのである。

父権制は女性の力を否定することで成立した。女性の価値は引き下げられ、悪、死、汚れなどの否定的なものが女性に結びつけられてきた歴史がある。しかし男性の心の中にも女性がいることを考えてみるならば、男性は女性を卑しめることで、自分の内なる女性も傷つけてきたのかもしれない。男性は自分の中の、未知のものであり他者である女性を恐れるあまり、それを外の女性に投影して、そのせいで外の女性がネガティブな影を背負うことになったということも十分考えられる。それが魔女であり、鬼女であったともいえよう。しかし男性は女性との本当の意味の対等な関係を築くうえでも、心の全体性により近づくためにも、自分の内なる女性を恐れ、抑圧するのではなく、それを大事にし、その声に耳を傾けることも必要なのだ。そのとき初めて、内なる女性のもつ変容の力はプラスに働き、今までとは違う新しいあり方を示してくれるのかもしれない。

3 ❖ 父を求める母の息子

女性の価値を引き下げれば引き下げるほど、男性は自分が女性になってしまったらどうしようという、去勢不安に怯えるようになる。その不安が高まれば高まるほど、自分のいわゆる「男らしさ」を強調しようとし、力で女性を押さえつけようとする。こうして悪循環に陥ってしまう。人間は受胎後、男性ホルモンが作用すれば男性になるが、そのままでは女性になるということからすれば（つまり生物学的には人間のプロトタイプは女性だということになるわけだが）、男性の女性化への不安は予想以上に根深いものなのだろうか。ガイ・コルノー（Cornaeu, G.）は現代の男性たちにある女性への恐れ、特に自分が女性になってしまうのではないかとの恐れは、息子の養育が母親だけに任され、父親との接触が希薄になっていることが大きな原因であると考えている。そしてこの男性の女性への恐れによって、男性は女性の肉体ばかりでなく、自分自身の肉体をも嫌悪するようになると述べている。(3)

家庭の中での父親の不在、あるいはその存在の希薄さが言われるようになって久しい。確かに昨今子どもたちは母親に取り込まれがちで、父親は家族のためにと外で懸命に働いていても、家では母親と子どもの間に父親が入りにくいような世界が出来上がってしまっており、父親はそこから自然に距離をとってしまうようなことが起こってきている。あるいはその世界に入れてもらうために、妙にものわかりのよい父親になったりする。そのことが今日の若者や子どもたちに少なからぬ影を落としていることが、不登校、家庭内暴力などのさまざまな心の問題や、簡単に「キレル」子どもたちの増加にともなって指摘されるようになっている。そこで父親の権威の回復、すなわち父性の復権こそが重要なのだとする意見が歓迎されたりもする。しかし事態はそのような単純なことではないだろう。

父権制が一面的に推し進められてきた結果、抑えられていた女性的な力が反乱を起こし始めているのが現代なのかもしれない。それが家庭のレベルでは母親による子どもの取り込みに現れているともいえる。またフェミニズムの高まりもそのひとつの現れだといえよう。女性たちの知的武装と熱気に、多くの知的な男性は理解を示そうとしているものの、その心の深層ではどうであろうか。もちろん、こうした女性たちの動きを頭から無視する男性も少なくない。あるいはそれを脅威に感じ、ひとつの反動として生まれてきたメンズ・ムーブメントもある。たとえば詩人のロバート・ブライ（Bly, R.）はグリム童話の「鉄のハンス」を題材にして、現代の軟弱になってしまった男性たちが真の男としての自信を取り戻すためにはどうしたらいいのかを説く。(4)

「鉄のハンス」は、幼い王子が森の奥の水たまりの底に沈められていた、毛むくじゃらの野生の大男（その男の名が鉄のハンスである）の助けによって成長し、雄々しく戦えるような若者となり、その結果お姫さまを手に入れるという物語である。ブライは、男の子を一人前の男にイニシエートできるのは男性だけであり、女性には不可能だと考える。そしてブライの考えた理想的な魂の導師のイメージこそが、この野生の男である鉄のハンスであった。それは、これまでのロゴスに結びつけられるような男性のイメージとは違い、自然とのつながりをもつスピリチュアルな男性であり、「大地の父（earth-father）」なのだという。これは、「天なる父」を仰いだキリスト教ではもう癒すことのできなくなった人々のこころの乾きを癒せるのは、自然と結びついたスピリチュアリティであることを示しているともいえるが、元来母性の象徴でもある大地にわざわざ父性を求めようとするのはどうだろうか。ともあれ、いかに真の男になるかという男性のイニシエーションのあり方を紹介したブライの著書は多くの男性を惹きつけ、ブライ自身のもつカリスマ性も手伝って、彼を中心にして自然の中に男性だけで集まって過ごすという活動になっていった。このことは、精神的な拠り所を希求する男性が少なくないことを示しているのと同時に、女性を排除したその活動は、背後に女性への恐れがあることもうかがわせる。毛むくじゃらの野生の男というイメージから筆者は、オウム真理教の麻原彰晃の顔を連想してしまったが、こうした活動は容易にカルト的になる危険性もはらんでいる。

　父親の仕事を間近に見ることが多かったであろう昔に比べて、朝、家を出たら夜遅くに帰るまで自分の父親がまったく何をしているのかわからない現代の息子たちが、強く父を求める気持ちになるのはわからなくはない。しかし問題は単に父親が手の届くところに存在するかどうかではない。ここで考えなくてはならないのは、母親はなぜ子どもを取り込まざるを得ないのかということである。そこには子どもを通してしか生きられない母親自身の存在の希薄さがある。父親の権威にしても、かつてそれが存在したとして、それが女性の価値を引き下げたうえに乗っかった権威ならば、今それを復活させたとして、何の意味があるだろうか。ともあれブライの考える〝真の男〟のイメージは、自然とつながったスピリチュアリティを求めながらも、力への志向性もまた明らかである。男性が力への執着から自由にならないかぎり、女性への恐れはなくならないだろうし、「内なる女性」との良い関係はもてないのではないだろうか。

4 ❖ 新しい道

現代に多く見られるようになってきた女性的なソフトな印象を与える男性は、女性に対して一見深い理解を示すようであっても、結局「母親っ子」なのだとアンドリュー・サミュエルズ（Samuels, A.）は言う。[5] その男女の関係は対等ではなく、こうした男性は幸福ではないと。しかし男性がそうなら女性は満足だろうか。女性はこうした男性に対しては母親役割をいつのまにかとらされてしまうが、母親としてだけしか生きられないのであれば、女性もまた幸福ではない。男性が女性に従うことを選ぶのか、女性を支配することを選ぶのか、どちらにせよその背後には女性への恐れがある。それでは男性が女性への恐れをもたないようになるにはどうすればいいのだろうか。過去を振り返ってみても、その答えはないだろう。われわれは新しいあり方を模索していかねばならない。

デイヴィッド・テイシー（Tacey, D.）はヒルマンに影響を受けながら、いくつかの新しい視点を提供してくれている。[6] 彼は現代の男性のいちばんの問題は父なる神なきあとの世界においての、スピリチュアルな飢えをどう癒すかということにあるとする。いなくなってしまった支えとなるべきスピリチュアルな父を自分の内に取り戻すためには、現代の男性はこれまでの父なるものを超えていかねばならない。どうしたら超えられるかといえば、それは女性のスピリチュアリティを介するしか方法はないのだとする。そこで問題になってくるのは、母親殺しの是非である。すなわち、先に見てきたノイマンの考え方に代表されるように、今までは自我は母なるものから離脱することによって成立するとして、象徴的な母親殺しが推奨されてきたところがある。特に男性は女性化することへの恐怖から、母なるものはよけいに怪物化して受け取られ、その怪物退治が行われることになった。しかし母なるものを殺すことによって、気がついてみれば女性的なスピリチュアリティがどこにも見あたらないことになってしまったというのである。それは、気がついてみればいつのまにか自然破壊と環境汚染の進んだ中に置かれていたわれわれの状況と重なるものがある。そこでこれからの男性の課題としては、母からの離脱を母を殺さずに行うことなのだという。

　この考え方は、今日のさまざまな心の問題を考えるうえで多くの示唆を与えてくれる。ひとつには、今、最も火急に考えねばならないことは女性的なスピリチュアリティの回復ということである。これについては女性の心の癒しのためには最も大事なことであると、筆者は今までにも指摘してきた[7]、[8]。しかし女性的なスピリチュアリティの枯渇が男性にとっても深刻な問題を引き起こしていることが、男性側からの報告としてここにはある。

　またもうひとつ考えさせるのは、親に対する攻撃性と罪悪感の問題である。子どもの発達に関する一般的な知識の普及によって、親離れするために子どもが多少乱暴な態度を親に対してとっても仕方がないとみなされる風潮があり、子どもの親に対する攻撃性が多少エスカレートしても、見逃されてきた面がある。しかし親を攻撃することで、子どももまた傷ついていっている面をもっと考えていかねばならないだろう。近年、心の問題をもっている人の中に、自分の親に対する深いルサンチマンを抱いている人が少なくない。自分は親から愛されなかったという恨みにがんじがらめになって、そこから一歩も動けなくなっている人もいる。

そういう人は親に対する攻撃も相当になることが多いが、そのときの親の姿は個人的な親を超えた、自分を呑み込もうとしている怪物の姿に見えてしまうとしても、子どもが真に欲しているのは、親からスピリチュアルな食べ物をもらうことなのである。親をこの世から抹殺することではないのだ。

この文章を書いている間に、筆者は印象深い夢を見た。次のようなものだ。

夢

私は男子学生がナイフを隠し持っているのに気づき、そのナイフを預かっておくことにする。そのナイフは刃渡り三〇センチぐらいあり、反対側にも突起の出た形であるが、その刃はかみそりのように薄くて、しかも握る部分も刃になっているようで、単に持って歩くだけでも、その持ち主をずたずたに傷つけそうなものであった。彼は素直にナイフを差し出し、私に渡してほっとしたような表情が印象的であった。

母性の「包む」という機能に対して、「切る」というのは父性の重要な機能だとされる。この夢の中の若者が持っているナイフは、形は大きいが、とても堅いものは切れそうになく、ただそれを持つ自分だけを傷つけるような代物である。現代の若者の状況を示しているかのようにも感じられる。

テイシーの言うような、母を殺さずに母から離脱するということはそう簡単にできるわけではない。そこにはパラドックスがあるからだ。しかし現代の心の問題は多くのパラドックスを含んで、複雑をきわめているのが本当のところだ。そこで不可能を可能にする第三の道を見つけることが必要になるが、そのとき働くのがアニマの変幻的なところなのである。ここにまた内なる女性であるアニマを恐れないで、良い関係をもっておくことが大事になるのである。実はこれは今日の女性にとっても事情はまったく同じである。父の娘として、男性的思考法に慣らされてしまい、真の女性性を見失いがちな現代の女性にとっても、アニマとのつながりを回復することが何よりも今望まれている。

最後にヒルマンの言葉をあげておこう。

> われわれは生物学的に男性であるか、女性であるかにはかかわりなく、心の中が男性だけではなくなったときに癒されるのである。心理分析もまた心理学的にもはや男性的ではなくなるまでは、治癒を布置することはできない。心理分析の終結は女性性の受容と一致する。[9]（翻訳は筆者、傍点は原文での強調箇所）

おわりに

男性が、この父権制の歴史を通して続いてきている女性への恐れをその無意識の底から追い払うことは、当分できないであろう。しかし少なくとも自分の中にも女性がいることに気づくことは、その第一歩かもしれない。そうすれば、女性に敵対する気持ちも、競争する気持ちも少なくなるはずだ。気にくわない女性と出会ったら、それは自分の中の女性を投影しているだけなのかもしれないと、立ち止まって考えることができる。

男性だけのことではない。女性もまた自分の内なる男性について考えることが大事になろう。筆者はこの稿で男性のことばかり取り上げることにはやや後ろめたい気があった。というのも、今までさんざん男性が女性について好き勝手に書いてきた、その逆はしたくはなかったからだ。しかしここで男性について述べたことは、女性としての筆者自身の内にいる男性にも当てはまることである。ジェンダーの問題は、男性だけ、女性だけ取り上げても、結局はどちらにも関わってくるはずだ。それを承知したうえで、なお互いの違いを慈しむ態度になれればいいのだと思う。

　結局は、自分に帰らなければならない。人に責任をなすりつけたり、外に言い訳を探したりするのは簡単だが、もし男性と女性が少しでも歩み寄りたいと思うのならば、一人ひとりが自分に帰って、自分をごまかさずに見つめることしかないのだと思う。そして、自分は帰るに値する小宇宙なのだから。

［参考文献］

（1）Hillman, James: *The Myth of Analysis*. Harper & Row, 1978.

（2）Neumann, Erich: *The Fear of the Feminine: And Other Essays on Feminine Psychology*. Princeton University Press, 1994.

（3）Corneau, Guy: *Absent Fathers, Lost Sons: The Search for Masculine Identity* (C. G. Jung Foundation Books Series). Shambhala Publication, 1991.（平井みさ訳『男になれない息子たち』TBSブリタニカ、一九九五）

（4）Bly, Robert: *Iron John:A Book About Men*. Vintage Books, 1990.（野中ともよ訳『アイアン・ジョンの魂』集英社、一九九六）

（5）Samuels, Andrew (ed.): *The Father: Contemporary Jungian Perspectives*. PsychoBabel & Skoob Books, 1985.（小川捷之監訳『父親――ユング心理学の視点から』紀伊國屋書店、一九八七）

（6）Tacey, David: *Remaking Men: Jung, Spiritually ans Social Chang*. Routledge, 1997.

（7）豊田園子「食の病いと女性のたましい」『イマーゴ』vol.4-10、青土社、一九九三

（8）豊田園子「女性的なスピリチュアリティと心理療法」『精神療法』vol.21-3、金剛出版、一九九五

（9）文献（1）、p.292

2 ❖ 女性的な時——女性の知恵の回復

1 ❖ 男時《おどき》と女時《めどき》

時の間にも、男時《おどき》、女時《めどき》とてあるべし。

世阿弥の『風姿花伝』にはこのような記述が見られる。さらに続けて、

この男時、女時とは、一切の勝負に、定めて、一方色めきて、よき時分《じぶん》になる事あり。これを男時と心得べし。勝負の物数久しければ、両方へ移り変り〳〵すべし。[1]

と説明する。ここに言う男時とは上昇運、女時とは下降運、つまりツキの良さ、悪さの意味と一般的に解釈されている。女時にあってはどんなに努力しても思うほどの効果が得られないから、身を引いてじっと耐えて精進し、謙虚な気持ちで力をため、次に男時が巡ってきた時を逃さないようにするのが肝要ということになる。

ここで世阿弥が単に時の運、不運という言い方をせずに、時というものを男と女に色分けしたことに意味深いものを感じる。そこには必ずしも女性を蔑んだのではない、女性を男性とは非常に異質なものとしなが

らも、それでもやはり、なくてはならないものであるとする認識があるのではないだろうか。不遇の時もまた人に深みを与えるという意味で、なくてはならないものである。そして男時、女時という概念を単にその場その場のツキといった意味だけでなく、もっと広い意味に捉え直してみると、そこには、世阿弥が意識していたかどうかは別にして、今のわれわれが考えなければならない深い含みがあるように思われるのである。

さて女時を女性的なる時と言い換えてみよう。女性的なる時とはいったいどんな時なのであろうか。それを考えるにはまず、時間とは何かという果てしない迷路の中に入っていかなければならない。

2 ❖ 時間とは

> それでは、時間とはなんであるのか。だれもわたしに問わなければ、わたしは知っている。しかし、だれか問うものに説明しようとすると、わたしは知らないのである。[2]

とアウグスティヌスも言うように、時間という問題ほどわれわれの身近にありながら捉えどころのないものはない。それゆえにこの問題についてはこれまで多くの哲学者や科学者が、それこそ膨大な時間をその思索に注ぎ込んできた。それでもなお時間の捉えどころのなさが軽減したとは言いがたい。

時間はよく川の流れに喩えられる。ひとたびその流れに投げ込まれた人間は、それにあらがうことは難しい。連綿と流れる川のように、人類がそれを意識する以前から流れ続けている時がある。いわば歴史的な時間といえる。人の一生はその流れの中に切り取られた線分である。これはすべての人に共通に流れる時であり、またすべての人の一生を公平に削り取っていく。人はこの世に生を受けて以来、自分の人生の底に通奏低音のように流れ続けるこうした時とまったく無関係に生きることはできない。人は生きている以上、その時間から逃れることはできないし、与えられた時間を抹殺するには、自分の生命を絶つことしか方法がない。すなわち時間とは人の生命そのものでもある。しかし個々の人にとって、その時間の受けとり方、時間との関わり方はまちまちであり、共通な時を分かちもつ一方で、一人ひとりに固有な時というものがある。そしてこの場合は時の流れの速さは一定せず、ばらばらである。しかし共通な時と個々人の時の流れ方のズレが甚しく大きくなってしまうと、なかなか苦しいことになってこよう。すなわち生きにくくなってくる。また個々人の時間においても、そのつどそのつど濃い時間と薄い時間があるといえる。充実した時と空疎な時。同じ時間なのに長く感じたり短く感じたりする。小さい子どもでさえ、遊びに夢中になっていると、一時間はあっという間に過ぎるのに、嫌なことを強制された場合の一時間は無限に長く感じられることを知っている。

先に人類が意識する以前から流れている時という言い方をしたが、それではそうした歴史的な時を意識する前の人々が、時ということに無関係に生きてきたかというと、決してそんなことはないであろう。そもそも人間には生理的な体内時計というものがある。太陽の動きは一日の時の推移を示していたであろうし、周りの自然の季節の移り変わりや、自分の体力がしだいに衰えていくことなどに、時の流れを感じていたはずである。ところで地球の自転周期が二四時間なのに対して、人間の生物的な一日の周期（サーカディアン・リズム）は平均二五時間だということである。つまり二五時間周期の人間が無理に二四時間周期に生きようとしているわけで、そこに人類の可能性を見ることもできると、大宮信光は次のように述べている。

ヒトの二五時間周期という固有のリズムは、地球の自転周期への反逆である。その意味で、個人は地

球に歯向かって成立した。二五時マイナス二四時の、一時間の差異に、地球に囚われた存在から離陸して宇宙的存在へと進化する萌芽がこのとき芽生えたのではないか。[3]

ともあれ、〝二五時間目の時〟とは、『トムは真夜中の庭で』[4]の中の、古い時計が真夜中に打ち鳴らす一三の時の音を思い起こさせるように、人間の想像力やファンタジーの源泉であるのかもしれない。

こんなふうに人間本来の時間意識にまで遡ってみると、今日のわれわれに当然のごとく受け入れられている、時間というのは直線的で不可逆的なものとする認識が、決して昔からあったものではないということに気づかされる。

3 ❖ 時間意識の変遷

人が時間というものを、今のように、直線的、抽象的なものと考えるようになった背景には、最後の審判を想定するキリスト教の終末思想があったといわれる。キリスト教が広まるまでのヨーロッパでは、時間というものは、人間の行動や自然のリズムによって定められていて、抽象的ではなく具体的なものであって、全体として円を描いて流れていると考えられていた。このように円環的にくり返す時という考え方は古くギリシア時代にも支配的であったことが知られている。ただしこのような時間意識が人間にとって最古のものであったというわけではなく、より原始的な共同体においての時間意識は、「くりかえす逆転の反復、対極間を振動することの連続[5]」であったという。この種の時間意識が日本の上代においても認められることは、真木悠介により検証されている。[6]

このようにキリスト教がヨーロッパ各地に広まった一一、一二世紀の頃に、時間意識の一大変革がなされたのであるが、それは都市共同体の成立の時期とも重なっており、商人の交易が盛んになるにつれて計測可能な時間が要求されるようになり、やがて機械時計の出現をみる。それはそれまでの日時計、水時計、砂時計などとは違って、まったく自然との接点をもたない抽象的な時を示すこととなり、街角に据えられた時計台により、人々の時間は、生産や祈りのために、合理的に管理されるようになった。それまでの人々は自分をとりまく自然の中に多くの神々を見て、その神々に謙虚に問いかけながら生活を営んできたのであるが、ここに至って、「キリスト教の新しい宇宙論は人と自然をはっきり分離することによって自然のなかの守護神を消滅させ、自然を自由に搾取する道を開いた」[7]ともいえるのである。生産の時、進化の時が始まる。人々は自然を凌駕したとの思いに浸ったかもしれないが、それと同時に人間にとって大事な何かがすっぽりと抜け落ちてしまい、自分たちの足場を危うくしていることには思い至らなかったのかもしれない。

このことは、現代に見る拒食症の少女たちのことを思い起こさせるところがある。彼女たちは食べないことで本能的な食欲にうち勝ったという思いに、強い満足感と誇らしげな気分を味わうが、その実、その食べないという行為で自分の生命を危うくしているのである。機械時計がいちばん先に用いられたのが修道院であったということは、現代のわれわれがまず時間に合わせて行動することを仕込まれるのが学校であるということを考え合わせると興味深いものがある。いま学校へ行けなくなる「不登校」と言われる子どもたちが増えているのは、あまりに外的な時間に支配された生活を送る現代人全体への警鐘でもあるのかもしれない。

時間はさらにニュートン力学において、より抽象的、客観的なものとなり、「外界の何ものとも関係なく、均一に流れる」という絶対的な性格をもつようになる。そして近代科学の発展の多くがニュートン力学の上に成り立ってきたといえるのであるから、キリスト教の影響の少ない東洋のわれわれでさえ、時間を直線的、さらには抽象的なものとする考え方に知らぬ間に慣らされてきてしまった。（それでも西洋の人に比べればはるかに多く、われわれの意識の奥には円環的な時のなごりがあるといえるであろうが。）ともあれ、このような円環的な時から直線的な時への大転換は、唯一無二の絶対的な神への信仰、すなわちきわめて父権的な宗教を基礎として起こってきたものであるから、それ以来、時間というものから女性的な要素が失われてしまったということができるかもしれない。

以上述べてきたのは、人々を支配してきた共通な時間（外的な時間といってもよいが）についての意識の移り変わりであるが、次に個々の人にとって時間がどういう意味をもっているかについて、いわば内的な時間についても考えなければならない。

4 ❖ 生きることと時間

人はただ、時の流れに身をゆだねているだけでは、本当に生きているとは言いがたい。死に至る限られた時間をどのように自分のものにしていくかが、人に与えられた課題である。人が自分の生を受け入れることが、すなわち時間を生きることであるともいえる。人が自分は自分であるとの確信がもてるようになるかどうかも、時間の中にどう自分を位置づけられるかにかかってくる。われわれは過ぎ去った歴史の中に身体的なものをともなった自分を位置づけ、この先の時間の経過にともなって次々と新しくなっていく自分もまた、同じ歴史の延長上に組み入れられることが確信できることで、自己の同一性を保つことができる。

ここで身体が問題となることを忘れてはならない。自己意識は他者との関係で生まれるものであり、人が他者から認知されるのは、物質としての身体を通してなされるからであるし、刻々と変化をとげる有機体としての身体は時間の流れを映すものであるからである。このように、時の流れに身を置けることと、自分の身体を受け入れることと、私が私であるという確信をもてることとは密接に結びついているのであって、そのうちひとつにでもつまずくことがあると、他のふたつの面も無事ではいられないことになる。そして時間と身体性の関連は女性においてより深く認められるものであるといえないであろうか。生きられる時間についての意識の変容と精神的病との関連については、すでに多くが語られてきているが、ここでは圧倒的に女性に多い心の病とされる拒食、過食を含む摂食障害をもつ女性のことばに耳を傾けてみたい。ここで取り上げるのは拒食から過食へ移行している症例で、クライエントが相談機関を訪れたのは二〇代後半の頃である。

> 自分で時間を止めてるところがある。精神的に子ども。小学校の時から女性の体になるのが嫌だった。拒食の時は自分の意志でしてるという光があったが、過食はみじめ。過食すると太くて醜い女の子になるという思いで嫌でたまらないくせに、過食している間は太く醜くなるので、結婚のことは考えなくてもいいと安心するような面もある。自分というものがない。私はどっかで自分を進ませていかない、その場でじーっと止まらせているところがある。何がどうして不安なのかわからないが、不安だからむさぼり食べる。自分の体の実感がない。自分の醜い姿を認められない感じできた。自分が認められない。おとなになったら全く違う自分に変われるという気持があった。ちょっと待ってほしい、これは仮りの姿で本当の私ではないと叫んでるような、どこかで時間を止めてるような。自分がないというのが問題。自分のこの姿のままで自分になるということがわからなかった。時を元に戻せたらと思う。拒食で入院したのは十年前、でもつい昨日起こったことのよう。あの時から時が止まってしまった。もう一度あそこに帰ってやり直したい。いつも小さい子どもと見てほしいところがある、母にも、異性にも。過食し

てる間はあまり先のことを考えなくていい。どっかで先のこと考えることから逃げている。どっかでこう時間を止めて子どもっぽいままでいたいみたいな。私はおとなになり方を知らないような気もする。いつも勝手に空想をふくらませて現実感がない。外の世界や景色が遠くにある。男性からも異性と見られるの嫌、子どもとして見られたい。外側はふつうに見せていても内側はうつろ。体の感触自体が自分じゃない。心と体がバラバラ。自分が二人いて、身体だけの自分と気持だけの自分が行ったり来たりしている。物を食べてる時でも自分がどっかに行っていて身体だけが食べている。人の身体を借りてきて、心だけがポッとついていているような感じ。

ここには、摂食障害の女性たちの特徴としてよくあげられる、成熟拒否、女性性への嫌悪が表れている。しかし、なお特徴的なことは、この女性の内的な時間が止まってしまっているのと同時に、彼女は自分の身体を受け入れることができず、自分というものの実感がもてないでいるということである。それゆえ、この女性の治療過程もまた、身体性の回復、自分が自分であるという感覚の獲得、そして時間の受け入れが並行してなされていくものであったことはいうまでもない。（こうした面は、単にこの症例だけの特殊性だとは思われない。高石・栗原は、止まった時計を絶えず身近に置き、またそれをモチーフとした絵を描き続けた摂食障害の女性の症例を紹介している[8]。）しかしこの症例でもわかるように、この女性はただ過去を悔やんでいるだけではなく、夢想的な未来はもっているのである。ただ現実の否定的自己と未来の理想的自己は決してつながることなく途切れてしまっていて、永遠に実現されない理想的自己の幻想をもち続けるかぎり、今の時間は止めざるを得なくなっている。こうして時間を止めてしまうことは、自分のまわりで自分と無関係に流れ続ける外的な時間をよけいに意識することとなり、その時間に乗れない自分にあせりを感じ、そこにまた別の苦しみを生むことになる。ある拒食症の少女はたえず時計から目を離せず、一秒でも時間を無駄にすることを恐れるかのように動きまわるのであるが、こうした強迫的な過活動は脆弱な内面をひた隠しにするための防衛であり、どうにもならない不安をまぎらす方法でもあるのであろうが、内的な時間が止まっていることの補償であるのかもしれない。

さて、こうした摂食障害が女性に多く見られるのはどうしてであろうか。拒食症について、女性を伝統的に縛りつけている物質的なものに対する挑戦だとする見方がある。[9] またフェミニストの観点から、社会が従来女性を肉体的側面から見ようとする傾向が強かったことから生じた犠牲者だとする考え方もある。[10] どちらにせよ、摂食障害の女性たちは物質としての自分の肉体を否定することで、自己の基礎をゆるがし、内的な時間を止めてしまう。この病態が女性に多いことも、女性の身体の中に本来あるべき時の流れと関係があるといえないであろうか。

5 月の時間

中世以来、時間は直線的な不可逆的ないわば男性的な性格を帯びるようになったことは先に述べたが、女性の身体には、月経周期によって、人類が誕生して以来変わることなく円環的な時が今も流れ続けている。エスター・ハーディング（Harding, M. E.）も言うように、「女にとっては、生そのものが周期的である」[11]。ところが外の世界はあまりに父権的な文明、男性的な思考、直線的な時間に支配されてきたために、女性は男性と同じようになろうとし過ぎ、自分たち本来の円環的な時間、内的なリズムをないがしろにしてきてしまったのではないだろうか。すくなくとも毎月訪れる月経は「さわり」として疎んじられ、そこに、精神に関わるものとしての積極的な意味を認めることはあまりされてこなかったといえる。しかし最近になって、月経の意味を再認識しようとの動きが女性の側に見られるようになってきた。すなわち、それを死と再生のイニシエーションとして捉えたり、日常的な世界から切り離されたところで内省へと目を開かせるものとしての意味が考えられるようになった。「なぜならそれは生命をはぐくむ子宮の壁をはぎとることであって、生命形成の前の状態に戻り、非人間的な本質の場所、つまり魂や死へと誘うからである」[12]。ともあれ女性が自分の中にあるはずの円環的な時の流れに目をふさぎ、外界の直線的、男性的な時に自分を合わせようとし過ぎることは、女性の本質を自ら否定することであり、自分で自分の首を絞めることになりかねない。摂食障害に苦しむ女性たちはその極端な例かもしれない。彼女たちに無月経の者が多いことは象徴的な事実である。

　月経ということばからもわかるように、女性にそなわった円環的な時が月の周期と同じであることは古くから知られていた。女性的な時とは月の性格をもった時であるのかもしれない。月は太陽と違い、気まぐれで捉えどころがない。人が目にする時間も方向も太陽のように単調ではない。満ちては欠ける月は輝きと暗黒、生産と破壊、死と再生をくり返す。輝いているときでさえ、その輝きは太陽のように曇りない明白な輝きとは違っている。地球からは月はいつも同じ側しか見えないように、輝きの裏に未知の部分、謎の部分を秘めている。月の時間、それは永遠に変化しつつ永遠に不変な、ひとつでありながら多面的な、明るくて暗い、深く未知の可能性を秘めた時間といえるかもしれない。少なくとも女性たちは自分の体の中に、宇宙とつながったこうした時が流れていることを、今いちど思い起こす必要があるのではないだろうか。なぜならあまりに長い間それは顧みられないできたように思われるからである。自分の中のこうした時の流れを自覚することは、女性に女性としての自信と落ち着きを与えるが、知らないままでいる場合は、それに振りまわされることにもなりかねない。エリック・ロメールの映画『満月の夜』[13]は、男たちを翻弄しながらも男たちに依存しなければ生きられない身勝手な若い女性が、無意識のうちに月に裏切られるさまをうまく描いている。

6 ❖ 永遠と今

ジュリア・クリステヴァ（Kristeva J.）は時間そのものを父権的支配を象徴するものとして否定し、女性には時間がないと考える。それは時間を直線的なものと考えることを前提としているといえる。しかし自分の生を受け入れることがすなわち時間を生きることであるのだから、女性には女性の時間が流れているというべきで、女性には時間がないというのは、むしろあまりに男性的支配の枠組みにとらわれ過ぎた言い方のように思われる。とはいえ、クリステヴァが（男性的な）時間の外に身を置くことによってなそうとしていることは、女性的な時間について考えるのに貴重な示唆を含んでいる。すなわち女性たるものは既製の社会的秩序の中にはめこまれることなく、「真でもなければ偽でもなく、時間の外にあるあの《真理》、すなわち、わたくしたちの享楽の、目もくらむようなわたくしたちの言葉《パロール》の、わたくしたちの妊娠のこだまを呼び戻」さねばならないとし、そのために女性がなすべきことは、「語られた言葉のうちの語られないものを聞き、それに注意することによって、また安定した人々の相互理解をまぜかえしつつ、相変らず満たされず、抑圧され、新しく、常軌外れで、不可解なものであり続けるものを一刻ごとに掻き立てること」なのだとする。[14] 時間の外に身を置くということは、時間にとらわれないということであり、果てしない広がりの中に今を生きるということである。言ってみるならば、永遠の中に今があり、今の中に永遠がある。それは禅で言う「劫外の今」というものに近いのかもしれない。「劫」というのは無限に長い時間のことで、「劫外の今」とは時間の

コメルス・サン・タンドレ小路

内にあって時間を離脱していることをいう。[15]それはどんな一瞬にも無限の時間が収縮されているという認識をもつことでもある。宇宙につながる女性の時間はその一瞬一瞬に、広大無辺の広がりをもっているとはいえないだろうか。

切りとられた一瞬の中に永遠を感じるという体験を、われわれは時にすぐれた絵画の前に立つことで得ることができる。たとえばバルテュスの代表作である「コメルス・サン・タンドレ小路」（図参照）は、時間というものについての不思議な感覚の中に、見る者を誘う。現代のパリの一隅の日常的な風景のある一瞬が凍りついたように静止した画面は、同時に永遠にこうであり続け、永遠にこうであろうことを示しており、われわれがまた時間というものを意識していなかった幼い日々に、われわれもまた、これと同じ光と影の中に身を置いていたことを思い起こさせる。画面を支配する静けさは多くの人々を魅了するのであるが、この絵の中に、ある者は懐しさを、ある者は不安を、ある者は悲惨さを見るように、人それぞれに呼び起こされるものは違っている。この画家はあるいは女性的な時の秘密に通じているのかもしれない。彼が好んで描いたまどろむ女性たちは、あたかも自分の内の宇宙のリズムに耳を澄ましているかのように見える。ジャン・クレール（Clair J.）はバルテュスの絵の世界を荘子の「胡蝶の夢」になぞらえて、その解けることのない両義性そのものが、時を永遠に解き放つとする。

この画家にあっては、人が、生命によって繭のごとくふくらまされ、他のものとなって目を覚ますべく突然破裂しようとする瞬間がまさに表象されているのだ。俗界の時間から、生物の生成からのがれて、法則を否定する自然が飛躍をとげ、自ら死にゆく個体が、自ら欲望すると同時に恐怖するあの〈小さな死〉によってすぐまた蘇生する瞬間が[16]。

7 ❖ いま女性的な時とは

女性的なる時を求めて、ずいぶん遠いところまで来てしまった。男性的な時とは異なり、計測できない女性的な時は、イメージを浮かべることさえ容易ではない。しかしそれでもなお女性的な時は流れている。それは円環的であり、両義的であり、果てしない広がりが凝縮された時である。一方で、今日では外的な時を測る技術は非常に進歩し、一日の狂いが一〇億分の一以上の精度をもつ時計さえ出現しているという。そして、かつて人間の時を司っていた天体の動きそのものの誤差さえも、人間はその正確な時計をもって測定するまでになっている[17]。一方でこうした動きがあればあるほど、バランスをとるためにも、今日のわれわれはもうひとつの時間、女性的な時に目を向けることが必要なのではないだろうか。

それは決して女性だけの問題ではないはずである。人を感動させるすぐれた音楽家の演奏が必ずしもメトロノームのリズムと合うわけではなく、ルードヴィヒ・クラーゲス（Klages L.）も述べるように、人間本来のリズムと機械的な拍子とは違うのであるから[18]、われわれは自分の内から湧き上がる律動に耳を傾けることを忘れないようにしなければならないし、自分たちをとりまく自然の中にその固有のリズムを感じとる心を失わないようにしなければならない。われわれの身体そのものもまた自然の一部であるのだから、われわれの精神もまた自然と無関係にはいられないはずである。複雑な社会の中に生きる今日のわれわれは、日常生活を時計なしで過ごすことはもはやできなくなってしまった。けれどもそうして外的な時間の中に生きながらも外的な時間に支配されないようにすることが大切であろう。自分に固有な時の回復は、主体的に人生を生きるための必須の条件である。そして人生をもう一段深め、創造的なものにするためには、女性的な時に身をゆだねることが必要なのではないだろうか。

8 ❖ 心理療法と女時・男時

心理療法の場面に流れる時、それは多く女性的な時であるといえないであろうか。心理療法にたずさわる者はとりわけこの女性的な時に開かれていることが必要であると思われる。クライエントという存在の曖昧さ、両義性を受け入れ、クライエントのことばの中に語られないものを聴き、今のこの一瞬の中にクライエントの今までの人生が収縮されていることをわきまえ、将来への可能性をもそこはかと感じていることは、心理療法において基本的なことだといえる。だからといって、それだけで治療が進むというわけでもない。女性的な時の中にたゆたいながらも時機をうかがい、ここぞという時に全身全霊をかけて勝負に出ることも必要であり（まさに世阿弥の言う男時である）、かくして円環的な時は推進していく。これは村瀬が治療者というものについて、「そっとひそかにクライエントを見守っていて、こことという時に、その時と所に叶ったその子にとって必要な方法でクライエントを支えていく存在といえよう[19]」と述べる場合の〝ことという時〟に相当する。そして〝そっとひそやかにクライエントを見守る〟あいだは、女性的な時が流れているといえよう。一般的に心理療法に女性が向いているといわれるのも、女性は女性的な時を感得するのが容易であるからともいえるし、逆にいえば、女性治療者の課題はいかに男性的な時を適切に使いこなせるかということにもなるのかもしれない。

はたしてまた、世阿弥の男時、女時に立ち戻ってしまった。考えてみれば、やり直しのきかない一回勝負の演能と心理治療面接には通じるところがあるのかもしれない。まだしも心理療法においては、心やさしいクライエントによって治療者側のやり直しを許してもらえる場合もないではないが。

［引用文献］

（1）世阿弥著、野上豊一郎・西尾実編纂『風姿花伝』岩波書店（文庫）、一九五八
（2）聖アウグスティヌス著、服部次郎訳『告白』岩波書店（文庫）、一九七六
（3）大宮信光「ときの階段をおりながら」小阪修平編『地平としての時間』作品社、一九八七
（4）Pearce, A. Philippa: *Tom's Midnight Garden*. Cxford University Press, 1958.（高杉一郎訳『トムは真夜中の庭で』岩波書店［少年文庫］）
（5）Leach, Edmond R.: *Rethinking Anthropology*. Humanities Press, 1961.（青木保・井上兼行訳『人類学再考』思索社、一九七四）
（6）真木悠介『時間の比較社会学』岩波書店、一九八一
（7）阿部謹也『甦える中世ヨーロッパ』日本エディタースクール出版部、一九八七
（8）高石利博・栗原雅直「止まった時計に投影された成熟拒否——Anorexia Nervosa の一症例」精神医学17巻5号、一九七五、四六三～四七三頁
（9）Spignesi, Angelyn: *Starving Women: A Psychology of Anorexia Nervosa*. Spring Publications, 1983.
（10）Orbach, Susie: Visibility / Invisibility, Social Considerations in Anorexia Nervosa—A Feminist Perspective. Emmett, S. W.(ed.): *Theory and*

Treatment of Anorexia Nervosa and Bulimia, Brunner Mazel Publishers, 1985.（「目にみえるもの／みえないもの――神経性食思不振症の社会的考察（フェミニズムの立場から）」篠木満・根岸鋼訳『神経性食思不振症と過食症』星和書店、一九八六）

（11）Harding, M. Esther: *Woman's Mysteries: A Psychological Interpretation of the Feminine Principle as Portrayed in Myth, Story and Dreams*. G. P, Putnam's Sons, 1971.（樋口和彦・武田憲道訳『女性の神秘――月の神話と女性原理』創元社、一九八五）

（12）文献（9）

（13）Eric Rohmer's Film: Les Nuits de la Pleine Lune. Film Movement, 1984（字幕翻訳＝山崎剛太郎、シナリオ採録＝川竹英克 CINE VIVANT No.18、シネセゾン、一九八七）

（14）Kristeva, Julia: *Des Chinoises*. Éditions des Femmes,1974.（丸山静・原田邦夫・山根重男訳『中国の女たち』せりか書房、一九八一）

（15）辻村公一「劫外の春」一九八三、服部セイコー編『時間――東と西の対話』河出書房新社、一九八六

（16）Clair, Jean: Balthus ou les Métempsychoses. 1966.（「バルテュスあるいは輪廻」與謝野文子訳、阿部良雄・與謝野文子編『バルテュス』白水社、一九八六）

（17）古在由秀「天文学と時間――秒の定義の変遷」東京大学公開講座31『時間』東京大学出版会、一九八〇

（18）Klages, Ludwig: Vom Wesen des Rhythmus, 1923.（杉浦実訳『リズムの本質』みすず書房、一九七一）

（19）村瀬嘉代子「子どもの心理療法と自然――その1、子どもの心理療法過程に登場する動植物」大正大学カウンセリング研究所紀要 No.9、一九八六

第3章

不足と充満
――食をめぐって

1 ❖ 食の病と女性のたましい

神は女に向かって言われた。
「お前のはらみの苦しみを大きなものにする。お前は、苦しんで子を産む。
お前は男を求め、彼はお前を支配する。

（『旧約聖書』創世記三－一六、新共同訳）

1 ❖ 食べることの罪

食べてはいけない木の実を食べた女に、神はこのように呪いをかけた。食べてはいけない木の実、それはエデンの園の中央にある知恵の木になる実のことである。神は自ら造られた最初の男と女にそれを食べることを禁じたが、蛇は女に向かって、それを食べれば神のように知恵を得られるのだとささやきかけた。女はあらためてその木を眺める。緑の楽園の真ん中にあるその木には真っ赤な実が光の中でつやつやと輝いている。「その木の実はいかにもおいしそうで、目を引き付け、賢くなるように唆していた」（創世記三－六、新共同訳）。女はついにその実を取って食べ、女から手渡された実を食べた男とともに、神の怒りに触れて、楽園を追放されることとなった。これがキリスト教における原罪であり、人間は生まれながらにこの罪を負わされているのであるが、さらに男よりも罪深いとされた女は、人間に知恵をもたらしたことをよしとされないだけでなく、先のような神の呪いの言葉とともに、男に屈従する位置に置かれてしまったのである。食べたことによって、女はその独立性を失ってしまった。

父性的な宗教であるキリスト教になぜこのような神話が必要だったのかといえば、父なる神が生まれる以前の世界では、宇宙のプネウマ（気）としてあらゆるものに浸透するような永遠の知恵を表すソフィアという女神が崇拝されていたからであろう。父性的な宗教を広めるためには、何よりも脅威となるその女性的な力がまず否定される必要があったのである。その名残りは、『旧約聖書』の箴言では知恵が女性形で語られていることにうかがわれる。たとえば「知恵をふところに抱け、彼女はあなたを高めてくれる」（箴言四－八、新共同訳）のように。しかし聖書の中でソフィアという女性名は単に知恵という言葉に置き換えられ、いつのまにかその知恵という言葉もロゴスにとって代わられて、女性的な意味は抜け落ちてしまったのである。こうして男性原理が支配する世界が始まった。

ロゴスの強調は科学技術の発展を促し、文化的に著しい進歩をもたらした。その果てに二〇世紀の末に生きるわれわれがいる。そうした現代に、食べることに問題をもつ女性たちが増えていることをどう考えたらいいのだろうか。かたくなに食べることを拒否し、生命に関わるほどまでになるアノレキシア（拒食症）、食べても食べても満足できず、むさぼり食わずにはいられないブリミア（過食症）、これらの症状をもつのは圧倒的に女性が多いという事実を思うとき、わたしにはこうした食の病の意味について考えることは現代に生きるすべての女性にとって差し迫った問題に思われるのである。知恵の実を食べたことで呪われた女性にとって、食べないでいること、食べずにはいられないことはどういうことなのであろう。

2 ❈ 聖女と魔女

やせ細っても頑として食べることを自らに許さないこと、食べても食べても満足できずにむさぼり食べること。アノレキシアとブリミアは同じ病の表と裏である。どちらの場合も頭の中は食べ物のことでいっぱいであり、それに支配されてしまっている。多くの場合、拒食症がある時期から過食症に移行することはよく知られているが、拒食症の患者にとっては過食症への移行はまさに地獄に堕ちるような実感をともなうようである。食べないでいるときには他人にできない食欲のコントロールができる自分にひそかな優越感をもてるのだが、過食になると自分が人間以下のものに成り下がってしまったように感じられる。「拒食をしていたときにはまだ光があったのに」という発言を聞くこともある。こうしたことは、ヨーロッパの中世末から近世にかけて多く現れた聖女と魔女のことを思い起こさせる。

その当時吹き荒れた魔女狩りの嵐は、多くの罪のない女性たちを神の名において火刑台に送ったが、その同じ時期に他方では聖女と呼ばれる女性たちも多く生まれたのである。これらの女性たちは、霊的な力をもつという点で同じ資質をもっていたのに違いないが、一方が怖れられ、疎まれ、蔑まれたのに対し、他方は称賛され、崇められた。聖女と魔女は表裏一体であり、しばしば聖女が一転して魔女とされたことは、ジャンヌ・ダルクが魔女として火あぶりで処刑された例に見るとおりである。

その頃の聖女たちの多くに執拗な拒食が見られたことをどう考えたらいいのだろうか。代表的なひとりにシエナの聖カテリーナがいる。ペストがヨーロッパに猛威をふるった一三四七年にシエナに生まれた彼女は小さい頃から霊的《スピリチュアル》な傾向と頑固な性格で同胞の中で目立っていたが、やがてひとりで閉じこもり、自らに苦行を課すようになる。とりわけその拒食は極端であった。一五歳の頃からは閉じこもりをやめ、ドミニコ派のグループに属して慈善事業にあたるが、地上の食べ物は受けつけず、聖体パン以外ほとんど何も口にしなかったにもかかわらず、疲れを知らぬその活動性には目をみはるものがある。ことに教皇グレゴリウス一一世のローマへの帰還に大きな働きをしたことで有名である。彼女の拒食は三三歳で生涯を閉じるまで続いたが、その中で彼女はイエス・キリストの幻視を体験するようになっており、神と直接につながっているという思いに、至福に満ち足りた表情をし、日常的にエクスタシーの状態に陥っていたという。

聖カテリーナが食べなくなっていく過程を見ると、明らかに現代のアノレキシアの女性たちと共通するものがある。子どもの頃から彼女は食事をパンと生野菜と水に制限するが、二〇歳の頃に父親が亡くなり、キリストの幻視を見るようになるとパンも食べなくなり、無理に食べさせると吐き出してしまう。食べることは身体に痛みをもたらし、身体をむくませたので、食べない方が調子が良かったという。

彼女の苦行はもともと磔刑のキリストの苦難をしのび、そのキリストに倣うという考えに基づいている。しかし自らに苦難を課す方法に、なぜことさら食べないことが強調されたのだろうか。それは普通の意味の修行のための断食の域をはるかに超えて、日常的な、限度のない拒食であり、この現象は女性だけに見られるものであった。そこには明らかに肉体の否定があり、精神と肉体を相入れないものとする考えがある。特に〝食べた〟ことによって初めから神の呪いを受けた女性が、その呪いから自由になるためには〝食べない〟ことが必要だったのかもしれない。

同じ頃、魔女と呼ばれたのはいったいどんな女性だったのだろうか。彼女たちはふつう少し人里を離れたところに住み、自然と感応する資質をもっており、古来、ひそかに受け継がれてきた女性的な知恵の継承者であった。すなわち薬草の知識に通じ、民間療法的なやり方で多くの人々の病気を治療し、霊的な力をもって人々に助言を与えていたのである。なぜこのような女性が魔女として怖れられ、拷問の果てに火あぶりにされねばならなかったのだろうか。そこには男性の女性に対する恐怖、特に女性がもつ本質的な知恵に対する恐怖がある。父性的な宗教が最初の女に呪いをかけることによって否定したにもかかわらず、こぼれ落ちて細々とでも生き残ったものを根こそぎにしなければ男性たちは安心できなかったのであろう。そのヒステリックで残虐なやり方は、教会権力側の方がよほど悪魔にとりつかれていると思われるほどである。

魔女を火刑に処するための罪状はだいたいいつも同じであり、その女性が悪魔と通じて得た不思議な力で世の中のすべての不幸や災いをもたらしたのだとされた。何よりも彼女は淫らであり、「サバト」と呼ばれる魔女集会では酒池肉林の大宴会で飽食し、淫らきわまりない乱交騒ぎをしているとでっち上げられたのである。こうしたファンタジーを生ましめた背景には女性の身体イコール罪であり、呪われたものとする考えがある。それはイブがアダムに知恵の実を食べるよう勧めたように、男に誘いかけ、男を堕落させるからである。

聖女と魔女はどちらも女性が本来もつ霊性（スピリチュアリティ）を生かすことのできた人だといえるかもしれない。どちらも超自然的な力に啓かれていた。彼女たちは本質的には同じ資質の女性であり、父性的な宗教が広まる前のソフィア（女性的な知恵の女神）の流れをくんだ、古代の女性司祭たちの末裔である。それゆえ男性からは独立していた。そしてそのことこそ教会権力を不安に陥れ、魔女狩りという殺戮に駆り立てたのであろう。聖女はキリスト教の枠内で女性的霊性を発揮しようとしたが、そのためには自らの身体を犠牲にしなければならなかったともいえる。

これらの女性たちの一方は食べず、肉体を否定することで聖女として崇められ、他方は飽食し、淫らな行為にふけるとみなされて、魔女として断罪された。聖女と魔女、この両極端のイメージは男性が女性に押しつけたイメージであり、この女性イメージの分極化は女性の真の姿を見えなくしてしまっている。そして現代のアノレキシア、ブリミアの女性たちは知らないうちに、男性が作ったこれらふたつの女性イメージを演じさせられているのではないだろうか。

3 ❖ たましいの飢え

ユング派の女性分析家アンジェリン・スピネーシ（Spinesi, A.）はアノレキシアの女性に起こっていることを、自我が支配する地上世界の視点ではなく、ジェームス・ヒルマン（Hillman, J.）の言うアンダー・ワールド、地下世界からの視点で捉えようと試み、この病に新しい光を当てた。彼女はアノレキシアの患者のことを、女性を物質的なものに縛りつけようとしてきた伝統的なあり方に戦いを挑んでいる女性として捉えている。彼女の視点は母という役割（それもまた男性依存的である）を離れた女性の本質を見極めようとしており、女性の中の見えなくなっている影の部分を、男性側からの投影の恐ろしくふくれあがったイメージではなく、正当なイメージとして摑もうとしている点で画期的である。ただアンダー・ワールドを地上世界の単なる裏返しと見ようとし過ぎているところに、意図とは逆に男性的な発想に陥っているところがある。

スピネーシは、拒食症の女性はわれわれには見えないイメージという心の食べ物でお腹をふくらませているのだと言う[1]。しかし、いつも頭の中が食べ物のことでいっぱいのアノレキシアの女性たちは、やはり飢えているのではないだろうか。食べても食べても満足できないブリミアの女性たちも、やはり飢えている。彼女たちが訴える空虚感は、それを示している。「自分の中がからっぽ」と彼女たちは言う。そのうつろさに直面する恐ろしさを思えば、症状をもっている方を選ぶ女性も多くいる。彼女たちはいったい何に飢えているのであろうか。筆者にはそれは、女性が食べたことで呪われてしまった知恵の実、男性原理が支配的になる前の女性的な知恵、女性のたましいの源泉となるはずの女性の霊性（スピリチュアリティ）のように思われるのである。

男性支配社会の中で迫害を受けながらも、女性的な知恵はいろいろな形で細々とながらも、女から女へ、母から娘へと受け継がれていくものの中に残ってはいたのだろう。しかし、それも時代とともに少なくなっていき、科学技術のめざましい発達の中で熟れきった文明を誇る二〇世紀末の現代には、わずかに残っていたその水脈も途切れる寸前にあるのではないかと思われる。多くの拒食症、過食症の女性たちの出現はその警告ではないだろうか。

食の病は女性三代の病だといわれる。拒食症、過食症の女性の母親自身が自分の母親からポジティブな女性性を受け継いでいない場合が多い。母親たちの多くは「父の娘」であり、本当の意味の母親をもっていない。彼女たちはたいてい知的で合理的な考え方をし、支配欲が強く、宗教的なことからは最も遠くにいる。彼女たちは自分の中の女性的なたましいの源泉の存在を忘れており、一様に乾いた印象を与える。

ユングは男性の心の奥底にある女性のイメージをアニマと名付け、それを男性のたましい（soul）であると考えた。そしてそれと対称的に、女性の心の奥底にはアニムス（spirit）という男性イメージがあるのだとした。しかし今ではジェームス・ヒルマンをはじめとして、たましいは女性においても女性のイメージで表すのがふさわしいと考える人たちが出てきている。ヒルマンは、女性にアニマがないという考えは、女性から宇宙原理を剥奪するものだとする。[2] なぜならそれは生命の元型であり、女性的な知恵（ソフィア）に通じるものであるから。

4 ❖ 悪魔の恋人

食の病にかかった女性たちはまるで何かに取り憑かれているかのように落ち着きなく動き回る。初めは自分の意志で食べなかったり、食べたものを嘔吐してコントロールしていたつもりが、いつのまにか自分の中の何かわけのわからない力によって、否応なしにそうせざるを得なくなってしまう。そのわけのわからないものは再三、醜く太ったイメージを女性たちの脳裏に送りこんで、彼女たちを脅かす。この自分の中に巣くう暴君は男性として擬人化されるのが普通のようで、それは彼女たちを支配し操る恐ろしい悪魔であるが、一方ではその魔法の力で彼女たちを魅了し、虜にする。それゆえその関係を容易に断ち切ることができない。

やはりユング派の女性分析家マリオン・ウッドマン（Woodman, M.）は食の病をもつ女性たちには「完璧さへの嗜癖」があるとして、その完全主義が薬物やアルコールへの嗜癖と通じることを指摘している。[3] このような事態はこうした女性たちが男性原理に忠実なあまりに、その女性原理が白と黒に分裂してしまっていることから起こるのだと彼女は考える。「父の娘」を母として育った娘は、母から良い食べ物をもらうことができず、母の支配下で母の感情を生きることを強制されるため、母のもつ否定的な女性イメージを共有し、やはり「父の娘」となる。彼女は女性としての誇りをもつことができず、行動は父（現実の父というより元型的な父）の承認を得られるものに限られてしまう。彼女が父から認めてもらうためには完璧さを追求しなければならない。彼女は女性としての独立性を失って、悪魔の恋人の言いなりになるしかなくなってしまう。母から良い食べ物（女性の知恵）をもらえなかった娘の身体は空洞で、悪魔の恋人は容易にその城を乗っ取ってしまうのである。「皮肉なことに、完璧さの追求という光に向かって走っていると信じている女性は、実は悪魔の恋人の腕の中にまっすぐ走りこんでいる」とウッドマンは述べている。

こうした女性たちは自分の身体を自分のものとして実感できず、その存在を確認するためには他者の視点に立つか、他者の評価を必要とする。彼女たちの男性との性関係は心と切り離されたもので、父親との近親相姦的な意味合いが強い。彼女たちの根本的な問題は心と身体の乖離にある。過食症のある女性がこんなふうに語ったことがある。

> 自分の気持ちと身体がバラバラに離れている。人の身体を借りてきて心だけがポッと付いている感じ、身体だけの自分と心だけの自分が行ったり来たりしている。

この心と身体の乖離にかける橋こそがソフィア（女性的な知恵）だとウッドマンは言う。

ソフィアは原初の女性的な力であり、霊性（スピリチュアリティ）であり、英知の女神である。キリスト教において、それは三位一体のうちの聖霊となり、女性的な要素は抜け落ちてしまった。聖霊は白い鳩によって象徴されるが、白い鳩はアフロディテの象徴でもある。それはロゴスのような理性的な知ではなく、理性では把握できない根源的な、超越的な知であり、意識と無意識にまたがったよりたましいに近いものである。ユングがアニマという概念を考えたとき、彼の念頭にはソフィアがあったが、アニマを男性だけのものとしてしまったところは、彼もまた男性中心主義から完全には自由になっていなかったといえよう。

「ソフィアは氷のように冷たい水から発する瞬間的な光輝（イリュミネーション）のようなものである」とマリオン・ウッドマンは言う。それは神秘（ミステリー）であり、心と身体を対立するものとみなされなくなったときに起こってくるものだとする。光と影、男と女、天と地、聖女と魔女……、すべてを二分法で対立する対とする考えは男性原理に基づいている。女性の知恵は対立するそれらを結ぶものである。

5 ◈ 退治された鬼女

女性的な知恵がないがしろにされてきたのは、キリスト教文化の中だけであっただろうか。日本の神話においては、最初の女（イザナミ）は男（イザナギ）よりも先に声をかけたことで、奇形の子どもを産むという呪いを受けた。そして今度は男が先に声をかけるようにやり直したことで、やっと日本の国を産むことができたのだが、このようにはじめから女性は男性に従う位置に規定されている。最高神であるはずのアマテラスはイザナミが黄泉の国に封じ込められたあとに父イザナギの左目から生まれた、母を知らない典型的な「父の娘」であり、男性に都合が良いかたちの女性イメージでしかなく、本来の女性的な霊性（スピリチュアリティ）を発揮するべき巫女としての性格は薄れてしまっている。その女性的な知恵はイザナミとともに地下に葬られてしまい、それゆえに恐れられ、西洋におけるメドゥーサと同じように、鬼女というイメージを生みだした。能における鬼女の面が般若と呼ばれるのはその名残りであろうか。般若とはサンスクリットのprajñāのことで、分別対立を越えた真実の叡智、超越的な知恵をいう。本質を射抜く眼差しをもつメドゥーサもまたギリシア語のmetisを語源とし、女性の知恵という意味である。

日本の民話に「飯食わぬ女」という話がある。

昔あるところにいつまでも独り者でいる男がいた。友だちが嫁をもらうようにすすめると、男は「飯を食わぬ嫁ならばもらってもよい」と答える。そのうちひとりの女が一夜の宿を請う。男は食べるものはないと言うが、女は自分はものを食べぬ女だと言い、そのままその男の家に居ついてしまう。女は何も食べずに仕事ばかりしていたので、男はこれは好都合と女を自分の女房にする。しかし彼の友だちはこれを怪しんで、女は人間ではないから確かめるようにと忠告する。男は町へ出かけるふりをしてそっと引返すと、天井から女房の様子をうかがった。女は見られているとは知らず、米をとぎ、火をおこして米を炊くと、三三個の握り飯をつくり、さらに鯖三匹を火にあぶる。それから女は髪をほどくとそこからあらわれた頭のまん中の大きな口に、握り飯と鯖を次々に放り込んで食べてしまった。

自分の女房が鬼だったと気づいた男は肝をつぶすが、その日は友だちの忠告で知らぬふりをして家に帰った。女は頭が痛い、気持ちが悪いと言って床についている。男は女を治療のためとあざむいて、祈禱師役の友だちのところに連れて行った。友だちの男は女に向かって「三升飯のたたりだぁ、鯖三匹のたたりだぁ」と言ったので、見られたことを悟った女は友だちを頭から食べてしまった。そして逃げようとした男をつまみあげると頭の上に乗せ、山へ行こうとする。男は途中で木の枝につかまってうまく逃げることができ、鬼の体を溶かす力があるというよもぎと菖蒲の草むらの中に隠れる。引き返してきた鬼女もさすがに手が出せず、男が投げつけた草の毒にあたって死んでしまったという。

この話の中の男は食べない女がいれば女房にもらっていいと考えている。これはまったく男の側の手前勝手な発想である。すると少しも食べないで働いてばかりいる女が現れ、男はこんな好都合なことはないとほくそ笑む。居るはずのない女、それは男が勝手に描いた女性のイメージである。そのとおりの女性を得て喜んでいた男は、やがてそれが鬼女であることを思い知らなければならない。恐ろしい鬼女のイメージもまた男性が勝手に作った女性のイメージである。ここにもやはり聖女と魔女で見てきたような、男性の側からの女性イメージの分極化が見られる。この話の〝食べないで働いてばかりいる女〟は、なんとアノレキシアの女性たちに似ていることか。そしてむさぼり食う鬼女のイメージはブリミアの女性たちに重なるものがある。しかしこの話の結末では結局鬼女は退治されてしまう。鬼女は死ななければならない。これはあまりに悲しい結末ではないだろうか。女性の知恵、その霊的《スピリチュアル》な力はあくまで否定されてきているようである。鬼女が女性の本質的な知恵の男性によって歪められたイメージとすれば、その知恵の正しい姿での回復が今求められている。われわれは鬼女の言い分にも耳を傾けるべきなのである。

ある過食症の女性は次のような夢をくり返し見たという。

夢

見たこともない白髪のおばあさんがわたしに、「家の中に入りなさい、お茶を飲んで話をしていきなさい」と言うんだけど、でも入ったらいけない気がして、わたしは「いいです、外から見ています」と言っていた。何を見るのかはわからないけれど。

この夢のおばあさんは、夢を見た女性に何か深い女性的な知恵を授けてくれる人だったのかもしれない。しかし彼女にその家に入ることを躊躇させたもの、それは男性社会の中であまりに流布してしまった人を襲う恐ろしい「安達ヶ原の鬼女」のイメージだったのかもしれない。

鬼女は押えつけられ、地下の世界（無意識）に沈められてきた女性の霊性の怒りの姿でもある。食の病をもつ女性の心の奥底にある深い怒りもこの怒りではないだろうか。この怒りのエネルギーは正しく受け入れられるときには創造的なものとなるはずである。しかし、現代の女性たちはもはやその霊的な力が自分たちの中にあることを信じることができなくなっている。われわれみなが病んでいる。

6 ❈ たましいの回復に向けて

男性原理の世界支配は、文明の発達のために歴史的な必然性があったことかもしれない。しかしこのあまりに長く続いた男性支配がいろいろな歪みをもたらしていることに、そろそろ人々は気づき始めている。地下に封じ込められた女性の知恵を再発見し、女性が男性に従属する位置に甘んずるのをやめて、女性がありのままの女性としての尊厳を取り戻すことは、女性にとってだけでなく、「男らしさの神話」に苦しむ男性にとっても非常に大事なことだと思われる。

ロバート・A・ジョンソン（Johnson, A.R.）が紹介しているアーサー王の物語は示唆的である。[4]まだ若いアーサー王が近隣の国に捕らえられたとき、その国の王はアーサー王が一年以内にある難しい謎の答えを見つければ命を許してやろうと言ったのであるが、その謎とは「女が本当に欲しがっているものは何か」というものであった。アーサー王は手をつくして答えを得ようとするが、どうしてもそれを見つけることができない。一年の期限の最後の日に、とうとう彼は思いあまって、年寄りの魔女のところに相談に行った。魔女は答えを教える代わりに、交換条件として、アーサー王の親しい友ガーウェインが自分と結婚することを要求した。ガーウェインは友の命を救うためならばと、その結婚を了承する。魔女の教えたその謎の答えとは、「女は自分の人生についての主権を欲しがっている」というものであった。これを聞いた人々は女性の知恵の偉大さに打たれる。こうしてアーサー王の命はつながった。

さてガーウェインと魔女の結婚の日の夜、魔女は麗しい乙女となって現れ、自分は一日の半分はこの姿、あとの半分は老いて醜い魔女の姿になるのだと説明し、ガーウェインに昼と夜どちらにどちらの姿でいてほしいかを尋ねる。ガーウェインはしばし考えたが、結局それは彼女自身で決めるようにと言った。その言葉によって、彼女は自分がこれから昼も夜もずっと美しい姿のままでいられるようになったと告げる。なぜならガーウェインは彼女の人生についての彼女の主権を尊重してくれたから、と。

女性を魔女にしているのは、女性の知恵を排除して、女性の独立性を認めないできた男性原理の呪いがかかっているからである。その呪いを解くためには、女性自身が自分の奥底に眠っている、古代より女から女へと受け継がれてきているはずの女性の知恵、女性の霊性（スピリチュアリティ）を目覚めさせなければならない。それはたましいの回帰であり、乾き切った現代の世の中に潤いをもたらすものである。

現代の食の病をもつ女性たちは身をもって、今われわれにいちばん欠けているものが何なのかを問いかけている。

［参考文献］

（1）Spignesi, Angelyn: *Starving Woman: A Psychology of Anorexia Nervosa*. Spring Publications,1983.

（2）Hillman, James: *Anima:An Anatomy of a Personified Notion*. Spring Publications,1985.

（3）Woodman, Marion: *Addiction to Perfection: The Still Unravished Bride*. Inner City Books, 1982.

（4）Johnson, Robert A.: *Femininity Lost and Regained*. Harper & Row,1990.

（5）池上俊一『魔女と聖女——ヨーロッパ中・近世の女たち』講談社（現代新書）、一九九二

（6）Leonardi, Claudio: Catherine la Mystique. Dans F. Bertini, et al. : *La Vie Quotidienne des Femmes au Moyen Âge*. Hachette, 1991.

（7）森島恒雄『魔女狩り』岩波書店（新書）、一九七〇

（8）下坂幸三『アノレクシア・ネルヴォーザ論考』金剛出版、一九八八

2 ❖ 時を止《と》めたい少女たち

明るい日差しの中を少女たちが駆け抜けていきます。まだま新しい制服姿の少女たちはこの春から中学生になったばかりかもしれません。やや重たげな制服姿ですが、少女たちは誇らし気な顔をしています。少しだけおとなに近づいたのですから、背のびもしてみたいのです。すました顔もしてみたいのです。でも何かちょっと刺激があれば、まだきのうと同じあどけない少女の笑顔がはじけるでしょう。

『時計』という映画がありました。脚本家の倉本總が初めて監督したということで話題になった映画です。そこにはひとりの少女の五年間の変化が刻明に捉えられていました。主人公の少女は九歳でフィギュア・スケートを始めます。体にぴったりした練習着姿の少女はまだポコンとお腹の出た幼児体形です。一方でその母親をめぐるストーリーが進行しながら、少女は着実に成長をとげていきます。映画が終わる頃には彼女は一四歳になっており、背丈は共演した母親役の女優さんをしのぎ、胸もふくらんで、すっかり女性の体つきになっています。少女は映画監督の望んだようにはスケートが上達しなかったため、映画のストーリーは変更を余儀なくされたということですが、彼女の周辺には仕組まれたドラマがあまりに嘘くさく感じられてしまうほど、彼女が見せた変化は圧倒的な真実を語っており、映画を見る者に強い印象を与えました。身体の変化ばかりでなく、その五年の間には、少女の心もずいぶん揺れながら変わっていったに違いありません。彼女が監督のもくろみ通りにスケートがうまくならなかったことは、むしろ少女の健康さを示していると言ったら言い過ぎでしょうか。もうおとなの思いどおりになる年齢ではないのです。

九歳から一四歳までの五年間といえば、どんな少女にとってもひとつのドラマです。男の子と一緒にはしゃいでいる段階から、初潮という思わぬ事態を受け入れ、おとなの女性への第一歩を踏み出さなければなりません。女の子が自分の女性としての性を受け入れるのはなかなか大変なことなのです。自分の身体の変化を受け入れなければならないというだけでなく、身体と不可分な心の問題として思春期の大きな嵐の中をくぐり抜けねばならないのです。『時計』という映画の背景にはジョルジュ・ムスタキの作った「時は過ぎてゆく」という歌が流れます。

眠っている間に　夢見てる間に
時は流れ　過ぎてゆく
子供の頃はもう夢の中
時は　時は　今も過ぎてゆく

（古賀力訳詞）

時は誰にとっても公平に流れます。誰も時を止めることはできません。そのことはまた、今を生きるのが下手な人にとっては大きな脅威になります。時の流れを受け入れ、時の流れに身を任すことは誰にとっても、いつもいつも容易なわけではありません。

相談室で出会う子どもたちの中には、まるで時の流れを拒否してしまっているように見える子どもたちが少なくありません。まるで時間が停止してしまったかのように一歩も前に足を踏み出せない子どもたちです。ある日突然学校へ行けなくなり、何年も家に閉じこもってしまったり、普通ならば忘れ去って行くような過去の悪い思い出ばかりが（たとえばいじめられたというような）思い出され、それに足をすくわれて動けなくなっていたり、食べなくなって身体の成長が停まってしまう子どもたちさえもいるのです。

特に少女たちの間に、食べないことで大人になるのを拒否しているように見えるケースが近年増えています。女性は男性よりも心と身体がはるかに密接に結びついているために、こうしたいわゆる拒食症（思春期やせ症）が女性に多いのかもしれません。少女たちは自分の肉体を否定するかのように食べなくなり、「皮膚をまとった骸骨」といった痛々しい姿となり、生命の危険にさらされることも稀ではありません。それでも本人には痩せているという自覚は乏しく（むしろ太っていると自覚している場合もあり）、非常に活動的に休むことなく動きまわり、周囲の者をはらはらさせます。表情は固くなり、いつもイライラして落ちつきがなく、怒りっぽくなるのも特徴です。

こうした少女たちの頭の中は実のところ食べ物のことで一杯なのです。料理の本をあきずに眺めたり、料理を作っては、自分は食べずに、人に食べることを強制することもあります。ここまでで済む場合はまだよいのですが、そのうち人前では相変らず食べられないのに、ひとりでこっそり隠れ食いをするようになります。そして往々にしていったん食べだすともうブレーキが効きません。菓子類などびっくりするような量を一気に食べてしまいます。いわゆる過食症に移行するケースです。でも食べてしまったあとは非常な敗北感と絶望感にとらえられます。食べないでいたときにはまだ自分の欲望をコントロールできるという自負心があったのに、それが無惨に崩れたのです。むさぼり食っているあさましい自分のイメージが自己否定に結びつきます。また頭の中には「太った醜い自分」という姿がありありと浮かび、太ることには非常な恐怖があるため、過食したあとに嘔吐することを覚える者もあります。

こうした過食→嘔吐のくり返しで体重のコントロールができるようになると、この病気はなかなか治療が難しくなります。といって、なぜこういう行動に駆りたてられるのかは本人自身にもわかっていないことが多いのです。そうでなくても思春期の間は自分の内面に起こっていることを言葉に表すことはほとんど不可能で、とてもそんな余裕がないのが本当のところです。しかし、かなり大人になってからならば言語化できる素晴らしい力をもった人もいて、治療者に多くのことを教えてくれることがあります。

過食の訴えで相談室を訪れた二〇代の女性（仮にアキエさんとします）は過食しているときの気持ちをこんなふうに語ってくれました。「将来のことを考えることがとても恐いんです。でも食べている間だけは将来のことを考えないで済むんです」と。また彼女は「自分の中でいつも時計が止まっているよう」とも言っています。お母さんからも自分がいつまでも子どものままで見てほしかったし、異性からも女性として見られるのは嫌だったと言い、女性性がうまく受け入れられていないようでもあります。やがてアキエさんの訴えは過食という表面に現れた症状よりも、「自分がない」という本質的なものに変わってきます。そこでは自分の体がまるで借りてきたもののように実感がなく、心と体がバラバラであることの苦しさを何度もくり返し訴えていたのが心に残りました。

女性の体は不思議なものです。月経という毎月決まって訪れる変化によって一定のリズムをもっています。体の中に時計があるといっていいかもしれません。もし女性が自分の体を、自分の女性性を受け入れることができずに、自分の体のリズムに耳を傾けることをしなくなったら、そこで時間も止まってしまうのかもしれません。

アキエさんは中学生の頃、拒食症で入院していたことがあります。大人になった今、その頃のこともある程度振り返って言語化することができるため、思春期の頃に何が起こっていたのかも少しはうかがうことができます。思春期に至るまでの幼少期に母親の愛情をしっかりと感じることのできなかった満たされない気持ち、思春期になり、他の子どもより早く胸がふくらんだことをからかわれたときの、誰にも打ち明けられなかった屈辱的な思い、母親に対して反抗しながらも、依存しなければやっていけない自分、等々。なかでも「私が親に何か投げかけたときに、どういうふうに親が私に投げ返してくれるかが問題なんです」という言葉からは子どもの訴えを親が汲みとれずに方向違いの愛情の向け方をしていたことがわかります。親は親なりに愛情を向けているのですが、それが子どもが本当に望んでいることとずれてしまうと、「母は私が生まれたから仕方なしに育てたんじゃないかと思った」と子どもは感じてしまうかもしれません。また「親が私の方を向いてくれたのは私が拒食症で入院したときが初めてでした。親は目に見える形じゃないと気がつかない」というアキエさんの言葉も、子どもをもつ親はみんなもう一度噛みしめた方がいいのかもしれません。

実は思春期の子どもは訴え方も下手なのです。だから親の方も子どもの望むように対応することは難しいかもしれません。思春期の子どもの望むことをわかってあげるためには、子どもが生まれてからそれまでに、良い母子関係が出来ていること、しっかりした信頼関係がもてていることが、やはりいちばん大事だと思います。もし良い信頼関係がもてていなかったとしてもそれはお母さんの責任というわけでもありません。実はこうした病気になる子どものお母さん自身が良い母子関係を体験せずに大人になってしまったことが多いのです。拒食症は三世代にわたる病だともいわれています。思春期の子どもをもったお母さんは、自分と自分のお母さんとの関係をもう一度振り返ってみることも必要なのかもしれません。

さて、一年半にわたる面接を続けるあいだに、アキエさんは抜き差しならないお母さんとの共生的関係を脱し、お母さんを別の人格として客観的に見られるようになりました。バラバラだった身体と心は一つになり、自分というものの実感がもてたといいます。疎遠だったお父さんとの関係も改善され、「両親は両親、私は私だから」と将来への自信と楽観性をもてるようになりました。凍ったように止まっていたアキエさんの時がまた流れ始めたのです。これまで何年かの失った時について、アキエさんは「もったいないことをしてしまった」と振り返ります。ですが、大変な苦しみの中から自分の力で取り戻し、今流れ出した新しい時は、それを十分補えるほど輝いているように、それに立ち合った者としては感じられるのです。とはいえアキエさんが味わったような苦しい目には遭わずにすむにこしたことはありません。今私の前を駆け抜けていった少女たちが、時を止めることなく思春期の大変な壁を乗り越えて行ってくれることを祈りたいと思います。

第 4 章

聖女か魔女か

1 ❖ 癒しの象徴としてのマリア

1 ❖ 今なぜマリアか

マリアがあちこちに現れている。マリアとはイエス・キリストの母である聖処女マリアのことである。そのマリアの姿を見たという証言が世界各地で起こっているのだ。その数は一九世紀の頃からどんどん増えていて、今世紀だけでも四〇〇を超すという。たとえばマリアは一九八一年六月にボスニア・ヘルツェゴビナのメジュゴルジェにおいて六人の子どもたちの前に姿を見せた。それは金色に輝く美しい若い女性の姿をしており、自らを「平和の女王」と名乗ったという。以後毎日のようにマリアは子どもたちの前に現れているとされ、その地にはひと目でもマリアの姿を見る光栄にあずかりたいという人々が世界中から殺到している。内戦の戦火がおさまらない中をである。マリアは日本にも現れた。一九七三年から八一年にかけて、秋田において、ひとりのシスターの前に姿を見せたことが、教会も正式に認めた「ご出現」として記録されている。

この二世紀の間に教会側のマリアを見る見方にも大きな変化があった。そのひとつは一八五四年に、マリアの「無原罪の宿り」が正式に承認されたことである。すなわちマリアは、人間すべてが生まれながらにもっているとされる原罪をまぬがれたまま、その母アンナの胎に宿ったことが神学上、正式に認められたのだ。また一九五〇年には「聖母マリアの被昇天」が正式に教義として認められた。すなわちマリアは肉体をそなえたまま天にいますイエス・キリストの傍らに迎え入れられたというのである。このようにマリアの神格化が進んだわけだが、こうした考えは突然に出てきたものではなく、民間信仰の中では古くから言われてきたことで、それにただヴァチカンのお墨付きがついたということになる。人々がマリアに寄せる熱い思いを教会側が無視できなくなったということであろうか。一九世紀以来、確かに人々のマリア熱はどんどんエスカレートしているようなのだ。一九世紀・二〇世紀はマリアの時代であると言われるゆえんである。人々はいったいマリアに何を求めているのだろうか。マリアとはいったい何を意味するのであろうか。

筆者は心理療法を仕事にしているのであるが、心理療法の技法のひとつに箱庭療法というものがある。これはひと目で見渡せる大きな箱に砂を入れたものを用意して、そこに人間、動物、植物等々のさまざまなミニチュアのおもちゃを用いて、好きなように表現をしてもらおうというものである（一三二頁写真参照）。子どもだましのように思われるかもしれないが、この治療技法は実際大人にとっても非常に有効なものであるし、楽しめるものでもある。砂に触れることは適度に退行をもたらし、また言葉では語りえないものをイメージとして表現することで、人の心の意識されていない部分が活性化し、そこから自己治癒力が少しずつ引き出されていく。それならばだれでも勝手に砂箱とおもちゃをそろえて作ればいいのかといえば、そうではない。これが心理療法技法のひとつであることのゆえんは、箱庭を作っている人の傍らに、セラピスト（治療者）が存在していることが絶対に必要だということにある。そこでのセラピストの役割というのは、箱庭療法を始めたドラ・カルフによれば、箱庭を作る人のために、「自由にして保護された」空間を提供することにある。これはたやすいことに思われるかもしれないが、実はなかなか難しいことなのである。そこに見守る人としてのセラピストの存在意義がある。

さて、この箱庭療法において展開されるさまざまなイメージ、それは、それを作った人の心の世界が表されたものということもできるのだが、ここにマリア像がしばしば登場するのである。しかもそれは箱庭を作る人の年齢、性別、生きてきた背景の違いにはかかわりなく現れるのだ。これは驚くべきことではないだろうか。たとえば、キリスト教とはまるで接点のない幼児がマリア像を置くこともあれば、新興宗教の熱心な信者がマリア像を置くこともある。もちろんそれがキリスト教の教義の中のマリアと知ったうえで置いたのではないであろう。ただ多くのおもちゃの中からあえてそれを選んだということは、マリア像のイメージが彼らにとって心の中の何かを表現するためにぴったりとくるものであったことは確かである。なぜそれを置くのかは置いた本人もわかっていないことが多いし、セラピストの方から説明を求めることを普通はしないものだが、なかには自分から説明する人もいる。それを「母なるもの」と言う人もいれば、「見守っているもの」と表現した人もいる。どうやらマリアのイメージはキリスト教の枠を超えた、普遍的な意味をもっているようなのである。

いったい現代人の心の中のマリアとは何を表しているのだろうか。マリアによって人々の心に呼び起こされるものとは何なのであろうか。

2 ❖ ルルドで起こったこと

ルルド（Lourdes）はフランスといってもスペインに近いピレネー山脈のふところに抱かれたような小さな街である。歴史の古い街ではあるが、その名が一躍有名になったのは、一九世紀の半ばにそこに住むひとりの貧しい少女の前に聖母マリアが現れたからにほかならない。この出来事は、今日ある「マリアご出現ブーム」の先駆けであり、きっかけともなるものであった。今ではそこは世界最大のマリア崇敬の巡礼地となっている。実に世界一五〇ヵ国から年間五〇〇万人の人々が訪れるという。ルルドがこれだけ多くの人々を引きつけるようになったのはなぜだろうか。そこには「癒し」ということが大きく関わっている。なぜならルルドの名声を高めたのは、少女に現れたマリアが示した場所から湧き出した泉が、病の奇跡的治癒をもたらしたことにあるからである。その感動的な治癒の例はカレル（Carel, A.）の著書に詳しい。[1] のちにノーベル賞受賞者となる自然科学者のカレルは、医師として付き添った巡礼団の中にいた瀕死の女性の奇跡的治癒を目の当たりにしての、人生観が変わるほどの感動を書き綴っている。しかし人々が求める癒しは、目に見える病気の治癒に限ったものではないだろう。ルルドには近年のマリアに対する人々の熱い思いを説明する何かがあるかもしれない。マリアの出現がどのようなものであったのか、ルルドのケースを詳しく見てみよう。

一四歳の少女ベルナデッタ・スビルーの前に初めてマリアが現れたのは、一八五八年二月一一日であった。その朝、彼女は妹と近所の友達の三人で薪を探しに、いつもは行かないような家から離れたマサビエルの洞窟までやって来た。洞窟に行くには川を渡らなくてはならない。水は冷たく、病弱な彼女はなかなか足を水に入れられずにためらっていた。そしてやっとその決心をしたとき、風の音がして、洞窟の方を振り向くと、バラの茂みの上に白い着物を着た非常に美しい若い女性が両手を広げて、こっちへいらっしゃいとでもいうように立っているのが見えたという。驚いたベルナデッタはマリアに捧げるロザリオの祈りを唱えたのだが、するとその女性も自分の持っているロザリオをまさぐっていたという。そしてその祈りが済むと、その女性は近くに来るようにとの合図をしたが、ベルナデッタが動かないでいたら、その姿は消えてしまった。半分夢の中のような心地で少女は川を渡って、妹たちのほうに行くが、水の冷たさはまったく感じなかったという。しかし妹たちにはその白い女性の姿はまったく見えていなかったし、ただ突然ひざまずいて祈りだしたベルナデッタのことを、おかしなことをすると呆れていたのだった。

ベルナデッタが洞窟で白い女性を見たという話は、連れの友達の口からあっという間に広まってしまった。そこでそれは聖母マリアではないかと騒ぎだす人たちが出てくる。まず騒ぎだしたのは女性たちであった。それから二週間、毎日のように洞窟でベルナデッタはその女性を見たのだが、日ごとに多くの人々が彼女を追って、洞窟の前に集まるようになった。そうした何百、何千もの人々の前で、白い女性はベルナデッタだけに現れ、そのときの少女の恍惚とした様子は、侵しがたい輝きを示して、それを見守る人々に深い感銘を与えた。マリアの出現と思われるようなことが起こったとき、まず驚かされるのは、こうして駆けつける人々のあまりの数の多さである。瞬く間にこれほどの人々が参集したということは、いかに人々の心がマリアを求めているかということを示している。マリアの出現は、選ばれただれかがマリアの幻影を見るだけでは不十分であり、こうした人々の、マリア出現が本当であってほしいとの願いこそがそれを完成させる。

そんな中で、ある日その白い女性はベルナデッタに、水を飲み、顔を洗うように言う。少女は洞窟の前の川のほうに行こうとするが、その女性はそこではないと言い、洞窟の中を指さしたのである。少女が仕方なしにそのあたりの湿った土を手で掘り起こしてみると、泥水が現れた。彼女はそれをすくって、何回かの躊躇のあとそれを飲み、顔に塗りたくった。それを見ていた人々には彼女が何をしているのかわからず、彼女が狂ったのではないかと思い、それならば彼女の女性を見たという話も狂人の妄想ではなかったかと落胆したのであった。しかしその後人々がそこを掘ってみると、しだいに水は澄んでいき、石盤を作る人も出て、泉は整備された。そしてその水によって、目の見えない人が見えるようになったり、病気で死にかけている子どもが元気になったりとかの奇跡が起こるようになり、人々は興奮したのである。

人々の熱狂をよそに、教会関係者や街の権威筋はみなこの事件に冷たい態度をとっていた。むしろ人々の熱狂そのものを不穏なものとして、なんとか阻止しようとの方向に気持ちは動いていた。ベルナデッタは単なるヒステリー患者ではないかとの疑いももたれた。時はまさに一九世紀の半ば、なぜかヒステリーの女性が多く現れ始めた時期である。そして時代はこのあと、ヒステリー患者の治療を通して無意識の発見へと向かっていく。それは人々が科学的な志向性を強めたものの、それでは説明できないことに目を向けざるを得なくなっていく過程でもあった。そのことと人々の心がどこかでマリアを求め、マリアの出現があちこちで見られるようになったこととは、まったく無関係ともいいきれないものがある。

ベルナデッタは自分に現れた女性のことを、周りの人々がそれは聖母マリアに違いないと言って騒いでいたにもかかわらず、「それ」と呼び続けていた。彼女はその女性に名前を尋ねたが、女性はなかなか答えてくれなかったからだ。しかしついに「私は無原罪の宿りです」と名乗ったのである。先にも述べたように、聖母マリアの「無原罪の宿り」という教義はこれよりほんの四年前の一八五四年に公認されたものである。それはその女性が聖母マリアであることを初めて明かした瞬間であった。そしてこの答え（ベルナデッタ自身はその意味を知らなかったと主張している）によって初めて、教会はベルナデッタが見たものを真面目に取り上げるために重い腰を上げたのであった。なぜその女性は自分のことをマリアと言わずに、「無原罪の宿り」といった、もってまわった言い方をしたのかは不思議である。ただ「無原罪の宿り」の教えには、マリアの母・アンナの存在が透けて見える。これは重要なことかもしれない。アンナは聖書には登場しないにもかかわらず、聖アンナとして人々の強い支持を受けていた（アンナについて語られるのは二、三世紀に東方で成立した外伝『原ヤコブ福音書』である）。聖母子を包み込むような眼差しで見つめるレオナルド・ダ・ヴィンチの描いたアンナはことに有名である。このキリスト教の聖アンナはケルト人の神々の母であり、すべてを包み込む大地母神であるアンナ（アニャ、ダナとも呼ばれる）とどこかでつながっていると考えても、あながち的外れではないだろう。その証拠には、ケルトの地であるフランスのブルターニュ地方では聖アンナ信仰が盛んである。

3 ❖ ベルナデッタ

ベルナデッタはどんな少女だったのだろうか。彼女の一生は苦難の連続であるといえる。粉ひきをしていた父親の最初の子どもとして生まれた少女は、むしろ母とのつながりの弱い、父親っ子であったようだ（これはポルトガルのファティマで聖母を見た少女ルチアにも共通することである）。母はまだ独身でいた姉に遠慮して、子どもの世話から手を引いていたところがある。そのうえベルナデッタが一歳ぐらいのとき、母親が胸に火傷をしたために授乳ができなくなり、ベルナデッタはよその村の、子どもを失ったばかりの女性のところに、二歳半まで預けられたままになったのである。彼女が小さい頃から一生喘息に苦しめられたのも、そのあたりのことが影をさしているかもしれない。その後家族のもとに戻ったベルナデッタであったが、母親は次々と子どもを産んだ一方（八人の子どもが生まれたが、一〇歳になるまでに五人が死んでしまった）、父親には経営の才がなく、家はどんどん窮乏していった。そのうえベルナデッタは一一歳のとき、コレラにかかりその後遺症でますます虚弱になった。そのあと彼女は口減らしのために、飲み屋をやっていた母の姉のところに手伝いに行かされる。実家の方は借家も追い出され、昔監獄だったじめじめしたところに、身を寄せ合って暮らすようになっていた。そして一三歳になったベルナデッタは、今度は昔預けられていた乳母のところに送られ、そこで子守と羊飼いの仕事をしたのであったが、この女性は自分の子どもを次々に亡くしていたこともあって、元の里子であるベルナデッタに対してとてもつらくあたったようだ。ベルナデッタが子守をしたその女性の三人目の子どももまもなく死んでしまった。そのうえベルナデッタは利発な子ではなく、もの覚えが悪かった。学校へ行く機会もないベルナデッタであったが、キリスト教の基本的な教えである公教要理すら覚えることができなかった。それがその女性をいらだたせた。

　このようなベルナデッタの生育史をたどってみると、彼女の居場所のなさが胸を打つ。彼女にとって本当に落ち着ける場所はあったのだろうか。彼女を支え、育んだものがあったとすれば、それは周りの美しい自然だったのかもしれない。ベルナデッタがようやく家族のもとに帰れたのは、一八五八年一月一七日のことである。彼女がマサビエルの洞窟でマリアを見たのはそれから一ヵ月もたたないうちであった。

　ルルドという名は「流れる水」という意味だという。ピレネー山脈から流れてくるその美しい清流はローマ人がこの地に要塞を造った頃から有名であった。地下のいくつもの水脈の交差する場所は、特別な磁場を形成して、キリスト教以前から「聖なる場所」としての意味付けをされていたらしいことが、現在残るドルイド教の聖地跡（その多くはその上にキリスト教の教会が建てられている）からうかがわれる。そうした意味でルルドの自然は、居場所のない幼いたましいをむげに見捨てたりはしなかったのかもしれない。マリアはベルナデッタに「私が約束するのは、あなたをこの世ではなく、あの世において幸せにすることです」と言った。現在残っているベルナデッタの写真を見ると、遥か遠くを見ているような大きな目が印象的である。それは耐えがたい現実を突き抜けて、現実に曇らされたわれわれには決して見えないものを見た人だけが持つ、強い光に満ちている。

　マリアはほかにも、罪深い人たちのために回心を祈ること、この洞窟の上に聖堂を建てること、それから人々が行列をしてここに来るように、との言葉を伝え、全部で一八回ベルナデッタの前に現れたあと、七月一六日を最後にもう二度と姿を現さなかった。その後も教会の慎重な調査が進み、司教がマリアの顕現を正式に認めたのは、四年後の一八六二年のことである。

　その間ベルナデッタは多くの取り調べや詰問に応じなければならなかったし、また人々の好奇の目にもさらされねばならなかった。そのために彼女は逃げるようにまた家を離れることになる。マリアが現れてから二年後にルルドにある修道院経営の病院に移って、そこで暮らした。そしてまたその六年後には遠く離れたヌヴェールの修道院で修道女になる道を選んだのであった。人々の関心の的となったベルナデッタが傲慢の罪を犯さないようにと、修道院ではとりわけ厳しい扱いを受けることになる。そのうえ故郷の大自然の守りを失ってしまったベルナデッタは、喘息の発作もひどく、ほとんど病気がちで、何度も死にかけていた。こうして彼女は両親の死に目にも会えないまま、結局二度と故郷の土を踏まずに、一八七九年に三五歳で亡くなった。ルルドに帰る機会を作ろうと思えば作れたはずなのに、彼女はなぜ一度も帰らなかったのだろう。それを尋ねられたとき、「どっちみちルルドは天国ではありません」とベルナデッタは答えたという。彼女は現実の中に自分の居場所をもつことを、とうにあきらめてしまったのかもしれない。あるいは彼女の出会ったマリアは彼女の心の中にしっかりと内在化して、外の守りをもはや必要としなかったのだろうか。

4 ❖ ルルドの今

ベルナデッタが試練の多い生活を送っている間にも、人々はルルドの奇跡の泉に押し寄せ、ルルドは巡礼地としての整備が着々となされていった。マサビエルの洞窟には、ベルナデッタの話をもとに作られたマリアの像が置かれ（出来上がった像について、ベルナデッタは自分が見たものと似ていないと言ったのだが）、マリアが望んだように洞窟の上には聖堂が建てられたのであった（写真参照）。そして今なお、ルルドは訪れる巡礼者を優しく迎え入れている。今や巨大な大巡礼地となったルルドを筆者は一九九七年夏に初めて訪れた。聖母被昇天の祝日を控えた一年中で最もにぎわう時期であったためもあるが、あまりの人の多さに圧倒された。真夏の太陽のもとにキラキラ輝くネオ・ビザンチン様式の細身の教会とその前の巨大な広場を埋めた人々を見ていると、ディズニーランドに来ているのだろうかと錯覚するほどであった。しかし教会がいくら輝いていようとも、聖域の中心は、ベルナデッタにマリアが現れたという洞窟であることは疑いがない。そこでは次から次へと、各国からやって来た巡礼団のためのミサがその国の言語でなされている。感動のあまり泣いている女性も少なくない。次のグループのミサのために人々の入れ替えがされるが、その場を動こうとせず、係員に無理矢理連れ出される人もいる。そうしたミサでは常に車椅子に乗ったり、ベッドに寝かされた病気の人々がいちばんいい場所を占め、大事にされている。豊富に湧き出す泉の水はだれでも手に入れられるように、蛇口の並んだ一角もあり、たくさんの容器を持ってきて水を汲んで持って帰る人も多い。洞窟の

ルルドの洞窟とその上に建てられら教会

近くには水浴場があって、そこでは病気の治癒を願う人々が泉の水に身を浸すための浴槽がいくつも用意されている。本人が望むなら、かなりの重病人でも介添人によって水に入れられる。水浴場の前には若者たちが聖歌を歌い続けており、祈りの気持ちが自然に人々の心に伝播していく。こうした場所では奇跡の治癒が起こったとしても不思議はないという気にさせられる。身体の病気の奇跡的な治癒はめったに起こらないにしても、少なくとも心の癒しはなされるのに違いない。車椅子を押したり、病人の介添えをしたりしているのは、主にボランティアであるが、そうした若者たちの顔の輝きも、ほかでは見られないものかもしれない。毎年続けてこの地でボランティアをする人が多いのも、彼ら自身それをすることで癒されているからであろう。

ここでは人々のマリアに寄せる祈りの気持ちが振幅し合って、大きなうねりとなって人々を包んでいる。それが最もよくわかるのは、夜に行われるマリアの行列である。人々は火をともしたろうそくを手にして、アヴェ・マリアを歌いながら列をなして教会前の大広場に集まってくる。その光の波はたとえようもないほどの美しさで、人々を深い感動に誘う。それはマリアを通して人々の心がひとつになる体験であり、温かい高揚感で人々を満たす。

それは生きていてもいいのだという思いであり、深い意味で赦《ゆる》されたことを感じさせる体験なのかもしれない。

5 ❖ マリアの向こうに見えるもの

ルルドはまぎれもなくキリスト教のセンターであり、マリア崇拝が表に出てはいるものの、それに強く傾きすぎることを警戒するところがある。教会側としては、マリアはイエス・キリストへのとりなしを祈る対象以上のものではないことをやっきになって強調したいところで、実際ミサの中心はキリストの聖体拝受（キリストの身体を表す無発酵パンをいただくこと）であり、神父たちが病人たちの間を巡って、聖体を授けていくのが印象的だ。しかし人々の気持ちはやはりマリアに傾いているように、異教徒の旅人である筆者には感じられた。そしてたまたまキリスト教の枠組みであったからイエスの母であるマリアになったものの、ベルナデッタが洞窟で見た女性が、たとえば「大洞窟に住むもの」の意をもつ神々の太母キュベレー（あるいは女予言者シュビレー［シビラ／シュビラとも］）であったとしても、それほど大きな違いはなかったのではないかと思うのである。テイヤール・ド・シャルダン（Teilhard de Chardin,P.）は処女マリアの透明性を強調したが、透明なマリアの向こうには古くからのスピリチュアルな女性の系譜がうっすらと透けて見えているのではないだろうか。そうでなければ福音書に語られることの少ないマリアが長年にわたってこれほど多くの人々の信仰の対象になってきたことの説明がつかないだろう。今マリアを渇望する人々が本当に欲しているものは、マリアの奥にあるそうしたものなのかもしれない。

実際に新約聖書においては、ルカ書にある有名な受胎告知の場面を除けば、マリアはずっと後方にしりぞいているように見える。マリアはキリスト教の中でひとつの役割を与えられた。人々の罪をあがなうためにこの世に送り込まれたイエスは「人の子」として生まれる必要があり、そのためには人間の女から生まれねばならなかったからである。そこにマリアの存在意義があった。それだけであるはずだった。ところがマリアは自分に与えられた役割をはるかに超えて、人々の心の中に何ものかを与えていったのである。彼女は聖書では語られない部分、見えない部分を担っていたともいえる。またそこには旧約聖書のさまざまな女性イメージも重なっている。

マリアという名は、ヘブライ語で「マリアム」または「ミリアム」ともいうが、その意は「見る」あるいは「見させる者」ということで、「女透視者」「女予言者」を表すという。そこで思い浮かぶのは旧約聖書でのモーゼとアロンの姉の女予言者ミリアムのことである。また子どもを産むことで祝福されたマリアは、子どもを産むことによって永遠の苦しみを与えられた創世記のイブとの対照性を想起させる。イエスがアダムの原罪を償うために神から遣わされたように、マリアはイブの罪をあがなう役割を担っているとされ、「新しいイブ」と呼ばれることもある。

キリスト教の歴史の最初の三世紀にはマリア崇拝はまだ現れていない。彼女は福音書にあるように影が薄いままであった。マリア崇拝は大地母神信仰の盛んだった東方に始まった。女神アルテミス信仰の中心地であったエフェソスに布教に行ったパウロに対して、民衆が「エフェソスのアルテミスは偉い方」と叫びだして、大混乱が起こる話は聖書の使徒言行録に見られるとおりである（一九：二一－四〇）。結局のところ、人々の女神に対する思いを断ち切ることは不可能であることを思い知ったキリスト教は、マリアのイメージを大きくすることで、人々の女神に対する崇敬を吸収しようとしたのである。エフェソスのアルテミスの神殿跡に聖マリア教会が建てられ、四三一年にエフェソスの公会議で、マリアがテオトコス（神の母）として承認されたのも、それゆえにほかならない。つまり既存の民間信仰との習合が行なわれたのである。これが意味するところは、マリア崇敬の背景にはアルテミスをはじめとした、イーシス、デーメーテールなどの大地母神への信仰が生きているということだ。実際その頃作り始められたイエスを膝に抱く聖母の像は息子ホルストを膝に乗せたエジプトの女神イーシスの像のスタイルをそのまま受け継いだものだといえる。

西方においてマリア崇拝が始まるのは、かなり時代を下ってからであったが、一〇世紀頃から修道院が設立されるようになり、修道者や聖職者の独身制が定着してからは、マリアのもつ処女にして母なるイメージが男性聖職者たちにとってひとつの支えとなる。マリアはここで、慈しみ守るものとしての母性は残されるが、大地母神がもっていたような、大地と結びついた創造的な力はそぎ落とされ、性的に無害で中性的なものとなっていった。その一方で女性の性的な部分は呪わしいものとして、イブのイメージに収斂《しゅうれん》されていくことになる。こうして女性のイメージは聖なる清きマリアと罪深いイブの二つに分極化してしまったのである。

　またこの頃、托鉢修道会の説教師が人々に最後の審判や地獄について語り歩きながら、罪の自覚とその告解を迫ったこともあり、人々は罪の赦しを求めてマリアの慈悲にすがるようになった。こうして一二、一三世紀にはマリア崇拝は大きく盛り上がったのであった。聖ベルナルドゥスや聖ボナベントゥラは言葉を尽くして、処女にして母たるマリア、太陽のごとく輝き、人々を慈しみ深く守ってくれるマリアを讃えている。それは十字軍の時代であり、また都市の発達とともに騎士道の女性崇拝が高まる時代でもあったが、同時にそれは男性が作り上げた理想の女性イメージがひとり歩きを始めた時代でもあった。

　天国と地獄という二分極化、そして大多数の人が地獄に墜ちるという救いのない状況の中から、天国と地獄の中間に第三の空間として煉獄というものが考え出されたのもこの頃である。それは地獄に墜ちる代わりに試練を与えられる場所であり、そこにはまだ救済の可能性が残っている。このことと人々と神の間に立って「とりなし」をするというマリアの役割には密接な関係がある。それは人々に希望が残されたことを意味するのである。しかしキリスト教の異端とされるカタリ派の影響の強かったピレネー地方には、まだ土着の大地母神への信仰の名残がマリア崇拝の背後にかなり色濃く残っていたらしい。ル・ロワ・ラデュリ（Le Roy Ladurie, E.）はピレネー地方のモンタイユという村の「地つきの聖母」を紹介し、垂直方向のキリスト教の信仰の裏で、自然という水平方向への信仰が残っていたことを指摘している。[2] こうした自然への信仰はベルナデッタの前にマリアが現れた時代においても、人々の心からすっかりなくなっていたとはいえないのではないだろうか。

6 ❖ マリア崇拝と魔女

歴史的に見るとマリアが理想的な女性イメージとして、高みに置かれれば置かれるほど、現実の女性は無力化されて取り残されていくばかりか、イブ的なものを押しつけられて、悪や罪と結びつけられることになってきたことがわかる。その端的な表れがマリア崇拝の高まりの一方で起こってきた魔女狩りであろう。一四世紀から四世紀間にわたって燃え盛った狂気の炎によって多くの罪なき女性たちが、「魔女」と言われて焼き殺されたのである。一五世紀に魔女迫害のバイブルとなった『魔女の鉄鎚』を著したシュプレンガー（Sprenger, J.）とインスティトリス（Institoris, H.）は熱狂的なマリア崇拝者であったことが知られている。魔女とされた女性たちはあらゆる性的な犯罪のために告発された。男性の性欲さえ女性の罪であるとされたのである。ヴァルド派やカタリ派などの異端ではマリア崇拝をしない代わりに、男女平等であったという。こうした異端の息の根を止めるために行なわれた異端審判の流れで魔女裁判が行なわれるようになったことからも、キリスト教の聖処女と魔女のイメージの分極化の中で、現実の女性がどういう位置にあったかがうかがわれる。

実際、魔女として告発された女性たちはキリスト教会が理想とするような恭順な女性のイメージには収まりきらない女性であったかもしれない。彼女たちの中にはいわゆる賢い女と呼ばれるような、産婆術や薬草の知識をもって人々の心身の癒しに従事する、古代からの女性が受け継いできた自然と結びついた知恵の継承者が少なからずいたのである。彼女たちはいわば経験知による民間医療従事者であり、さまざまな治療を行うことができた。「近代医学の父」と言われる一六世紀に生きたパラケルススは「自分の知識はすべて魔女に教えられたことばかり」と告白したという。しかし一三世紀からヨーロッパでは学問としての医学が大学において、女性を排除したかたちで成立していたのであり、生と死を司るようなちからを女性がもつことを脅威に感じて、そういう女性の排斥に向かったという事情もあった。それも含め、魔女狩りの背後には女性がもつある種のちからに対する恐れが働いている。それは合理的・科学的思考を脅かすものであり、邪魔になるものであったのだ。デカルトの『方法序説』が書かれた時代に、魔女狩りの火もことさら燃え盛ったのである。この恐れられた女性のちからとは、合理的思考とは相反するもの、すなわち多くのパラドックスを内包するもの、理性では捉えられない直観的なものであり、ミシュレに言わせれば、妖精のような、シュビレー（女予言者）的資質である。もしそれが男性にとっては毒気になるとすれば、キリスト教会の用意した聖母マリアのイメージはこの毒気をきれいさっぱり抜かれてしまっているものであったのだ。

　しかし教会側の意図とは別に、マリアのイメージを借りながらも民衆はそこに異教の女神的なものを求めようとしていたのではないか。そのひとつの表れは黒マリアへの熱狂的な信心である。黒マリアの像は土の中から掘り出されたり、洞窟の中で発見されたりしたという伝説をもつものが多いが、そこからもこの黒マリアは大地と結びついたものであり、古代の大地母神とのつながりを感じさせる。黒マリアがこれほど人々を引き寄せたのは、それが霊験あらたかであったからである。特に病気の治癒、あるいは妊娠、出産に関わる人々の願いを聞き届けてくれるという。人々は驚くほど遠いところからそうした黒マリアを訪ねて巡礼の旅に出たのであった。

　黒マリア信仰の一大中心地としてル・ピュイ（Le Puy）はその壮大なロマネスク様式の聖母寺院とともに有名であるが、この地とベルナデッタにマリアが現れたルルドとは、地理的にはずいぶん離れているにもかかわらず不思議な縁で結ばれている。それはサラセン人がピレネーを越えて、フランク王国に進入しようとしていた八世紀にさかのぼる。七七八年にルルドではローマ人の残した要塞にサラセン軍が籠城し、フランク王国のシャルルマーニュ王とにらみ合っていた。シャルルマーニュはこのとき、ル・ピュイの大司教のチュルパンを同行しており、チュルパンがサラセン軍の首領ミラとの交渉役に立ったのだが、彼はミラにルルドを開城してル・ピュイの聖母に捧げるように説得したのである。ミラはそれを受け入れ、それ以来ルルドはル・ピュイの黒マリアに捧げられており、ルルドの代々の領主はマリアの僕《しもべ》であるとの意識をもってきたのだという。

ル・ピュイは一度ならずのマリアの出現と病気の治癒がもたらされることで、古くから知られていたが、もともとはケルト人のドルイド教の聖地であった。そこには今もその時代の熱の石といわれるものが残っている。それはその上に寝ると病気が治るといわれていた平たい石であるが、今は教会の片隅に置かれているものの、不思議な霊気を漂わせている。すなわち、ここにはキリスト教以前から人々の信仰がキリスト教に取り入れられた跡が見られるのである。ルルドの人々もこうした背景から、ル・ピュイの黒マリアを身近に感じていたのであろうし、ルルドにマリアが顕現する素地は用意されていたのかもしれない。

7　マリアが表すもの

マリア崇拝はキリスト教の枠組みの中で女性的なスピリチュアリティが生き延びるためのひとつの形であったことは確かである。それがかなり骨抜きにされ、男性の理想イメージの中で変質されてきてしまっているとすれば、われわれはそれ以前のところまでさかのぼって、本来的な女性のスピリチュアリティを探さなくてはならないだろう。
ユングは自分の内から突然女性の声が聞こえるという体験をしたとき、それが何かを思いあぐねた末に、それは未開人が言うところの「たましい」というものに違いないと考えた。そして「たましい」を表すラテン語の「アニマ」という言葉がなぜ女性形なのかを考えるようになったのである。この素朴な疑問に倣《なら》うなら、旧約聖書の箴言《しんげん》における知恵はなぜ女性形なのか、霊（ルアーハ）という言葉はなぜ女性形なのかを考えてみることも大切だろう。それは人間が命の水を汲み上げる深い泉のようなものかもしれない。そしてそれは人間が本質的にもっている宗教性であり、癒しのちからでもある。マリアはそのひとつの象徴かもしれない。

　マリアという象徴はキリスト教の枠を超えて普遍的な意味を表している。それは日本でも同じだが、今回マリアについて調べるうちに気づいたのは、日本では「聖母マリア」という表現をされることが普通なのに対し、欧米の文献では「処女マリア」と言われるのが一般的だということである。キリシタンの時代には「ビルゼン・マルヤ」という名で〝処女マリア〟という呼び方が踏襲されていたにもかかわらず、なぜ今の日本では母親の部分が強調されることになったのだろうか。日本の方が処女であることにそれほど重きが置かれなかったためなのか、あるいは日本では母性を礼賛することがより強いからなのであろうか。日本人の心性を考えるのに興味深いことである。

　マリアがあちこちに現れるのは、人々のマリアを求める心の高まりを示している。しかし人々が求めているのは、キリスト教のマリアというよりも、そのマリアの透明な身体の向こうにある何か、それは古代の大地母神のいろいろな形をとるにせよ、結局は人々が文明の進歩と引き換えにしだいにそぎ落としてきてしまったもの、それはたとえば自然と結びついた深い女性的な知恵である「ソフィア」であると言ってもいいし、

20代の女性が作った箱庭。左手前にマリア像が置かれている

ユングが提起したような人々の心の深層にあるアニマ（女性としてイメージすることがふさわしいようなたましい）としてもいいのかもしれない。

　筆者はこれを単に女性的なスピリチュアリティと呼んでいる。それを取り戻すことは、ユングが考えたように男性にとっても非常に大事な問題であるが、女性にとってはさらに火急の問題だと思われる。なぜなら二〇世紀も終わりが近づいた今日（★注1）、多くの女性が自分の内なる女性的なたましいとの絆を失ってしまったために、自分の芯を失ってしまったかのように感じているからである。彼女たちはそのことで、それを与えてくれなかった母親を責めるが、母親もまた自分の母親からもらえていないように感じていて、娘の要求にいったいどうすればいいのかわからなくなっている。娘たちは空虚感を埋めるために過食をしたり、男性との肉体関係を求めたり、またそれをカムフラージュするために外面を飾ることに熱を入れたりする。さらには自分の中の男性的な告発者から弾劾されて簡単に自分の身を傷つけたりする。なぜなら彼女の中には彼女を守ってくれる内なるマリアがいないからである。

　では彼女たちの心はどうすれば癒されるのであろうか。心理療法という仕事の中で、筆者自身それを問い続ける日々であるが、そうした女性が見た夢や箱庭作品の中にマリアや輝く女神や知恵あるお婆さんが現れ、そしてそれを通して女性が何か深い体験（宗教的とでもいえるような）をするときに、彼女の中の癒しのちからが働いているのを感じるのである。しかしそれまでの道のりは決して短いものではない。

箱庭写真（前頁）を見てみよう。この箱庭を作った女性の説明では、左手前に置かれたマリア像は見守ってくれているものであるが、右上にはフクロウが置かれており、これもまた見守ってくれている知恵の女神であり、また左上の猿も猿の形をした神様だということであった。キリスト教におけるマリアの一面性を思うとき、このような形でマリアに欠けた部分を補って表現する心の働きにはつくづく脱帽してしまう。

今このときも、多くの人々がマリア顕現の土地に詰めかけているに違いない。ひょっとしたらマリアに会えるかもしれないとの期待をもって。しかし聖地に向かう巡礼の本当の意味は、その旅を通して自分自身に向き合うことなのではないだろうか。そして心理療法もまた自分自身と向き合うための長い旅にほかならない。

［注］

★注1……本論文執筆時は二〇〇〇年。

［参考文献］

（1）Carrel, Alesis: *Le Voyage de Lourdes Suivi de Fragments de Journal et de Méditations*. Plon, 1973.（中村弓子訳『ルルドへの旅・祈り』春秋社、一九八三）

（2）饗庭孝男『知の歴史学』新潮社、一九九七

（3）Barnay, Sylvie: *Les Apparitions de la Vierge*. Les Editions du Cerf et les Editions Fides, 1992.（近藤真理訳『マリアの出現』せりか書房、

一九九六）

（4）Ehrenreich, Barbara & English, Deidre: *Witches, Midwives, and Nurses: A History of Woman Healers*. The Feminisit Press, 1973.（長瀬久子訳『魔女・産婆・看護婦――女性医療家の歴史』法政大学出版局、一九九六）

（5）Laurentin, René, Desclée De Brouwer: *Vie de Bernadette*. 1978.（E・ミルサン、五十嵐茂雄訳『ベルナデッタ』ドン・ボスコ社、一九七九）

（6）Moltmann-Wendel, Elisabeth et al.(eds.): *Was geht uns Maria an?* Gutersloher Verlagshaus Gerd Mohn, 1998.（内藤道雄訳『マリアとは誰だったのか――その今日的意味』新教出版社、一九九三）

（7）Pelican, Jaroslav: *Mary Through the Centuries: Her Place in the History of Culture*. Yale University Press, 1996.（関口篤訳『聖母マリア』青土社、一九九八）

（8）竹下節子『奇跡の泉ルルドへ』ＮＴＴ出版、一九九六

（9）竹下節子『聖母マリア――〈異端〉から〈女王〉へ』講談社（選書メチエ）、一九九八）

（10）上山安敏『魔女とキリスト教――ヨーロッパ学再考』人文書院、一九九三／講談社（学術文庫）、一九九八

（11）Warner, M.: *Alone of All Her Sex*. Vintage Books Random House, 1967.

2 ❖ 魔女と心の闇——ヒステリーを通して見えるもの

はじめに

ヨーロッパの中世に展開された魔女狩りほど、人間の心に巣くう闇について考えさせるものはない。正義の名のもとに多くの罪のない人々の命が奪われるといったことは、悲しいことながら、人間の戦いの歴史の中で、それほど珍しいことではなかったかもしれない。その戦いの多くは利権のからんだ勢力争いであり、力の誇示であった。しかし魔女狩りの殺戮は、それとは違った性格をもっていた。多くの戦いが、どちらかといえば人間の愚かさを証明するものであったとすれば、魔女狩りは、より人間の狂気と結びつくものであり、唯一それと比べうるものはナチスによるユダヤ人に対するホロコーストであろう。このふたつの悲劇に共通するものとして、加害者側の被害者に対する並々ならぬ恐れや、脅えがあったとはいえないだろうか。そして、その恐れが人々の心に広がっていったところに底知れぬ怖さがあるのである。

なぜ魔女は殺されねばならなかったのか。いったい魔女とは誰だったのか。この問いが、過去の歴史そのものを問題にするのではなく、きわめて今日的な意味をもつ問いであることを、われわれは気づき始めている。それは遠い昔のことであり、遙か海の向こうのことであったと言ってしまうのは簡単である。それゆえ自分には関わりのないこととして、当時の人々の狂気を嗤《わら》うこともできるかもしれない。しかし現代に生きるわれわれが、その人間性において、当時の人々よりもどれほど進歩したといえるのだろう。われわれもまた狂気の時代に生きているのではないだろうか。筆者の専門は臨床心理学であり、心理療法の場で、多くの人々の心の声を聴く立場にある。その視点からこの問題を考えてみたい。

魔女とされた人の多くが女性だったということは無視できない事実である。魔女として殺された中には男性もいたのだから、魔女の問題と女性の問題を別に考えるべきだという意見もあるが、筆者はあくまでも、魔女の問題を解く鍵は女性にあると考えている。そこには女性がもっていたであろう何らかの資質に対しての、キリスト教会権力側（言うまでもなく聖職者は男性に限られていた）の恐れがあったのではないかと考えるのである。いったい魔女とされた女性たちの資質とはどんなものであったのか。なぜそれはそこまで恐れられたのだろうか。

精神病理学的には、中世の魔女はヒステリーの歴史の中に位置づけられてきた。ここでヒステリーがどのような病で、どのように捉えられてきたかを振り返ってみることは、魔女とされた女性たちの資質を考えるうえで参考になるかもしれない。

1 ❖ ヒステリーという病

ヒステリーとは不思議な病である。身体的にはどこも悪くない健康であるべきはずの人が、突然歩けなくなったり、呼吸困難になったりする。声が出なくなることもあれば、眼が見えなくなったりもする。時にはてんかんと見まがうばかりの痙攣発作や、意識消失発作を起こして、周りをあわてさせる。もちろんそのような症状が出れば、初めは身体的な病因を探すために、さまざまな検査をすることになるのが常である。しかし何も身体的な異常は見つからず、それが結局心因的なものだと判断されるまでに、どれほど多くの医師たちが欺かれてきただろうか。そのために、時には詐病を疑われることもあるなど、この捉えどころのない病にはどこか胡散臭さがついてまわる。それは「わからない」ということが人を不安に陥れるからかもしれない。ヒステリーとはいわば、不可知の病なのである。カメレオンのように姿を変える、説明のつかないおかしな病気。それは中世のヨーロッパにおいては、悪魔のしわざと思われたとしても不思議はない。魔女の疑いで捕らえられた女性は体中に針を突き立てられ、痛みを感じないところが少しでもあれば、それが魔女の徴《しるし》であるとされたが、身体のある部分に痛みを感じなくなるのは、ヒステリーに特徴的なひとつの症状でもある。

このように心の問題が明らかな身体の症状となって現れるものは、転換ヒステリーと呼ばれるが、心と身体が決して切り離しては考えられないことを、この病ほどはっきりと示してくれるものはないだろう。ヒステリーには「転換型」の他に、「解離型」と呼ばれるものがある。解離型は意識レベルに変化が見られるもので、悪魔憑きなどの憑依現象はこれに当たる（憑依現象には、祈禱性精神病などの心因反応、統合失調症、非定型精神病の診断名がつくこともある）。解離型にはその他、夢遊病や、外傷的な体験が原因となって起こる健忘、自我が引き受けられない部分が、自我の関与しないところで、別の人格として現れてしまう多重人格などがある。転換型と解離型は相互に関連していることが多い。少なくとも解離型だけが独立して現れることはないといわれている。

ヒステリーになる人の性格特徴としては、情緒不安定で、演技的、暗示にかかりやすいなどが、よくいわれるところである。またストーリーテラーとしての巧みさをもつ者が多く、それはしばしば虚言であるにしても、本人自身もそれを信じてしまっていることも珍しくない。魔女裁判における自白が、審問官から与えられた暗示によって引き出された、こうしたファンタジーの産物であったことは大いに考えられることである。どこまでが本当で、どこまでが嘘か、その境界の曖昧さというものも、ヒステリーの特徴であろう。魔女狩りの被害者に男性がいないわけではないが、圧倒的多数が女性であったように、ヒステリーは男性よりも、女性に多く見られるとされてきた。それどころか、かなり長い間、それは女性特有の病気だと考えられていた。そもそも「ヒステリー」という名称がギリシア語の「子宮」という語に由来していることは、よく知られているところである。

2 ❖ ヒステリーの神話

すでに紀元前二〇〇〇年のエジプトにはヒステリーについての記述が見られるという。そこでは、ヒステリーは子宮が女性の体内を移動し、それが身体のいろいろな部分を圧迫することにより、さまざまな症状として現れるのだと説明されている。この考え方はギリシアのヒポクラテスにも受け継がれたが、ヒステリーの原因は禁欲であって、禁欲によって子宮が乾燥した結果、体内の湿り気のある方に移動するのだとされたのである。その後、ローマ時代のガレノスになると、彼は解剖の知識をもっていただけに、子宮の移動説は否定し、男性にもヒステリーはありうるとした。それにもかかわらず、ヒステリーを子宮と、ひいては女性と結びつける考え方は、その後長く、一九世紀に至るまで、多くの人々の共通認識として続いていったのである。

なぜヒステリーは子宮と結びついて考えられたのであろうか。ここには二重の意味が見て取れる。ひとつには、子宮は新しい生命を宿し、生み出すという役割を担った、母性の象徴であるということである。この女性に生まれながらにそなわった生産力は、ひとつの神秘であり、男性にとっては恐れを感じさせるものでもあったはずだ。男性は自分の子孫を残すためには、女性のもつ子宮に依存しなければならないのである。その子宮があるべき位置にはなく、さまようとすれば、これは困ったことになろう。このさまよう子宮という神話について、ミックレム（Micklem, N.）は、さまよう母性という意味で、娘のペルセポネーを探してさまよい歩くデーメーテールの神話と重ね合わせている。[1] ホメロースの讃歌によれば、デーメーテールの娘ペルセポネーは、ある日野で花を摘んでいるときに、冥界の王ハーデースによって冥界へと連れ去られる。デーメーテールは娘を求めて、世界をさまようが、ついに太陽神へーリオスから事の真相を聴き、ペルセポネーの父親であるゼウスによって娘がハーデースに渡されたことを知る。憤怒のあまりデーメーテールは天界を去り、老婆に身をやつしてさまよい、人間の子どもの乳母となる。娘を失って悲嘆にくれたデーメーテールがさまようことによってもたらされたのは、作物の実らない不毛の世界であった。それに音をあげたゼウスは、ついにペルセポネーを帰すようにハーデースに命じたが、ペルセポネーは冥界の柘榴の実を食べてしまっていたために、一年の三分の二は母のもとに戻るが、あとの三分の一は冥界でハーデースとともに過ごすことになったという。

一方で子宮がさまよう原因としては、男性と交わりをもたないからとされていた。このことからもうひとつ見えてくるのは、女性の生産力は男性しだいであるという認識である。ここに女性のもつちから（男性的な「力」と区別して「ちから」と表記する）に対する畏怖と同時に、それをねじ伏せようとする男性的な力の介在がある。ケレニィ（Kerényi, K.）によれば、ペルセポネーの略奪とメドゥーサ殺しは非常な共通性をもつものであり、メドゥーサの身に起こったのと同様のことが、ペルセポネーにも起こったと考えることができるという。[2] メドゥーサが殺されなければならなかったのは、そして恐ろしいイメージへと変貌させられてしまったのは、父権的な世界の登場とともに、本来は女性の知恵を表す女神であるメドゥーサへの恐れがあったからではないだろうか。それと同時にペルセポネーの男性的な力による凌辱もまた、女性が本来もっていたものを、何らかの形で損なうものであったことが予想される（この神話について従来の心理学的な解釈では、先のミックレムも例外的ではないのだが、この男性的な力の介入を、むしろ女性が母親から分離するために必要なことだとされてきた。これはやはり男性の偏見ある見方ではないだろうか）。

ペルセポネーはギリシア以前から冥界の女王であったといわれるが、この神話の中のペルセポネーはおよそ受動的で、なされるままに身を任せており、そこには冥界の女王たる迫力は感じられない。あまりに従順な花のような乙女のイメージの方が強くなってしまっている。この神話にはデーメーテール、ペルセポネーの他にもうひとり女神が登場することを忘れてはならない。ヘカテーである。ただしこの女神の出番はわずかである。ヘカテーはペルセポネーがさらわれたときに、その悲鳴を聞いたと言い、デーメーテールとともにペルセポネーの消息を太陽神のところへ聞きに行った、とあるだけである。

デーメーテール、ペルセポネー、ヘカテーはひとりの女神の三つの相を表しているともいえる。母親であること、娘であり、また男性のパートナーであることは、それぞれに女性の人生における側面を表しているわけだが、ではヘカテーとは女性たちのどんな側面を表しているのであろうか。

ヘカテーの名はエジプトの産婆の女神ヘキト、あるいはヘカトに由来するのだが、その女神の名はさらに古いエジプト王朝の女族長《ヘク》から派生したという。ヘクは母親のちからある言葉を司る賢女であった。ギリシアのヘカテーは、天界、地上、冥界を支配する原初の三相一体の女神につけられたさまざまな名前のうちのひとつであったが、変化する月とも関連づけられるヘカテーは、やがてより冥界に結びつけられるようになる。三叉路の守護神であり、地獄の犬の群を連れた恐ろしい姿で、三叉路を護るべく、その三つの方向に三つの顔を向けて立ち、魔法と予言の女神ともされた。そして中世ヨーロッパにおいては、「魔女たちの女王」

とみなされるようになったのである。[3] このようなヘカテーの部分は今日生きる女性たちには、いちばん欠けているところなのではないだろうか。そして、魔女狩りで恐れとともに、抹殺されようとしたものとは、女性の中のこのヘカテーで表されるものであったともいえるだろう。

3 ❖ 巫女から狂女へ

〈カサンドラ〉 トロイ人よ、泣くがいい、ヘレンがわざわいを招くのだ。
ヘレンを追い出さぬ限りトロイは焼け落ちるのだ。
〈ヘクター〉 どうだ、トロイラス、妹の予言の叫びを耳にしても、
おまえの胸の内に良心の痛みをいささかなりとも感じないというのか？ ……
〈トロイラス〉 いや、兄上、……妹の狂気のたわごとが
この戦争の大義名分をそこなったりはしないのです。

（W・シェイクスピア『トロイラスとクレシダ』[4]）

さまよう子宮というヒステリーの神話は、父権的な力がそれまでの女性たちの本来のちからとでもいえるものを否定するところから生まれているのではないだろうか。ヒステリーという病は、この父権制の横暴の中で女性たちのあげた悲鳴なのかもしれない。L・シャピラ（Schapira, L.L.）の言う「カサンドラ・コンプレックス」はひとつの示唆を与えてくれる。[5] カッサンドラー（カサンドラ）はトロイ王プリアモスとヘカベーの娘であったが、アポローン神が彼女に言い寄って、予言の力を授けるから自分に身を任せるようにと、提案す

る。ところが彼女はその力を与えられたあとになって、身を任せるのを拒んだため、腹を立てたアポローン神は、もはや予言の力を奪うことができなかったけれど、誰もカッサンドラーの言うことは信じないようにしたという。そのために、彼女はトロイの行く末に待っている運命を予知して警告を発するのだが、誰にも相手にされることなく、トロイが陥落へと向かっていくのを、手をこまねいて見ていなくてはならない。シャピラはこのカッサンドラーのイメージにヒステリーの女性たちを重ねる。彼女たちは本来であれば、巫女として、理性では捉えることのできないものに対する能力、たとえば現在の中に過去も未来もあることを捉えられたり、暗闇の中を見通すような資質があるにもかかわらず、父権的な世界の中では、そのようなものは誰も信じないために（恐らくは誰よりも本人が）、病気になるしかないのだというのが彼女の論である。これは女性の側からの大事な視点に思われる。この資質こそが、男性から恐れられ、だからこそ排斥されようとしたのではなかったか。

　こうして女性の大事な資質であったスピリチュアルなちからが無視されたのと裏腹に、ヒステリーはなぜかいつもセクシュアリティに結びつけられてきた。それはキリスト教の教義とともに、強化されていく。肉欲を忌避したキリスト教は、その罪をすべてアダムを誘惑したイブに続く女性たちにかぶせて、口を拭ってきたともいえる。ヒステリーには、性的なものがずっとついてまわることになる。魔女の罪状もまた、とてつもない淫乱さにあったが、こうしたものはむしろ男性側の抱いた妄想の投影であったとも考えられる。この点についてはアームストロング（Armstrong, K.）に詳しい[6]。問題は女性が罪を引き受けることが当然であるかのように、女性自身がいつのまにか思わされていることだろう。魔女狩りの嵐が吹き荒れた時代に、罪の原因となる肉体を消すことで聖女となった女性たちもまた存在したことを忘れてはなるまい。彼女たちの体験した神との合一のエクスタシーや、聖痕は、ヒステリーと考えることができるだろう。彼女たちもまた、一転して魔女として糾弾される場合もあったのであり、魔女と聖女の距離はいかにも近い。
魔女裁判が禁止され、魔女狩りが終息したのと、相前後して、ヨーロッパには公的な精神病院が登場する。そこには前の時代ならば魔女とされたような人々も、浮浪者や売春婦らの群と一緒に収容されていったのである。中世においては魔女として、あるいは聖女として宗教家の手に任されたヒステリーの女性たちは、こうして医者の管理下に置かれることになった。ちょうど最後の魔女が処刑された頃、カレン（Cullen, W.）によって神経症という概念が生み出され、ヒステリーは神経症のひとつとして位置づけられたのであった。司祭による祓魔術は、自然科学の衣をまとった新しい治療法にその座を譲ろうとしていた。

4 ❖ 無意識の発見

憑依は即ちわれわれのいう神経症に相当するのであって、神経症の解明にはデモノロギーの場合と同様、再び心的諸力を問題にしなければならないのである。デーモンとはわれわれから見れば、不道徳な、非難さるべき願望の謂い、排斥され、抑圧された欲動活動の派生物にほかならない。違いはただ、中世がこれらの心的存在物を外界に投影し、その発生の原因を外に求めたのに対し、われわれは投影を否定して、これらの心的存在物が棲息している患者の内面生活そのものの内にその発生の原因を見るという点にある。

S・フロイト『十七世紀のある悪魔神経症』[7]

司牧の手から医者の手へとヒステリー患者が渡されたときをもって、エレンベルガー（Ellenberger, H. F.）は力動精神医学の成立を見ている。[8] それは奇跡的な治療をもって名を馳せていた祓魔師《エクソシスト》ガスナー（Gassne, J.J.）が失脚し、医師メスメル（Mesmer, F. A.）が動物磁気という新理論をもって華々しく登場した一七七五年のことであった。ヨーロッパには啓蒙主義の風が吹き始めており、理性信仰の前に、悪魔や魔女、悪魔憑きなどは敬遠される運命にあったのである。メスメリズムと呼ばれた、動物磁気による治療は科学的な衣はかぶっていても、実際は科学的根拠の薄いものであり、治癒の秘密はメスメル自身がもつ強力な暗示能力にあったと思われる。しかし彼の弟子であるピュイゼギュール（Puységur, A. M. de）が治療の過程で、催眠を発見したことは、ヒステリーの治療に大きな前進をもたらすことになった。それは人間の心に本人の自覚していない世界があることを明らかにしたのである。

無意識の発見において、ヒステリーの女性たちがどれほど貢献したかについては、はかりしれないものがある。一八世紀末頃から、ヒステリーが増えてきたのは、ブルジョアジーの台頭により、女性が家庭に縛り付けられるようになり、息苦しさを感じるようになったからであろうか。続くヴィクトリア朝の女性に心身ともに降りかかった強い縛りは、一九世紀後半に向かって、ヒステリー患者を劇的に増やしていった。精神病院は溢れかえるばかりの女性たちで埋まっていたのである。[9]

魔女として断罪の恐怖にさらされていても、その存在がどこか得体のしれない恐れを感じさせていたのと、ただの患者にすぎなくなり、病院の中で子ども扱いされるのと、女性としてはどちらが幸福かといえば、どちらともいいがたい面がある。ヒステリーの女性たちは病院の中では罪人の汚名を着せられることはなかったが、女性は道徳的に劣ったものであり、人間的に発達不全で子どもと同等だとみなされているというのも、決して愉快なことではないだろう。いみじくも「ヒステリーと診断されるところには、遠からず女嫌いがある」と述べたのは、歴史家フィッシャー＝ホンベルガー（Fischer-Homberger, E.）である。[10] それがヒステリーの女性たちが置かれた状況だったのである。今や冷徹な科学者の眼は、研究対象としての女性たちを観察し始めた。そこに女性自身の主張があることなど、ほとんど意に介されなかったのかもしれない。一八五九年にP・ブリケが『ヒステリーの臨床治療概論』を著すまでは、ヒステリーはまだ子宮と関連づけられて、女性だけの病だと考えられており、色情狂とも結びつけて考えられていたのであった。その後ヒステリーは男性にも起こりうるとされるようになったが、それでもヒステリーにかかる男性はきわめて女性的な男性に限られるというのが一般的な見方であった。

神経学者としてすでに名をあげていたシャルコー（Charcot, J-M.）がパリのサルペトリエール病院に医局長として赴任したのは、一八七〇年のことであった。彼は病院に溢れていたヒステリーの女性たちについて、まず器質的な原因を探ったが、何も見出せなかったため、催眠による治療を試みるようになった。彼の有名な火曜講義において、シャルコーは多くの聴衆の前でヒステリーの女性に催眠をかけ、さまざまなヒステリーの発作を現出させた。社交界の面々も足を運んだというこのセンセーショナルな公開講義は、スター患者も生むことになったが、のちには患者と医師とスタッフの間に暗黙の共謀関係があったと批判されている。しかしこの講義に並々ならぬ感銘を受けた人々の中に、ウィーンから勉強に来ていたフロイト（Freud, S.）もいたのだった。パリから帰ったフロイトはさっそくヒステリーの治療に取り組むことになる。彼が催眠を用いたのは最初だけで、やがて自由連想という手法を用いることになった。

5　アンナ・Oという女性

一八八〇年から世紀末にかけては、特にヒステリーの患者が急増したといわれている。当時ヒステリーを病んだのは、どんな女性たちだったのであろうか。フロイトが『ヒステリー研究』に取り上げ、心理療法がなされた最初のケースといわれるブロイアー（Breuer, J.）のアンナ・Oを取り上げてみよう。この女性について、ブロイアーは次のように描写する。

> （彼女は）知能はすぐれており、驚くほどの鋭い統合力と鋭くみぬく直観力とをそなえていた。たくましい知性は固い精神的栄養をも消化していたし、それを駆使してもいた。しかし、学校を出てからそれは見られなくなっていた。豊かな詩的で想像力の豊かな天賦の素質もあるが、それも非常に鋭い、しかも批判力をもった悟性によって統御されていたのである。[11]

ここにはこの女性がすぐれた資質をもちながら、学校教育の終わった段階ではその資質を十分に生かす場所をもたないこと、豊かな情緒的な天分が知性によって抑制され過ぎていることがうかがわれる。

このアンナ・Oと呼ばれた女性が、実は社会事業の先駆者であるベルタ・パッペンハイムという名の女性であったことが今では知れ渡っている。しかも彼女に対するブロイアーの治療が症状の治癒に結びつかなかったことも明らかになってしまった。[12]彼女が実際にはブロイアーと別れたあとに、どのようなかたちで治癒したのかは不明であるが、自分の才能が生かせる道を見出したことがその回復と無関係だとはいい切れないだろう。彼女の才能の開花は孤児院を手伝うようになった彼女が、そこの子どもたちに自分で創ったファンタジーを語り聴かせることから始まった。それが好評だったために、彼女はそうしたお話を書き留め、本にしたのである。それに端を発して、彼女は福祉や女性問題に関する著書を多く残すこととなった。ユダヤ人である彼女は晩年にはユダヤ人の歴史に関する本を書いている。[13]彼女は生涯独身であり、精力的に、また創造的な生涯を送ったといえよう。それは、良き母親になること、良き妻になることといった当時の女性に求められた生き方とは少し違っていたかもしれないが、男性に依存することなく過ごしたその生涯は立派に社会に貢献するものであった。フロイトはヒステリーの原因を抑圧された性欲に結びつけた。しかし、ベルタ・パッペンハイムの活動を単なる抑圧された性欲の昇華されたかたちであると済ましてしまうことはできない。彼女のヒステリーが何らかの抑圧によって生じたとするならば、それは性欲の抑圧ではなくて、むしろ創造性の抑圧だったのではないだろうか。

フロイトの「ドーラの症例」[14]についても、患者の意思を無視したフロイトのあまりに強引な解釈に、今では多くの批判が生まれている。そうした批判の中では、フロイトがヒステリーの症候の最も深いレベルにある母親に対する前エディプス的願望に気づいていないことの指摘もされ始めている。[15]このケースが短期間で、患者側からの突然の中断をもって終わっているのも当然という気がするが、それにしてもこの短いケースから大部の論文を書いたフロイトの意気込みは並のものではない。それは「ドーラの症例」というよりは、ドーラの物語を借りたフロイト自身の症例だというべきかもしれない。[16]

6 ❖ ユダヤ人フロイトの恐れ

女性は男性の悪意を負っている。無なる女性は男性の呪いに呪われている。教父は女性を悪魔の道具と呼ぶが、それは、この事実を適格に、慎重に語った言葉である。……女性は男性の罪の現れである。

（O・ヴァイニンガー『性と性格』[17]）

フロイトにとって女性のセクシュアリティは暗黒大陸であった。彼の性理論、すなわち男性には虚勢不安があり、女性にはペニス羨望があるといった考えにある、女性は出来そこないの、あるいは未発達の男性であるという見方は、不可知なものである女性に対する恐れの反映であるともいえる。科学的な装いをもって、女性を男性よりも劣った者として決めつける考え方自体は、一九世紀のヨーロッパでは、骨相学や進化論を通して強調されてきたところで、フロイトだけに限ったものではない。しかしこのような女性に対する偏見をもちながらも、フロイトが革新者でありえたのは、彼がユダヤ人であったことが大きかったと思われる。それは、ユダヤ人の男性は、アーリア人男性に比べて、骨格的に、また体質的に女性的であると、当時は考えられていたからである。しかも女性的であるがゆえに、ユダヤ人の男性はヒステリーになりやすいともいわれていたのであった。フロイトはこうした中にあって、彼自身の中にある女性性を何よりも恐れたのである。[18] それは彼自身が神経症に苦しんでいたために、いっそう切実な問題であった。彼は自分の中の劣等性を女性に投影することによって、自分の男性性を確かめようとしたのかもしれない。

ユダヤ人男性の自らの女性性に対する恐れが最も鮮明に表された例としては、ヴァイニンガー（Weininger, O.）の『性と性格』があげられるであろう。その中に満ち満ちた女性に対する並々ならぬ嫌悪の矢は、自分の中に女性性があることを否めないユダヤ人であるヴァイニンガー自身に容赦なく返ってくる。その自己矛盾によって、彼は『性と性格』の出版後ほどなくして、自らの命を絶たざるを得なかったのであろう。ヴァイニンガーの両性具有の考え方は、もともとフロイトの親友であるW・フリース（Fliess, W.）の着想であったのを、ヴァイニンガーの友人にフロイトが漏らしてしまったのを、ヴァイニンガーが剽窃したのだといわれている。しかもフロイトは草稿の段階でこの論文に眼を通していたのだといい、それがフリースを激怒させた。このことによってフロイトは自分の自己分析のためになくてはならなかったフリースという親友を失ったのであった。それにしてもフロイトはヴァイニンガーの論文を、どういう気持ちで読んだのであろうか。

　フロイトは自らの内なる女性性を否認し、女性に投影することで、自らに火の粉が降りかからないようにしたともいえる。しかしその一方で、彼はヒステリーの患者に真剣に取り組むことが、自らの問題と関わっていることを、どこかでは気づいていたはずである。[19] 実際、自分だけは安全地帯にいるのだとするような客観的な態度だけでは、心の深層は探れない。その意味でこそ、彼は深層心理学の開祖とでもいう位置にいるのである。しかし彼自身は意識的には、科学的な態度にこだわっていたために、どこかで気づいていても、認めようとはしなかったのであろう。

7 ❈ アニマ

　無意識というものを想定した深層心理学が登場した背景には、近代の人々の宗教に対する姿勢の変化がある。近代の人々は説明のつかないものに対して、何らかの科学的説明を求めようとした。深層心理学は、不可知なものに合理的説明を与えるためのひとつの手段となった。そしてその心の暗黒の領域に科学のメスを入れることこそ、フロイトの目指したものであった。フロイトの性理論はこのようにして生まれたが、一方ユング（Jung, C. G.）は、性理論を語るときのフロイトはヌミノースなものに捕らえられていることに気づいていた。フロイトは宗教をまやかしであると見なしていたが、性理論は彼の宗教ともいえるものだった。そしてそれにフロイト自身が無自覚であったことが、いちばんユングが反発したところであった。

　ユング自身は、人は誰でも生まれながらに宗教的であると考えていた。無意識をも含んだ心全体の中心ともいえるユングの言う「自己」は、内なる神のイメージともいえるものである。そして人がその「自己」とつながりをもつためには、男性は自分の心の無意識の奥に潜む女性的なものと関係をもつことが重要であることを、ユングは自分の経験から考えるようになった。この男性の心の深奥にいる女性のことを、ユングは「アニマ」と呼んだのである。それは集合的無意識の元型（すなわち人類共通に太古から受け継がれてきているイメージ）のひとつであるが、男性の「たましい」とでもいうべきものであるという。ユングは同様に女性の心の奥底にいる男性を「アニムス」と呼んだ。ユングは次のように言っている。

> 中世の頃、男性はアニマを発見すると、その女性を告発し、判事は彼女を魔女として焚殺した。また逆に、女性がアニムスを発見すると、その男性は恐らく聖人になるか、救済者になるか、呪術師になる以外にはなかった。……今日、分析的な過程を経てやっと、これまでは常に外側にあったアニマ・アニムスが、心理的機能に変貌しはじめたのだ。[20]

ここでユングは魔女というものが、男性の心の中の女性イメージが外界の女性に投影されたものであることを言っているのである。魔女として恐れられた資質が何であったかを考えるうえで、ユングがアニマについて語ることばに耳を傾けることも無駄ではないだろう。彼はまずそれが意識の背後にある生命だとする。さらに、「アニマが関わることはすべてヌミノースな性質をもつ。すなわち絶対的で、危険で、タブー的で、魔術的になる。アニマは善意に満ちた無邪気な人間という楽園に住む蛇である」[21]と述べ、蛇がイブを誘ったように、無意識に没頭するように誘いかけるのだという。それは善と悪の両方にまたがるものである。それは超越した知恵を表すソフィアであり、聖母マリアでもあれば、巫女でもあり、魔女でもあり、妖婦でもある。しかしこの「豊かなものを持ちながら満たされていない、意味も法則もない生命は、文明に浸りきっている人間にとっては恐怖の的であり、防御の対象である」[22]ともユングは述べている。その恐怖のゆえに人々はそれを外界に投影してしまうことになる。しかしアニマは、恐ろしく混沌としたものでありながら、同時に光へと導くものでもあり、隠れた知恵を授けるものでもあるのだ。そしてその深い知恵を得たいと思うなら、まず恐怖に打ち勝って、その暗黒の混沌に立ち向かわなければならないのである。

ユングは女性にはアニマはないとするなど、女性に対する偏見がなかったわけではない。ユングがアニマと対照的に女性にあるとしたアニムスはロゴスに結びつけられるなど、むしろ自我に近いもので、それを女性における、男性のアニマに対応するものとしてしまったことについては、多くの批判が出ている。女性にとっても、たましいのイメージは女性像で表されるアニマがふさわしいと、今では考えられるようになってきた。こうしたことがありながらも、ユングが今のわれわれに欠けている女性的要素をアニマという形で示してくれた意味は大きい。

8 ❖ 現代女性の心の叫び

アメリカの精神医学会の診断のための手引きであるＤＳＭ－Ⅳでは「ヒステリー」という名前はまったく姿を消してしまった。ヒステリーはあまり見られなくなっているといわれもする。確かに一九世紀に見られたような、激しい痙攣発作を起こすようなヒステリーはほとんど見られなくなった。ＤＳＭ－Ⅳには、以前ヒステリーの「転換型」と「解離型」といわれていたものが、それぞれ「転換性障害」と「解離性障害」という形であげられており、こうしたケースが現代でも稀ではないことを示している。では、なぜヒステリーという名が消えてしまったのだろうか。子宮を思い浮かばせるその名にフェミニズムの方からの批判があったことが考えられる。しかし、このような分類の合理化によって何か大事なものが抜け落ちてしまったような気がしてならない。分類不能の曖昧さこそ、ヒステリーのヒステリーたるところではなかったろうか。

近年特にアメリカにおいて注目を集めているのは、多くは近親者による性的な児童虐待を背景にもつ、多重人格などの解離性障害である。ハーマン（Herman, J.L.）は虐待経験者で、作家でもあるシルヴィア・フレーザーの次のような記述を引用して、彼女が昔ならば魔女とされたかもしれないと述べている。

> 私はいく度も痙攣を起こしました。私の身体が別のシナリオを演じている時です。時には悪夢から跳び起きた時です。（中略）このような身体の収縮はものすごく強力で、時に私は私の胸にしがみついているぬるぬるした苔のようなものをはねのけて何とか呼吸をしようともがいているような感じがしました。インクーブスだという考えが自然に頭に浮かびました。（中略）もっと迷信の力が強い社会であったならば、私は悪魔に憑かれた少女という診断を下されたかもしれません。現実に私に取りついていたものはパパの先の割れた道具でした。男の身体にある悪魔でした。[23]

こうした被虐待児は自分は自分が被害者なのにもかかわらず、なぜか虐待者の罪の責任は自分にあると思い込む。自分ほど汚れた存在はないと思い、どれだけ身体を洗い続けても決してその汚れは取れないと感じている。これは魔女の自白のメカニズムと似ていないだろうか。

幼児期あるいは児童期のこの外傷体験は隠蔽されたままおとなになるが、低い自己価値観と、どこか本物の自分がないという感じをもっており、自傷行為や、食欲不振、思春期の乱交などが見られることも多い。そして二〇代か、三〇代に近親者との関係の変化、たとえば親が亡くなるようなことがきっかけで、それまでの防御機制が壊れ、表面を取り繕うことができなくなって、解離症状が顕在化する。日本ではアメリカほどこうした被害者は多くはないと考えられていたが、それでも最近では臨床の場で出会うことも稀ではなくなってきた。虐待の被害者であるかどうかは、最初はなかなかわからず、他の病名がつけられていることも多いため、実際にはもっと多くの被害者がいる可能性がある。

PTSD（外傷後ストレス傷害）は阪神・淡路大震災以後日本でも一般に知られることになったが、これはもともとベトナム戦争の帰還兵に見られた重篤な精神障害に与えられた概念である。ところがそれは、先に述べた近親による児童の性的虐待の被害者や、レイプの被害者に見られる心理学的症候群と本質的に同じであることが明らかになってきたのである。それについてハーマンは「この洞察の含意するところは現在においても一世紀以前に劣らず戦慄するべきものである。今なお女性の従属的地位は男性のひそかな暴力によって、押しつけられ維持されている。両性間で戦争が行われているということである。レイプ被害者、被殴打女性、性的被虐待児は戦死傷者である」と述べている[24]。

同様に現在極端に増えているのが、拒食・過食の摂食障害である。一九世紀の分類では、ヒステリーの中に含まれることもあったし、中世の聖女のことを考えても、ヒステリーと関連があると考えてもよいだろう。この障害もまた、男性患者がいないわけではないが、圧倒的多数は女性である。筆者は以前摂食障害について、現代に生きる女性たちのたましいの飢えの表れであると、聖女と魔女を重ねながら述べた[25]。摂食障害の女性たちが感じている、決して埋まることのない底なしの空虚感は、多かれ少なかれ、今日生きる女性たちに共通に見られるものである。その空虚を埋めるには、男性が与える枠組みに身を合わせることで、切り落としてきてしまった本来の女性性の大事な部分を取り戻すことが必要だと筆者は考えている。その大事な部分とは何であったのかを考えるうえで、魔女として殺された女性たちがもっていた資質を考えることは重要である。
今まで見てきたように、それは女神でいうならば、ヘカテーで表されるような資質であり、光も闇も、善も悪も、過去も未来も区別することなく同時に理解するような知恵でもある。そのためには女性は自分の中の闇の部分を見つめ直さなければならないだろう。男性の救世主を望んでいるかぎり、女性に本当の意味の癒しは訪れない。

　現代の男性は女性に対する恐れはなくなったのだろうか。現代の男性の夢にもその恐れはまだいろいろなかたちで現れている。[26]その恐れの反動として、男性は女性を自分の支配下に置こうとする。この支配－被支配関係に性というものが用いられてきた。この構造がなくならないかぎり、魔女狩りは今でも続いているのかもしれない。この構造を打ち破るためには、人々が自分の心の闇を見つめることをしていかなければならないだろう。

　現代は影が極端になくなってしまった時代かもしれない。男性が女性に対して抱くイメージはますますステレオタイプ化して、女性はますますそのイメージに自分を合わせようとする。痩身願望は、女性自身が自分の身体を物として扱いだしてしまっていることを表している。そして彼女たちは女性としての自分自身を裏切り続けるのである。現代では女性もまた魔女狩りに加担している。このきらびやかな、プラスチック文明の中で生きる現代のわれわれがもう一度思い返さねばならないのは、この世界が光で満ちれば満ちるほど、心の闇は深まっていくということであろう。

おわりに

ヒステリーというものを中心に、父性社会の中で否定されてきた女性の資質について考えてきた。結局、魔女とは誰だったのか。彼女はまず自分の足で立つ女性だったといえそうである。つまり男性にとって望ましい女性像、すなわち良き母親であり、良き妻である女性、言い換えれば、子どものために存在する、または夫のために存在するといった女性像の枠組みからはずれた女性だったということだ。彼女は自然の生命に根ざし、大地からの知恵を汲み上げられる人であったのではないだろうか。つまり理屈で考えたりせず、直観的にものごとを捉えることができたため、男性にとっては胡散臭く邪魔な存在だったかもしれない。代々引き継がれた女性の知識の保有者で、たとえば薬草の知識をもっており、民間治療法などにも明るかったかもしれない。そして生と死が分かちがたいものであることを身体で理解していたであろう。彼女たちは自然の中での感応力など、ある種のちからをもっていた。そうした母性とはまた違う女性の資質のことを、筆者は「女性的なスピリチュアリティ」と呼びたいと思っている[27]。それは生物学的な生産性とはまた違う女性の創造性とも関係したものかもしれない。ヒステリーはそうした資質がうまく生かされないときに起こる心の叫びだと思われる。

魔女はひとりになることを知っているものである。ひとりになって自分の心の中をのぞき、そしてそこにある闇をたじろがないで見据えることができる者である。

［文献および注］

（1） Micklem, Niel: *The Nature of Hysteria*. Routledge 1996.

（2）Jung, Carl Gustav & Kerényi, Karl: *Einführung in das Wesen der Mythologie*. Rhein Verlag, 1951.（杉浦忠夫訳『神話学入門』晶文社、一九七五、一七〇頁）

（3）Walker, Barbara G.: *The Woman's Encyclopedia of Myths and Secrets*. Harper & Row, 1983.（山下主一郎他訳『神話・伝承事典――失われた女神たちの復権』大修館書店、一九八八、三〇三頁）

（4）Shakespeare, William: *Troilus and Cressida*. 1609.（小田島雄志訳『トロイラスとクレシダ』白水社、一九八三、七六～七八頁）

（5）Schapira, Laurie Layton: *The Cassandra Complex: Living with Disbelief*. Inner City Books, 1988.

（6）Armstrong,Karen: *The Gospel According to Woman: Christianity' Creation of the Sex War in the West*. Doubleday, Anchor Books, 1986.（高尾利数訳『キリスト教とセックス戦争――西洋における女性観念の構造』柏書房、一九九六）

（7）Freud, Sigmund: “Eine Teufelsneurose im siebzehnten Jahrhundert”. In *Imago: Zeitschrift für Anwendung der Psychoanalyse auf die Geisteswissenschaften, 9. Bd.*. Internationaler Psychoanalytischer Verlag,1923（高橋義孝他訳「十七世紀のある悪魔神経症」フロイト著作集第一一巻、人文書院、一九八四年、一〇二頁）

（8）Ellenberger, Henri F.: *The Discovery of the Unconscius: The History and Evolution of Dynamic Psychiarty*. Basic Books, 1970.（中井久夫他訳『無意識の発見――力動精神医学発達史』弘文堂、一九八〇、六一～八〇頁）

（9）Ripa, Yannick: *La ronde des folles: Femme, folie et enfermement au 19e siècle*. Aubier, 1986.（和田ゆりえ他訳『女性と狂気――19世紀フランスの逸脱者たち』平凡社、一九九三）

（10）J. Hillman: *The Myth of Analysis*. Harper & Row, 1978, p.254に引用されているもの。初出は、Fischer-Homberger,“Hysterie und Mysogynie”, p.122.

（11）Breuer, Joseph, Freud,Sigmund: *Studien über Hysterie*. Leipzig und Wien, Franz Deuticke, 1895.（懸田克躬・小此木啓吾他訳『ヒステリー研究』フロイト著作集第7巻、人文書院、一九七四）

（12）Ellenberger, Henri F. 前掲書、七四～七八頁。およびBarch-Jacobsen, Mikkel: *Remembering Anna O.: A Century of Mystification*. Routledge, 1996. ならびに、十川幸司「『抵抗』の歴史」『イマーゴ』vol.7-8、青土社、一九九六、一七四～一八五頁

（13）妙木浩之「ヒステリーの心理経済学」、同右『イマーゴ』vol.7-8、五四～六六頁

（14）Freud, Sigmund : “Bruchstück einer Hysterie-Analyse”, 1905, *Standard Edition vol.7*, pp.7-122.（高橋義孝他訳「あるヒステリー患者の分析の断片」フロイト著作集第5巻、人文書院、一九六九、二七六～三六六頁）

（15）Moi, Toril: “Representation of patriarchy: Sexuality & Epistemology in Freud's Dora”. In Charles Bernheimer, Claire Kahan: *In Dora's Case: Freud-Hysteria-Feminism*. Columbia University Press, 1985, pp.181-199.（笹田直人訳「家父長制の表象」『イマーゴ』vol.1(12)、青土

社、一九九〇）

（16）村井翔「世紀末ウィーンとヒステリー――ドーラとその時代」同右『イマーゴ』青土社、一九九〇

（17）Weiningers, Otto: *Geschlecht und Charakter*. Nachdruck der Originalausgabe von, 1903.（竹内章訳『性と性格』村松書館、一九八〇、三三一〜三三二頁）

（18）Gilman, Sander L.: *Freud, Race, and Gender*. Princetion University. Press, 1993.（鈴木淑美訳『フロイト・人種・ジェンダー』青土社、一九九七）ならびに、Gilman, Sander L.: "The Jewish Psyche: Freud, Dora, and the Idea of the Hysteric", In Sander L. Gilman: *The Jew's Body*. Routledge, 1991, pp.60-103.（菅啓次郎訳「ユダヤ人の心――フロイト、ドーラ、およびヒステリーという概念」『イマーゴ』vol.7(8)、青土社、一九九六、二六〇〜二九九頁）

（19）村井翔「フロイトの内なるヒステリー」、同右『イマーゴ』青土社、一九九六、三三〇－三四一頁

（20）Jung, Carl Gustav: "The Interpretation of Visions". Spring, 1965, p.110.

（21）Jung, C. G. "Uber die Archetypen des Kollektiven Unbewussten", 1954, *GW9/1*.（林道義訳「集合的無意識の諸元型について」『元型論』紀伊國屋書店、一九八二、六〇頁）

（22）Jung, C. G.: *ibid*., p.71

（23）Herman, Judith Lewis: *Trauma and Recovery: The Aftermath of Violence--From Domestic Abuse to Political Terror*. Basic Books, 1992.（中井久夫訳『心的外傷と回復』みすず書房、一九九六、一四八〜一四九頁）

（24）同書、四四頁

（25）豊田園子「食の病いと女性のたましい」『イマーゴ』vol.4(10)、青土社、一九九三、八〇〜八七頁

（26）豊田園子「『内なる女性』との不幸な関係――男性の心の深層」西川祐子・荻野美穂編『共同研究男性論』人文書院、一九九九、一二五〜一四二頁

（27）豊田園子「女性的なスピリチュアリティと心理療法」河合隼雄編『ユング派の臨床』金剛出版、二〇〇〇、八六〜一〇二頁

3 ❖「母なるもの」のゆくえ

1 ❖ あこがれと現実と

人はどんなときに母を思うのだろう。おとなになって、母親とめったに顔を合わせなくなっても、ふと母のことが心によぎることがある。電車を待ちながら、暮れなずむ空をぼんやりと眺めているときに、突然若い頃の母の姿が心に浮かんできて、そうだ、あんなこともあったと、長く忘れていた記憶が蘇ることもある。そして当時の母もまた、今のわたしと同じように、いろいろな気がかりや悩みをもっていたはずなのに、そのときの母がどんな気持ちでいたかなど、考えもしない幼かった自分に気づくのだ。

わたしたちは、ただひとりの例外もなく、みんな母から生まれてきた。それは紛れもない事実である。誰もが母の胎内で過ごした時間をもつ。それゆえに、母とはわたしたちにとって、どこか懐かしいふるさとなのである。人が「母なるもの」にあこがれの思いを抱き、また美化しようとするのは、自分のふるさとを良いものとして置いておきたい気持ちの表れなのだろうか。「すべてを受け入れ、すべてを許す母の慈愛は海よりも広く深い」「母の無私の献身ほど尊いものはない」といった、母性神話が生まれてきた。

この母親礼賛の神話は、しかしながら今日では、現実に生きる生身の母親たちに、とてつもないプレッシャーを与えることにもなっている。理想の母親、完璧な母親になろうとし過ぎるあまり、無理に自分を抑えて、子どもに関わったあげく、何かの折についかっとして子どもに手をあげてしまう母親もいるだろう。そしてそのことで罪悪感にさいなまれ、さらに良い母親になろうとして無理をするという悪循環にはまってしまうことにもなりかねない。

　実際、世間の母親を見る目は厳しいものがあり、母親が完璧な母親になろうと身構えてしまうのも、無理のないところがある。子どもがひとたび問題を起こしでもすれば、母親の育て方が悪かったに違いないという見方がされがちだからである。今ほど母であることが難しい時代もないのかもしれない。本来自然な営みであるはずの子育てが、決して失敗の許されない大事業となり、その責任のすべてが母親の肩にかかっているかのようである。これでは簡単に子どもなど産めないと、少子化が起こるのも仕方ないだろう。

　なぜそういうことになってしまうのだろうか。近年ではこうした母性神話に対する批判が、女性の側からさまざまになされるようになってきた。そこでよく言われることは、母性についての考え方は時代や文化によって異なるものであり、母性賛美は父権的社会を強化するためのひとつの装置として、仕組まれたものであるということである。確かにこの枠組みの中で、女性たちは子どもを産み育てる役割に縛り付けられたのであり、またそれが父権社会の中で自分の存在価値を認めさせるために女性に許された唯一の場ということでもあった。やがて女性自身もいつのまにか、女性の本分は子どもを産み育てることだと信じ込み、そこに何の疑問も感じないようになったのかもしれない。しかしこうした母性神話のせいで、現実に苦しむ女性がいるとすれば、それを考え直してみる地点に、わたしたちは来ているのかもしれない。

　もちろん子どもを産み育てることが尊い役割であることは確かである。しかしそれなら子どもを産まない女性は価値がないのだろうか。考えるまでもなく、そうでないことは明らかなのに、女性自身もいつのまにか、子どもを産み育てるという役割を至上のものとして、そこに自分で自分を縛ってきたところがある。不妊の女性は肩身の狭い思いをし、母親は子どもを自分の勲章のように誇ったりもする。この女性にかけられた呪縛を解くのは、それほど簡単なことではないだろう。なぜなら女性の中にも、それにすがりつきたい思いがあるからである。長い間それが唯一の拠り所だっただけに、それを容易には手放すことはできない。また「母なるもの」へのあこがれもある。母性神話をうち捨てるのではなく、母性の重要性は認めながらも、母性礼賛の陰に見えなくなっているもの、あるいはそれによって置き去りにしてきたものに目を向けることが必要なのかもしれない。それにはまず、「母なるもの」とは何かを見直すことから始めよう。

2 ❖ 「母なるもの」とは

わたしたちのこころの奥には、共通した「母なるもの」の認識がある。それは「母」というものを思うときに湧き上がるどこか懐かしい気持ちと言っていいかもしれない。C・G・ユングは、人間のこころの深層には、代々引き継がれていくような、生得的なこころのパターンがあるとして、それを「元型（アーキタイプ）」と呼んだ。[1] 生得的な行動のパターンが本能と呼ばれるものであるのに対し、精神的にもそうしたパターンがあると考えたのである。元型はそれ自体では捉えることができず、ただイメージとして知ることができるのだという。ユングはそうした元型の筆頭に、「母なるもの」をあげ、それを「グレート・マザー（太母）」と呼んだ。

ユングはここで、単なる美化された母親像を考えたのではなく、母というものがもつネガティブな面をもあますことなく明らかにしようとした。ユングの考える元型とは、プラス、マイナスの両極の間に広がるスペクトルのように、あらゆる相を包括した概念なのである。グレート・マザーには、すべてを受け入れ許す聖母マリアで表されるような神々しい慈母のイメージから、すべてを呑み込み、食いつくそうとする恐ろしい鬼婆のイメージまで、あらゆる相が含まれている。生命は大地から生まれ、大地に帰る。「母」とは大地のように、生命を生み出すばかりでなく、死とも深く関わっているのである。

　こうしたことを考えるとき、現代の世の中に流布している美化された母性のイメージというものが、「母なるもの」のいかに一面的な捉え方であるかがわかるであろう。女性自身が母性の美名に酔って、そのネガティブな面に無自覚であると、さまざまな問題が起こってくる。母親は子どもへの愛情の名のもとに、子どもを取り込み窒息させていることに気づかなかったりするのだ。そうしたときに、子どもから見た母親は鬼婆と化しているかもしれず、必死にそれに呑み込まれまいとするあまり、母親に暴力を振るうことさえ起こってきてしまう。

　光が強くなればなるほど、影はその濃さを増す。母性が礼賛され、称揚されればされるほど、そのネガティブな面は知らないうちにちからを溜めているのだ。良い母親というイメージにとらわれ、完璧な母親になろうとすればするほど、思うように反応しない子どもへの憎しみが知らないうちに増すことになり、それが爆発すると、子どもを虐待することにもなりかねない。

　どちらにせよ問題は、女性たちが母性神話に踊らされてしまっているということなのかもしれない。人間にとって完璧を求めることなど、どだい不可能なのである。にもかかわらず、理想の母親イメージに自分を合わせようとして、無理をしてしまうのはどうしてだろうか。悪い母だと非難されるのがそんなにも怖いのだろうか。

3 ❖ 良い母、悪い母

より良い母にならなくてはならない、悪い母であってはならないという母親の焦りを助長するのに、育児書や心理学が果たした役割は無視できないだろう。子どもの人生の最初期に母親がどう関わるかによって、子どものその後の人生が良くも悪くもなるということを聞けば、母親が子育てに神経質になるのも無理はない。母親の対応いかんで、最悪の場合は子どもを病的に歪めてしまうことすらあると聞かされれば、これはもう脅迫である。

いや、完璧な母親になる必要はなく、〝ほどよい母親（Good-enough Mother）〟であればよいのだと言ったのはウィニコット（Winnicott, D. W.）である[2]。「ほどよい母親」とは、赤ん坊が望んでいることを察知して、適切な対応ができる母親のことを意味している。これは何も特別なことではなく、普通の母親には自然にそうする能力があるという。しかしそのためには母親の献身、育児に没頭する態度が必要となる。ただ、今日ではそのように母親が育児に没頭できるような環境が、果たして十分に保証されているのだろうか。自然に自分の内から湧き上がる、幼子を愛しいと思う感情すらわからなくなってしまっている女性は、いったいどうしたらいいのだろうか。

結局のところ、何をしたところで今の時代、母親には勝ち目がないと、ヒルマン（Hillman, J.）は言う[3]。彼は、母親と子どもは対概念であり、どちらが欠けても本来の意味をなさないところから、両方をつなげて考えなければならないし、このふたつは対立するものであるゆえに、一方に光が当たれば、他方は影となるのだという。この考え方からすれば、子どもは純粋で、無垢で、罪がないという見方が幅をきかせている現代では、必然的に母親にはネガティブな面が付与されることになる。つまり、天使のような良い子がいるところには、悪い母親しか存在できないことになるのである。世間の目が母親に厳しいわけも、これでいくぶん説明できそうである。

さらにヒルマンは、心理学によれば、母親は決して〝これで十分（enough）〟ということはありえないという[3]。いつも子どものそばに居れば居たで、「子どもをひ弱に依存的にする」と言われ、親密な世話をすれば、「子どもを取り込んでいる」と言われ、子どもの未来を空想すれば、「子どもの人生を支配しようとしている」と言われ、自分の人生を楽しもうとすれば、「自分の快楽のために子どもの人生を犠牲にしている」と言われるなど、要するに何をしても非難されるのだ。ではどうしたらいいのだろうか。

母親というものが決して素晴らしいだけのものではなく、ネガティブな面があることを自覚するというのがひとつの方法であろう。影の部分の自覚は心理療法の大事なプロセスでもある。それをすることにより、実はネガティブと見えていることの中にもポジティブなことがあることもわかっていくことになる。また、ヒルマンは、母親が想像力をもつことの重要性を強調する。なぜなら母親／子どもという対立する関係性の中では、子どもが本来自由で、創造的であるだけに、母親は相対的に分別くさく、堅く、不毛になってしまうからである。そうなると、創造性の枯渇した母親は、知らず知らずに子どもに対して恨みの気持ちをもつようにもなるという。そして、母親が想像力を働かすということは、母親が自分の内なる子どもを生き生きとさせることにほかならない。

どう転んでも悪い母と言われてしまうのであれば、良い母になろうと汲々とするのは無駄であろう。むしろ開き直って、少々横着になるのがいいのかもしれない。自分の悪い面が自覚されていれば、子どもにむやみに「良い子」を望むこともなくなるのではないだろうか。ひょっとしたら〝ほどよく悪い母（Bad-enough

Mother)〟の方が、子どもはのびのび過ごせるのかもしれない。

4 ❖ 母であること、女性であること

こころのふるさととしての母は、誰のこころの中にもある。母性もまた、女性だけのものではないであろう。しかし生物的に子どもを産むということだけで、母性は女性のものだと考えられがちであるばかりでなく、母性こそが女性の本質のようにみなされることが多かったのではないだろうか。子どもと接し、育てることで、育まれる母性があるのも事実であり、女性の方がそのチャンスが多かったということはある。しかし母性というものがあまりに美化され、またそのイメージが大き過ぎたために、女性の本質はその影に隠れて、いつしかわかりにくくなってしまったようである。

母というのは子どもと対になって初めて成立する概念だとすれば、子どもとは独立した女性の本質とはいったいどういうものなのであろうか。今日の母親に見られる、子どもへの過干渉やしがみつき、無視や虐待といったさまざまな問題、あるいは人から非難されないために完璧な母親を目指そうという態度もすべて、女性が母親である以前に、女性としての本質を見失ってしまっているからではないかと筆者は考えている。それを見失ってしまったことで、本当の意味の自信をもてないままに、他者依存的な解決をはかろうとするのであろう。当然ながら、それによって苦しむのは本人だけでは済まず、子どもにもまたさまざまな問題を誘発することになる。

しかし、長い父権社会の歴史の中で長年にわたって、母性の陰に置き去りにされてきて、女性自身さえその存在を忘れてきた女性の本質がどういうものであるかは、非常にわかりにくくなっている。筆者はそれを

「女性的なスピリチュアリティ」と呼び、対立するものを結びつけるような超越的な知恵、直感的であり、創造的であるもの、といったイメージをもっている。それは合理的な概念ではなかなか捉えがたいものでもある。

女性的なスピリチュアリティのひとつのイメージとして、筆者は聖母マリアを取り上げたことがあったが[4]、クリステヴァ（Kristeva, J.）が女性の本質を考えるのに「聖なるもの」というキーワードをあげ、聖母マリアについて考えようとしているのも、示唆的である[5]。ただしクリステヴァはそこで、やはり母性を中心に置こうとしているのだが、聖母マリアに関しては、誰かに依存するのではなく、ひとりで立つという処女性の要素の方が、現代の女性の問題を考えるうえで、重要だと思われる。

筆者のゼミ生である人見有希は、母親予備軍である女子大生を対象に調査をしたうえで、「娘が贈るお母さんのための育児書」という卒論を書いたが[6]、そこで娘が母親に要望することの第一項目として、「お母さん、失敗して」ということが述べられていた。子どもは決して完璧な母親を望んではいない。大きく膨らんでしまった母性のイメージに惑わされることなく、一人ひとりの女性が自分のできる範囲で、失敗しながらも自分なりの創造的な子育てをしていくこと、それが新しい時代の母に求められているのだろう。

［参考文献］

（1）Jung, Carl Gustav: Die psychologischen Aspekte des Mutterarchetypus. 1954. *GW9/1*, Walter-Verlag, 1976.（林道義訳『元型論』紀伊國屋書店、一九八二）

（2）Winnicott, Donald Woods: *The Maturational Processes and the Facilitating Environment*, The Hogarth Press, 1965.（牛島定信訳『情緒発達の精神分析理論——自我の芽ばえと母なるもの』岩崎学術出版社、一九七七）

（3）Hillman, James: The Bad Mother. In P. Berry (ed.): *Fathers and Mothers*. Spring Publication, 1990.

（4）豊田園子「癒しの象徴としてのマリア」京都文教大学「宗教と癒し」研究会編『宗教と癒し——救いの手がかりを求めて』三五館、二〇〇〇

（5）Clément, Catherine &Kristeva, Julia: *Le Féminin et le Sacré*. Editions Stock, 1998.（永田共子訳『〈母〉の根源を求めて——女性と聖なるもの』光芒社、二〇〇一）

（6）人見有希「娘が贈るお母さんのための育児書」京都文教大学卒業論文、二〇〇一

第5章

芸術が教えてくれるもの

1 ❖ 映画『ユリイカ』とヌミノースということ

山並に向かって立つ少女の顔のクローズアップ。彼女は声にならないことばで言う。

「大津波が来る。いつかきっとみんな居なくなる。」

まるで巫女がこれから始まる悲劇を予言するように。

1 ❖ 奇跡を呼ぶ映画

こうして始まる『ユリイカ』は特異な映画である。ひとつの奇跡にも思われる。近年ではシネマスコープというのも珍しいが、なにしろこの映画は長い。三時間三七分という上映時間は、普通の映画の二本分といえる。それなのに観客は不思議とあきることなく映画を見終える。映画を見た人の感想の多くがそこから始まるのも興味深い。次から次へ目を離させない急展開のドラマがあるわけではない。むしろスクリーン上ではただ淡々と、数少ない登場人物の時間が流れていく。ほとんどセリフもない。そして色もない。モノトーンなのだ。とはいえただのモノトーンではないところも、この映画が奇跡を生むひとつの要因だろう。「クロマチック・ブラック＆ホワイト」と名付けられたそれは、一見セピア色の単色に見えるが、実はその中に色を潜めている。そして最後の最後にその潜んでいた色が顕わになるのだ。それだけではない、このいかにも寡黙な映画は、それにもかかわらずとてもわかりやすいのである。最後の場面に初めて現れるＥＵＲＥＫＡ

（ユリイカ、ギリシア語で「我発見せり」という意）という文字がすんなりと納得できるような、何かわかった気持ちになれる。しかしそれをことばにしようとすると、とても難しい。そうした体験を見る者に与える。

もちろんストーリーはある。ひと言でいえば、バスのハイジャックに遭遇し、多くの人が殺された中で最後に生き残った子どもたち（兄妹）と運転手、この三人のトラウマと再生の物語である。いくらでもドラマチックに仕立てることのできる筋立てともいえよう。しかしこの映画ではそうはならず、まるで神話のように、どこか遠くで起こったことのようで、安易に共感をする余地を与えず、しかしとても深いところで人の心の何かを響かせる。

この映画のこうした奇跡を可能にしたのは、いうまでもなく青山真治という監督の傑出した才能や、そこに参集した精鋭のスタッフの力であろうが、すぐれた芸術作品がどれもそうであるように、そこには作者の意図を超えたところでの作品としてのちからがあるに違いない。その作品論はすでに多く出ており、心理学的観点では精神科医斎藤環の論考もあるが、本稿ではこの象徴性に満ちた映画作品をヌミノースということから考えてみたい。筆者にはこの映画の不思議な魅力が、ヌミノースということに通じているように感じられるからである。

2 ❖ ヌミノースとは

人は、時に戦慄とともに理由もわからず何か言葉にはなりにくい深い感動や畏れを覚える体験をする。こうした体験について、ルードルフ・オットーは『聖なるもの』という著作の中で詳述し、それを「ヌミノース」と呼んだ。合理的な理解を寄せ付けないそれは、「概念的な把握が全く届かないという点で、言い難きもの」(1)なのである。それは宗教的な枠組みの中では神の、そういう枠組みが特になくても何か「カミ的」と言っていいようなもの、あるいはよくわからないままに「何か大いなるもの」とでもいうようなものの気配を感じ、それに包まれるといった体験である。日本人であれば、特に宗教心がない人であっても、高山に登ってご来光を迎えるときには、思わず手を合わせることもあるだろう。深山の中で突然渓流や滝が目の前に現れたときに、言い知れぬ感動を覚えることもあるだろう。それが大いなる自然のちからであれ、そこに何か人間を超えたものの働きを実感するときに、人はこうした体験をする。もちろん同じ風景の中にいても、誰もが同じ体験をするわけではない。そこにはそれを受けとる側がそのときに置かれた状況やこころの状態が関係する。こうしたヌミノースの体験はどんな人間にも起こりうる普遍的なものであるはずではあるが、科学的思考に慣らされた現代人は、古代に生きた人々に比して、そうしたことへの感度は鈍麻しているのではないだろうか。このことは人間が啓蒙されたのだという言い方もできるかもしれないが、実はこうした事象を否定しようとするなら、それはむしろ現代人がヌミノースなちからに対して、あまりにも無防備であるという言い方もできるだろう。

　オットーはヌミノースな経験の要素をいろいろあげているが、まず強調されるのは「畏るべき」(tremendum)ということである。ぞくぞくするような何ともいえない畏れ、あるいは怖れの気持ちがわき起こる。畏怖どちらにせよ、ある種人間という限界をもった小さな存在には手も足も出ないような、ただ圧倒されるような体験でもある。それはデーモン的荒ぶる神との遭遇であり、その怒りの前に人はなすすべもなく立ちつくす。例としてよくあげられる「ヤハウェの怒り」は人間には理解できない理不尽さに満ちている。それを前にした人間はただ無力にひれ伏すしかない。理由などはない、ただ神秘なのだ。

　しかし、こうした体験は単に畏怖を呼び起こすだけではなく、一方で人のこころを鷲づかみにして夢中にさせる「魅惑するもの」(das Fascinans)でもある。人は容易にそれにとらわれてしまう。それは宗教の世界では神との合一とも経験されるようなものであり、神の恩寵を実感させる至福の体験ともなる。

　こうした「畏るべき」で、しかし「魅惑的」であることがヌミノース体験の中核的な特徴であるが、そこにはさまざまなレベルでのヴァリアントがあり、その中には「不気味さ」や「尊厳」などもある。どちらにせよ共通するのは、この体験が身体的反応をもたらす全人的で圧倒的なものであるということである。それは人間の枠組みを超える体験であるという意味では、人に大きな恵みをもたらす可能性もあるが、一方ではおなじ意味で人を破滅させるちからももっている。

　C・G・ユングはこうした現象に早くから関心をもっており、それを人間の心、特に無意識との関連で捉えようとした。P・W・マーチンに宛した手紙の中で、ユングは自分の分析家としての関心は神経症を治療することよりも、ヌミノースへの道筋をつけることにあり、それこそが治療であって、患者はヌミノース的な体験ができたときには病理からも解放されるのだと述べている。[2] ユングの考える元型の多くはヌミノースの領域にあるものであり、それとのつながりをもつことがこころの全体性の回復というユングの考える個性化の過程(★注1)、ひいては心理療法が目指すところなのである。ヌミノースな体験といっても、それに圧倒されてしまうとすれば、それは逆の効果をもたらす。悪くすれば精神病的な世界にまで行ってしまうことさえある。またヌミノースと同一視することの危険も考えなくてはならない。そうなると、やみくもに自我肥大を引き起こすことになる。それが治療的に働くためには、意識化できなくてはならない。

　そしてヌミノースな体験をする機会が少なく、そういったものへの感性が鈍っていることが、現代人にさまざまなこころの問題をもたらしているということにもなる。ヌミノースということ、つまり言葉にしがたい何かわからないものの気配を、畏れとともに身体全体で感知することを認めないとすれば、世界の奥行きはなくなり、人は表層的な還元論的世界に縛られることになる。しかもそれが意識されないままにあるときには、ヌミノースなちからは人間に破壊的にはたらき、無防備な人間はそれに屈するしかない。

こうしたヌミノースへの感度が希薄な現代において、その感性を回復するにはどうしたらいいのか。オットーは言う。「ヌミノースな感情は「教えることができる」ものではなく、ただ「魂」から目覚めさせられるだけのものである」[3]と。ことばにはならないことでも、何かを感じさせる映像文化は、時として人々にそうした感性を呼び起こすことができるのかもしれない。本稿で取り上げる映画『ユリイカ』には、そうしたことを可能にさせるものがあるように思われる。

3 ❖ 映画『ユリイカ』制作上の仕掛け

この映画のもつ何か言いがたいものの気配を感じさせるところについては、青山真治監督、また撮影の田村正毅のねらいが当初からあった。青山自身は次のように語っている。

> 僕と田村正毅さんは何か「違うもの」を写そうとしてるんですね。何か僕らが感じるものが実際のものの背後にあって、それは目に見えず手に触れることもできないんですけど。僕はそれを〈実感〉と呼んでいるのですが、無人の風景にも何か立ち込めるものがある、というような狙いですね。気配と言ってもいい。それを出すにはどうしたらいいのか。(中略)その方法がシネスコ・モノクロだったりもするし。でも方法論化はできないです。一回一回違うし。でも写るっていう確信はその都度あります。今写ったなきっと、って。画面上に何かが偶然奇妙な形を描く、とかね。そういう不穏な気配みたいなもの

は子供の頃から感じてましたね。そんな自分の目がその場所を見ているわけだから、必然的に写るんじゃないですかね。そして田村さんも同じものを見ている。[4]

映像を通して、しかし映像そのものではなく、それを突き抜けた向こうのものを表そうとすることは、「撮るということは余白も含めて撮るということです」「気を撮るのが僕の仕事なんです」という田村のことばにもうかがわれる。[5] 田村が事故により生死をさまよった体験をもつことに青山は触れ、「氏はそのとき以来、死者の世界と交信している。でなければあのような反地上的なフレームを生み出せる筈はない」とその映像の独特な世界について語っている。[6]

そうした効果なのか、この映画の独特の雰囲気についてティエリー・ジュスは、「彼（青山監督）がわれわれに与える印象は、もうその影さえもほとんど忘れかけられている遥か彼方にある見ることもできないような亡霊たちの棲む未開の領野をくっきりと描き直しているということだ」と述べている。[7]

また黒沢清との対談で、青山は〈情緒〉というものを意識的に構造的にねらったということも述べている。[8] それは見る者の感性に訴えるというような押しつけがましさではなく、むしろ頭での理解を飛び越したどこかに感じさせるものとしてあるのかもしれない。海老根剛との対談で青山は、『ＥＵＲＥＫＡ』では「語りえないこと」を語っていると述べているが、さらに、こちら側の語られる「物語」とその向こう側にある「語りえないもの」との間にはっきりとした距離がつねに意識されているのだと述べている。[9] このことからは、それゆえにこの映画が誰にもわかりやすいものになったのだということが理解できる。

「語りえないもの」のわかりやすさ、それがこの映画を独特なものにしている。ここからは語られる「物語」の展開に沿って、「語りえないもの」について考えてみたい。

4 ❖「物語」そして語りえないもの

冒頭に述べたような少女の声にならないつぶやきでこの物語は始まる。

九州の地方の町、中学生の直樹と小学生の梢という兄妹は通学のために郊外のバス停からいつものようにバスに乗る。よい天気、いつものように時間どおりに走るバス。バス停に停まるたびに乗り降りする乗客。見知らぬ男が傘を持ってバスに乗ってきても誰も注意を払わない。その男がバスジャックをすることなど、誰の頭にも浮かばない。しかし彼はそれをしたのだ。

だだっ広い駐車場の真ん中にそのバスは人質を乗せたまま駐車している。犯人のすきをみて逃げようとした人は何人か、犯人の銃弾に倒れ、いまやバスの中ではいちばん後ろの席に座っていた兄妹の直樹と梢、出口近くの老婦人、そして運転手の沢井の四人が恐怖の中で過ごしている。携帯電話から警察に電話する犯人。「ここはどこですか？」「僕が誰だかわかりますか？　クイズ、わかったら言ってください」。誰もわからない。おそらく彼自身も。

犯人は運転手を盾にして、空気を吸いに車外へ出て、外がよい天気であることに初めて気づく。遠巻きに包囲する警察。男は運転手に名前を訊ね、他の人になりたいと思ったことがあるかを訊き、「僕は他の人になりたかったなぁ」と言う。運転手は緊張のあまり崩れ落ち、警察の狙撃手が盾を失った犯人を撃つ。怪我を負った男はバスの中に戻ると、老婦人を撃ち、兄妹をも撃とうとしたときに、男を追って乗り込んできた刑事の銃弾が一瞬早く男を倒したのだった。

犯人の身元も動機もわからずじまいのまま、生き残った三人にとって世界は変わってしまった。乗客を救えず生き残ったことへの暗黙の非難を感じる運転手はバスが運転できなくなり、妻を残して遁走してしまう。兄妹の子どもたちは、好奇の目にさらされ、話すことができなくなっており、両親も不和になる。

なにげない日常の中で、突如理由のない暴力にさらされることは、少女が予言したように大津波に襲われるのと似ている。生活が一変する。生活自体が破壊されてしまう。なぜそんな目に遭遇せねばならなかったのかという問いに答えられる者はいない。犯人は誰ともわからず顔がない。犯人はただ荒ぶるカミに取り憑かれたように殺戮をくり返す。ここにはヌミノースの破壊的な側面がよく表されている。

ことばにならない恐怖、ことばにならない体験。人は圧倒されるような体験をしたときにことばを失う。そうしたものに対してことばはあまりに無力なのだ。ことばで表そうとしても、それは周りの人には伝わらない。ことばは虚しく空中分解するばかりである。

これをひとりの人の心の中に起こったことと考えるなら、無意識の元型的な破壊性に対して、意識がコントロールを失った状態といえる。そのような体験は人を現実から引き離してしまう。事件に遭遇した兄妹がことばを失ったのは、両親や周囲の人とは違う世界に行ってしまった子どもたちの孤立と絶望の現れでもある。

物語は二年後に飛ぶ。二年後、遁走して行方不明であった運転手の沢井は親の家に戻ってくる。妻は夫を待つのをあきらめて都会に出てしまっている。公務員の兄の家族は世間の目を気にしており、久しぶりに帰った沢井にとっては居心地のよい場所ではない。夜眠れず、眠れても悪夢に襲われる。沢井は友人のシゲオのところで、土木作業員として働き始める。

この二年の間に、夫との不和の果てに子どもたちの母親は男をつくってひとりで家を出ていく。ほどなくアルコールに溺れた父親は交通事故を起こして死んでしまい、郊外の何もない中にぽつんと建っているログハウス風の家には、親の保険金を手にした口のきけない兄妹が孤立したまま、学校も行かずに暮らしている。ふたりは話さなくても、お互いの気持ちが通じ合って、不自由は感じていない。子どもたちは家の前に土を盛りパイプを立てた墓を四つ作っていた。

そこに、夜に女性が殺されるという事件が続けざまに起こる。仕事場の事務をしている女性、ケイコを夜送っていくところを見とがめられた沢井は兄から行動を自粛するように言われる。肩身が狭く、家に居づらくなった沢井は、兄妹がふたりだけで暮らしていることを知り、兄の家を出て、子どもたちの家で一緒に暮らし始める。こうしてバスジャック事件の被害者三人は肩を寄せ合って暮らすようになった。沢井は家事をこなして、子どもたちの面倒を見る。同じ目にあった三人だけが共有できる何かが、三人を結びつける。

沢井は二年間の放浪によって何を得たのだろうか。帰りを待てずに去った妻にあとで「逃げただけ」と指摘されるが、ただ逃げるだけでは何も状況は変わらない。いまだ悪夢に悩まされている。兄妹の家では、子どもたちを守るべき親は居なくなり、最初に少女が予言したように、子どもたちふたりだけが残される。幼い悼みの表現としての土饅頭。子どもたちの築いた四つの墓とはいったい誰の墓なのだろうか。バスジャックで死んだのは六人であり、事故で死んだ父親を含めると死者は七人になるはずだ。しかしこの四つという数は、かつて日常を生きていたこの家の四人家族のことを示しているようにも思われる。そこにはこの兄妹自身も含まれている。あの日を境に日常からはみ出さざるを得なくなり、時間が止まってしまっている子どもたちもまた、もう日常の世界では生きられなくなっているということなのかもしれない。打ち捨てられた子どもたちの荒れた生活は、沢井という大人が加わることによって、秩序を取り戻す。無秩序に秩序を与えることは意識化の第一歩である。沢井は自分よりも弱い者たちと暮らすことによって、人のために生きるということを考えるようになる。自分の中のおびえている子ども自己に目を向け、ちゃんと食事を与えることで、こころは逃げない道を選ぶ。

そんな中で女性が通り魔に殺されるという事件が起こる。ヌミノースの破壊的なちからがまた動き出している。刑事が沢井に疑惑の念を抱いたのは、あまりの恐怖の体験にさらされると、被害者は加害者に同一視しかねないことを知っていたからだろうか。

この三人の生活の中に突如現れたのは、大学の休みを利用して東京からやって来た子どもたちの従兄である秋彦である。子どもたちというより、その親の遺したお金が気になる親戚から、子どもたちの様子を見てくるように言われているようだ。話さない子どもたち、寡黙な沢井の中で、ひとり饒舌な秋彦。しかし彼もまた過去に何かあったようだ。

沢井が事務員のケイコをまた家まで送って行った翌朝、ケイコの遺体が水路で発見される。一連の女性を狙った通り魔殺人の犯人として沢井が疑われる。前から沢井に目を付けていた刑事の執拗な取り調べの途中から、沢井はひどい咳が止まらなくなる。留置場の沢井の耳にかすかなノックの音が聞こえてくる。気のせいかと思うが、ノックを返すとそれにこたえるノックの音が聞こえ、しばらくノックのやりとりが続く。
秋彦の証言によって沢井は釈放される。パジャマ姿でゴルフの練習をする秋彦。その音に耳をふさぐ直樹。直樹は背の高い草むらの草をナイフで切りまくる。梢は家の中から外を見ながら、心に直樹の声を聞く。「見えるか、梢、海じゃ、見えるか？」

突然現れた秋彦は、このことばのない非日常の世界と日常の世界を結ぶ役割を買ってでているようにも見えるが、やはり何か収まりきらない経験を過去にしているようで、三人のこころの領域に踏み込もうとはしない。トリックスター（★注2）的な役回りといえる。沢井の身近なところにいる女性まで殺され、沢井には殺人容疑がかけられる。この頃から沢井は頻繁に咳をするようになり、健康上の問題が示唆される。留置場で夜を明かす沢井の耳に聞こえてきたノックの音は誰からのものだったのか。ノックの音による対話はスピリチュアリズムの発端となったアメリカのフォックス姉妹の逸話を思い起こさせる。それは見えないもの、見えない霊との対話とされた。沢井は釈放されたものの、直樹の態度はどこか不穏である。直樹の心の中にも嵐が吹き荒れているようだ。梢との以心伝心の呼びかけで、梢に見せたかった海とはどういうことなのだろうか。海は原初の生命を生み育む母である。ジョン・ダウレイによれば、それこそがヌミノースの究極の源泉となるものであり、母なるもののヌミノースな体験を通して生命の再生がなされるという。さらにそれが英雄や神秘家の目指す究極の目標だとも言っている。[10] しかしこの兄妹の周りに海はなく、ふたりは砂っぽい荒野に取り残されている。

沢井の妻から離婚届が送られてくる。彼は署名したそれを渡しに都会にいる妻に会いに行く。男性と暮らしていると打ち明ける妻。妻と別れたあと、飲めない酒をあおって泥酔した沢井は家に帰って泣き、梢がそれをなぐさめる。

沢井はクレーン車の操縦技術を学ぶうちに、自分が子どもの頃の夢を実現させるためにバスの運転手になったことを思い出す。「別のバスを運転したくなった」と沢井はシゲオに言う。

直樹はゴルフのクラブで家の前に梢と作った四つの墓を打ち壊す。そのとき家の中にいた梢は意識を失って倒れる。ベッドから起きられない梢に、沢井は「梢、どっか知らんとこ行って暮らすか」と提案する。梢は無言のまま喜びを表す。墓は沢井と秋彦によって作り直される。沢井は中古の小型バスを買ってきて、「これで四人で旅行行こう」と言う。沢井はバスの中で寝泊まりできるように改造するなど、旅行の準備に精を出す。

シゲオとまだ沢井を疑っている刑事に見送られ、四人は出発する。沢井は事件の日に通った道にバスを走らせ、銃撃のあった広い駐車場にあの日のようにバスを停める。バスから降りる四人。沢井は皆に言う。「こっから出発たい。よおっと見とけよ」。

バスでの旅が始まる。秋彦は初めて自分にも殺人事件に巻き込まれた過去があることを語る。四人は阿蘇の大自然の中をめぐる。あるとき直樹はバスの運転台に座ってみる。いつのまにか横に来ていた沢井が運転を教える。ある晩バスの外は強い風がうなりをあげて、窓からは木々の不穏な蠢く影が車内を動きまわることがあった。眠れない三人。直樹はコツコツと壁をノックし、梢が答え、やがて眠りに落ちた。

自分から妻を置いて家出していたにもかかわらず、沢井にとって妻との別れが確定することはつらいことであった。現実とのつながりが、ここでまた無くなってしまった。

クレーン車の操縦を覚えようとすることから、沢井はバスの運転手になった頃のことを思い出し、前のように路線バスの運転はできなくても、「別のバス」ならば、と思うようになる。このあたりのことについて、海老根剛は青山監督との対談の中で手を使うことの大事さを指摘し、青山監督も同意しているが[11]、状況にただ圧倒されるのでなく、自分の手を用いることによって、コントロールするちからが芽生えていることが示唆されている。直樹はなぜ梢の大事にしていた墓を壊したのだろうか。取り残された二人の子どもが家の前に作った四つの土饅頭は、結界を引くことによる護りの意味もあったのではないかと思われる。それが破壊されたことは、その護りがもう働かなくなっていることを示しているようだ。そこに留まり続けるかぎり、三人は前へ進むことはできない。三人の旅が始まる。

バスジャックに遭遇したことでトラウマを負った三人と秋彦は、「別のバス」に乗り、事件の現場から何かを探して旅立つことになる。あえて現場に戻ること、負の記憶を呼びさますバスを再び運転することは、あの事件で止まった時間をふたたび動かそうとすることである。ただ漫然と時間を止めたままに同じところに留まるのではなく、とにかく前に一歩踏み出したのだ。今度のバスは自分のちからで内部を改装したカスタム・メードであり、動く家でもある。大自然の中を旅する四人。しかし眠れない夜もある。風が強く、木々の影が車内を動きまわる場面は、映画を見ている者にも不安を喚《よ》び起こすようなところだ。この不穏さは、まさにヌミノース的ともいえる。ここでもノックでの対話というものが、気持ちを落ち着かせることになる。ことば以前の手のことばは、身体に響く。


あるとき、立ち寄った食堂で、注文を取りにきた女性が殺されたケイコとそっくりだということがあった。突然嘔吐する直樹。その夜中、秋彦によって起こされた沢井は直樹が居ないことを知らされる。二人で探すが、なかなか見つからない。あきらめてバスに戻ると、直樹はすでに戻って寝ていた。翌日秋彦は新聞で、その場所で昨夜通り魔殺人があったことを知る。その晩もまた沢井は「直樹がいない」と秋彦に起こされる。事件のことを知らされた沢井は直樹を探し、女性をねらった現場を見つける。手に怪我を負いながら沢井はナイフを取り上げる。「なして殺したらいけんとや」と直樹は沢井の前で初めてことばを発した。「いけんとは言うとらん」と沢井は言い、自分も一緒にしてもいいが、殺すならいちばん大切なものをと、バスに戻って梢を殺すかどうか選ばせる。明け方になり、沢井は直樹を警察署に送っていった。「直樹、一個だけ約束せい。生きろとは言わん。ばってん死なんでくれ」と沢井は言い、迎えにくることを誓う。

旅先でも女性が通り魔に殺されるという事件が発生する。夜中にいなくなった直樹を探して、沢井は直樹が女性を襲おうとした現場を押さえる。沢井が身を挺して立ち向かったことで、手の怪我の痛みとともに、直樹は異世界から現実へと戻る。しかし彼の発した最初のことば、「なして殺したらいけんとや」というのは、彼がヌミノースな破壊的ちからに取り憑かれていたこと、それと同一化していたことを示している。それに対して沢井は、妹の梢を殺しに行くことを提案し、それをするかどうか選ばせる。「選ぶ」というのは意識化するということである。結局直樹は警察へ行く方を選んだ。

以心伝心に直樹に何が起こったのかわかっていた梢は人を寄せ付けず、バスに閉じこもって泣いていた。沢井はバスの外からノックする。しばらくしてから、ノックの返事が返ってくる。沢井はバスに入り、梢に近づく。梢は秋彦のポラロイドカメラで、近づく沢井の顔を撮る。

残った三人はバス旅行を続ける。阿蘇の噴火口を見る。直樹は刑務所にいる方がいいのでは、という秋彦のことばに激怒した沢井は、バスを停めると、秋彦を降ろしてしまう。「俺は死んでも直樹を守ってやるから」と。

ついにふたりになってしまった沢井と梢は旅を続ける。あるとき梢の心に直樹の声が聞こえる。「海じゃ梢、海を見に行け、お前の目から俺の目に海を映してくれ」。梢は何も言わないが、月のきれいな晩に沢井の方から海に行くことが提案される。

海に着く。沢井の咳はどんどんひどくなっている。海岸で貝を拾っていた梢は、砂浜で気を失って倒れる。その後水の中に入って行き、兄に呼びかける。「お兄ちゃん見える？　梢、海にいるよ」。梢は海で拾った貝をハンカチにくるんで抱いて眠る。また梢はハンカチを広げて貝を並べながら何かつぶやいているようだ。

一心同体のようだった兄はいまや梢の手の届かぬところに行ってしまった。半身をもがれる痛さと悲しみ。それでも梢は沢井のノックの音を受け入れた。その痛みは今まで見ないようにしてきたことを見る痛みでもある。それは自分の中の影を受け入れることでもある。その痛みと悲しみを秋彦は十分理解することができず、バスから追い出される。あくまで秋彦はトリックスターであって、主役にはなりえない。ついに沢井と梢のふたりだけになって、なおもバスの旅は続く。直樹のことばをこころで聞いた梢は海へ行く。本物の海へ。海の水に浸り、母なるものに抱かれる。梢は貝殻を拾い、名付け、貝殻とともに眠る。

「梢、外見てみ」という沢井の声で目覚めた梢は、大観峰の広々とした眺めのところに出る。沢井の咳には血が混じるようになっている。見渡すかぎりの雄大な自然に包まれながら、足を踏み出した梢は、「お父さん」と叫んで貝をひとつ投げる。それから次々と「お母さん」「犯人の人」「お兄ちゃん」「秋彦くん」「沢井さん」と叫びながらひとつずつ貝を投げ、最後に「こずえ」と自分の名を呼んで貝を投げ終えた。初めて梢の声を聞いた沢井は梢に呼びかける。「梢、帰ろう」。

色を取り戻した広々とした大自然を空から見た風景の中にEUREKAの文字が浮かびあがり、映画は終わる。

梢もこうして声を取り戻した。海で拾ってきた貝殻を空に向かって投げながら、名前を呼ぶ人に届くように、あるいは海で得たちからをもって、その人々を自分の中に位置付けるように。そこには死んだ人とまだ生きている人の両方がいて、その区別のなさこそが大事なところなのだろう。そして最後に呼んだ自分の名前は、自分というものが再生したことが示されていて、感動的だ。名前を呼んだ人たちは皆、自分の中にもいる。いわれのない暴力に遭遇し、死の恐怖を味わったことで、ことばを失い、両親を失い、自分をも失って、兄と共生するかたちでかろうじて生きてきた梢は、やっと自分を取り戻し、現実世界に戻ってきたのだ。やっと世界は色を取り戻したのだ。

人は自分を見失い、無意識にある破壊的なエネルギーに圧倒されてしまうことがある。心の中でデモーニッシュなちからが破壊的な猛威をふるうことになる。それは外的な行動化となることもあるが、そうはならず、深い抑うつに沈むこともある。自分の中の多くの部分が殺され、傷ついたままに置かれるが、何が起こったのかはわからないままことばを失う。自分が自分の敵となり、破壊的なちからは自己を苛み続ける。その状況から抜け出すためには、自ら進んで夜の航海に出ることが必要になる。その旅では、自分の内にあるネガティブなもの、破壊的なものに向き合わないといけない。それから目をそらさずに済むようになったときに、初めて現実に、昼間の世界に戻ってくることができるのだろう。

5 ❖ 何がわかったのか

「我発見せり」というこの映画のタイトルについて、インタビューに答えて青山は、次のように語っている。

> 結局、主人公たちが最後に何かを発見して終わるということでしょう。何かは知りませんが。それで最後にメインタイトルが出る。漠然とした言い方しか出来ませんが、彼らはこのリアルな世界で「生きる」ということを発見するんだと思います。[12]

それがモノトーンの世界から最後に色が現れるということにも表されているのだが、そのことについてまた別のところでは、少女梢による喪の作業の終わったときに世界の色とことばが戻ったのだと述べている。[13]
最後に梢が貝殻を投げながら、犯人も含め、自分の身近な人たちの名前を呼ぶこと、そこには死者も生きている人もいて、最後には自分の名前を呼ぶところは印象的であるが、そうしたかたちで表された、すべてをありのままに受け入れるという姿勢が、ひとつの治癒をもたらしたということはいえるだろう。それは自分の無意識にひそむ恐ろしいちからもまた、自分の一部と認めることであり、死者と生きている他者そして自分の間にある区別をなくし、加害者と被害者の間にある垣根を取り払うことである。

丹生谷貴志は次のような感想を述べている。

> 『EUREKA』を見終わったあとの充足感は、ある種不思議なものだ。……どう言えばいいか、ここしばらく経験したことのない徹底的な肯定感、である。……この肯定感はいわゆる「癒し」でも許しでもたぶんない。……何がしかの解決が与えられたことから来るカタルシスティックな肯定感はここにはない。重要なのは別の肯定感なのだ。……それは、希望も絶望もかかわらない、そんな肯定感であり……要するに、「生=物語」とその機能不全がともに救いのないままに肯定される、そうした時の肯定感だろう。[14]

トラウマというものは結局のところ癒されることはない。癒されるのを待つという受け身の姿勢では何も変わらないのだ。それは加害者と同じものを自分の中に認めることで初めて受け入れられる。それができるようになるためには、人間を超えた何かことばにならないものを実感することによって、それに圧倒されるのではなく、それを意識化することによって、自分が一回り大きい人間となって生まれ直さないといけないのかもしれない。人間が生きていくということは誰もが大なり小なりいくつものトラウマを抱えているということである。救いを待っていても何も始まらない。沢井が自分でバスを運転して旅に出ることを選んだように、道のりは遠くても第一歩を踏み出せるかどうかは、自分の選択でなければならない。

6 ❖ 最後に——フィルモグラフィーに見るテーマについて

この作品は青山真治監督の中では「北九州三部作」と言われるものの二つ目の作品ということになっている。そこでの位置づけについても最後に簡単に触れておきたい。

第一作目は一九九六年の『Helpless』であり、昭和天皇崩御の年に生まれたこの作品は「父の死」、立ち向かうべき「父の不在」というのがテーマであったが、その前提として母からの見捨てられがあった。二〇〇〇年の第二作目『ユリイカ』をはさんで、二〇〇七年に第三作目『サッド・ヴァケイション』が制作されている。この作品では『Helpless』で高校生であった主人公のケンジはもうおとなになっているが、彼を子どもの頃に捨てて家出した母親に偶然再会し、復讐しようとする物語となっている。ここでは何もかも呑み込む母なるものの底知れなさが描かれている。

第一作目と第三作目が同じ主人公の物語になっているのに対して、『ユリイカ』は主人公が違う人物であり、第二作目というよりどこか番外編という趣がある。三作共通の登場人物はトリックスター的な秋彦だけであるが、三作目には沢井と死別した梢の成長した姿が見られる。

父性、母性の不在というテーマは、『ユリイカ』の物語でも、兄妹が孤児になっていることで見られるが、そこでは他人である沢井がどこまで父親的役割を担えるのかという物語にもなっている。しかしこうした父性や母性の不在といった物語の筋を追うよりは、筆者はここに兄妹のテーマがあることに注目したい。それはこの三作に共通に見られるものであり、さらには同監督が『ユリイカ』の前年に発表した恋愛映画『シェイディー・グローヴ』にも見られるものだからである。『Helpless』では親分の死を信じない出所した片腕のやくざが自滅する前に知恵遅れの妹ユリを友人である主人公に託す。『サッド・ヴァケイション』においても主人公のケンジはこの友人の妹と行動を共にしている。この知恵遅れの妹とは何を意味するのだろうか。

青山は『Helpless』の草稿では、この妹が兄のヤスオに撃たれることになっていたことをあかし、「彼女は強者である。……ユリを、私が救ったワケではなく、ユリの方から勝手に生き続けていったのだ。彼女は生きてゆくだろう、他の誰が死んでも、誰がいなくなっても」と述べている。(15)

『シェイディー・グローヴ』では主人公の男性は、自分には双子の妹がいたが、生まれてすぐに死んだこと、そのことによって自分の半面が死んでいるように感じて、ずっと自信をもてずにきたと、好きになった女性に語る。それは男性の中の欠けた女性的半面であり、ユング的にいえばアニマということなのかもしれない。青山監督のこの三部作に共通して見られる、男性の中のコントロールのきかない暴力性を鎮める鍵としてアニマというものがあるのかもしれない。そのアニマが知恵遅れであるということは、それが十分機能していないともいえるし、同時にそれはある種聖性をもった存在であるということもできる。『ユリイカ』においても、最後の鍵は妹の梢にあったことも何かそうしたことを示唆しているように思われる。

ケンジは友人との約束を守り、長年この知恵遅れの妹を大事にしてきた。それにもかかわらず、第三作では母親への復讐のためにこの妹を犠牲にしてしまう。異父弟に襲わせるのだ。そしてあとになって、この友人の妹と思ってきた女性が自分の実の妹であったことを、ケンジは母親から聞かされることになる。ケンジはまさにエディプスが自分の秘密を知ったときのような衝撃を受ける。ここには立ちうちできないほどの母性のもつ大きさとその罠がある。ただ救いなのは、『ユリイカ』の妹の梢がこの第三作ではひとりでたくましく生き始めていることである。

筆者は錬金術での錬金術師と「神秘の妹」との関係性（五三頁も参照）から、こころの中にある「兄妹（あるいは姉弟）の元型」というものが、スピリチュアリティと創造性に関係していると考えてきた。青山作品の中で「兄妹」像が今後どう変化してくのか、注目していきたい[16,17]。

青山監督は『ユリイカ』の制作に当たって、「大きな樹のような作品を作りたい」と制作スタッフに伝えていたという。『ユリイカ』は確かに大きな樹を思わせる映画である。ユングによれば、錬金術では今日われわれが心理的発達として理解しているプロセス全体が、「哲学の木」と呼ばれていたという[18]。木は自己の象徴でもある。この映画は見るのではなく、浴びるというにふさわしいと言う人もいる[19]。なるほどと思う。しかし何よりもこの『ユリイカ』という作品は、語りえない何かをかくもわかりやすく示した、ヌミノースの気に満ちた奇跡の映画として、これからも語り継がれていくだろう。

〔注〕

★注1……人間の心は普段自我を中心に意識されているが、意識されていない無意識をも含む大きな心の中心としてユングは自己（Self）を想定し、人がその人らしくなっていくためには無意識の領域を少しでも意識化することによって、自己に近づこうとすることが望まれると考えた。このいわば自己実現の過程を「個性化の過程」といい、ユングにとっては心理療法において目指されるものであった。第1章の注1も参照。

★注2……いたずら者、愚か者、はみだし者のこと。社会の通常の価値観の埒外にいる存在としてさげすまれもするが、そのとらわれのなさゆえに時に世界を反転させるような大きな働きをもたらす場合があり、錬金術で変容をもたらすメルクリウスとも通じる。神話的なイメージであり、ユングの考える元型のひとつである。

〔引用文献〕

（1）ルードルフ・オットー著、華園聰麿訳『聖なるもの』創元社、二〇〇五、一五頁

（2）Jung, Carl Gustav: C. G. *Jung Letters*, selected and edited by Gerhard Adler with Aniela Jaffé, 2 vols. Princeton University Press, 1973.
（3）文献（1）、一三〇頁
（4）青山真治『われ映画を発見せり』青土社、二〇〇一、一〇四〜一〇五頁
（5）田村正毅（聞き手：筒井武文）「恩寵の宿るフレーム」『ユリイカ』二月号、青土社、二〇〇一、一一四〜一二五頁
（6）文献（4）、三九頁
（7）ティエリー・ジュス「青山真治と以後の映画」『カイエ・デュ・シネマ・ジャポン』XV、二〇〇一、一〇〜一六頁
（8）青山真治・黒沢清「『EUREKA』、歴史としての〈情緒〉」『ユリイカ』二月号、青土社、二〇〇一、六八〜一〇〇頁
（9）青山真治インタヴュー1（聞き手…海老根剛）「あり得ない地点に立ち、あり得ない帰還を……」『カイエ・デュ・シネマ・ジャポン』XV、二〇〇一、二二〜四八頁
（10）Dourley, John: Rerooting in the mother: The numinosity of the night. In A. Casement, & D. Tacey (eds.): *The Idea of the Numinous: Contemporary Jungian and Psychoanalytic Perspective*. Routledge, 2006, pp.171-185.
（11）文献（9）
（12）文献（4）、一〇六頁
（13）文献（9）
（14）丹生谷貴志「灰色の全き肯定」『ユリイカ』二月号、青土社、二〇〇一、一四四頁
（15）文献（4）、四二頁
（16）豊田園子「女性的なスピリチュアリティと心理療法」河合隼雄編『ユング派の臨床』金剛出版、二〇〇〇、八六〜一〇二頁
（17）Toyoda, Sonoko: *Memories of Our Lost Hands: Searching for Feminine Spirituality and Creativity*. Texas A & M University Press, College Station, 2004.
（18）Jung, Carl Gustav: Der philosophische Baum in *Von den Wurzeln des Bewusstseins: Studien über Archetypus (Psychologische Abhandlungen IX)*. Rascher, 1954.（老松克博監訳、工藤昌孝訳『哲学の木』創元社、二〇〇九）
（19）光石研（聞き手：北小路隆志）「『EUREKA』の光を浴びて」『ユリイカ』二月号、青土社、二〇〇一、一五六〜一六三頁

［参考文献］

（1）青山真治監督作品DVD『Helpless』一九九六
（2）青山真治監督作品DVD『シェイディー・グローヴ』一九九九

（3）青山真治監督作品ＤＶＤ『ユリイカ』二〇〇〇

（4）青山真治監督作品ＤＶＤ『サッド・ヴァケイション』二〇〇七

（5）青山真治『ユリイカ』角川書店、二〇〇〇

（6）青山真治インタヴュー2（聞き手…橋本一径、荻野洋一）「盲目的な飛行は『ＥＵＲＥＫＡ』で着地する」『カイエ・デュ・シネマ・ジャポン』ＸＶ、二〇〇一、五二～六六頁

（7）青山真治「青山真治の映画史」『ユリイカ』二月号、青土社、二〇〇一、一四六～一五五頁

（8）北小路隆志「青山真治フィルモグラフィー」『ユリイカ』二月号、青土社、二〇〇一、二一〇～二二五頁

（9）Main, Roderick: “Numinosity and terror: Jung's psychological revision of Otto as an aid to engaging religious fundamentalism”. In A. Casement & D. Tacey (eds.) *The Idea of the Numinous: Contemporary Jungian and Psychoanalytic Perspective*. Routledge, 2006, pp.153-170.

（10）斎藤環「『別のバス』はもう来ない」『ユリイカ』二月号、青土社、二〇〇一、一〇一～一〇七頁

（11）Stein, Murray: “On the importance of numinous experience in the alchemy of individuation”. In A. Casement & D. Tacey (eds.): *The Idea of the Numinous: Contemporary Jungian and Psychoanalytic Perspective*. Routledge, 2006, pp.34-52.

2 ❖ 画家フリーダ・カーロの作品が語る心の軌跡

はじめに――授業が目指したもの

臨床心理学は何よりも実践の学である。何かを学ぶというとき、われわれはつい頭での理解を考える。とりわけ大学の教室での講義ともなれば、知識を増やすことに重きが置かれるのは仕方ないことなのかもしれない。しかし心理療法という実践の場においては、頭だけの理解はほとんど役に立たない。そこで臨床心理学を学ぶには、頭と同時にこころを使うことがどうしても必要になってくる。それがこれまでの学問とは大きく違うことである。知識だけを得るためには自分ひとりで本を読むことで足りるともいえるわけで、臨床家が教壇に立つ意味は、知識ではないものを伝えることにもありそうである。

ここではとりわけ受講者にこころを使ってもらうことを意図した授業を紹介したい。講義の題目は「性差の心理学」で、これは筆者にとっては自分が希望してもった授業ではなく、いわば与えられた題目であった。筆者は個人的には女性性ということに高い関心をもっているのではあるが、そのことと「性差の心理学」という題目には違和感があって、もうひとつしっくりこないまま授業を始めることになってしまった。

もちろん心理学において男性と女性の差異を研究する分野は、従来性差心理学という形で存在する。最初の二年間は筆者も性度検査をやってみたり、そうした知見にのっとったものに多少深層心理学的見解を加味する形の授業を試みたりしたのだが、何か物足りない思いを抱いていた。そこで三年目には、受講生にも参加してもらう形の授業をとの思いから、女流芸術家のケース・スタディを通して女性にとっての創造性について考えていこうという趣旨の授業を行なうことにしたのである。

この授業で意図したのは、女流芸術家のライフ・ヒストリーをたどりながら、それとこころの表出でもあるその芸術家の作品がどうつながっているのかを考えていくことであった。なかでも受講生にやってもらいたかったことは、芸術家の作品を見ることで自分が何を感じるのか、作品を見ながら自分のこころに起こってくることに注目してもらうということであった。つまり頭だけで理解しようとするのではなく、こころを使ってもらおうというわけである。こうしたことは将来心理療法の仕事をすることになったとき、クライエントの描画や箱庭などの作品に接する場合に必ずや必要となってくる姿勢である。臨床心理学科の授業としては、こういうやり方があってもいいのではないかというのが筆者の考えであった。

芸術家の生涯と作品を突き合わせて、そこにその芸術家の病理を跡づけようとするのは、病跡学という分野で行なわれてきたことであるが、この授業では女流芸術家のライフ・ヒストリーを単に提示するというよりは、ひとつの「物語」として語ることを心がけた。つまり真実がどのあたりにあるかよりも、その物語を聴くことで、受講者の一人ひとりにその芸術家がどのような人間であるかについてのイメージを膨らましてもらおうと考えたのである。それらのイメージは作品もひっくるめて、受講生それぞれの中に最終的にひとりの人間像として収束したはずである。これは臨床の場でひとりの人間に向き合い、その人を理解しようとするときのやり方でもある。ここでもやはりわれわれは自分のこころを使っているのである。

そうしたわけでこの授業は、毎回最後に感じたことを紙に書いて提出してもらっていた。感じたことをそのまま素直に書ける人もいれば、どうしても知的な理解に流れてしまう人、あるいは感じることを拒否した人もいたかもしれない。しかしとても良い感性をもっていることを思わせる記述も多く、そうした感想を次の回の初めに紹介することで、さまざまなイメージが共有でき、多面的な人間理解に結びついていったのではないかと思う。その意味ではこの授業は筆者と受講者との共同作業で成立したともいえる。

取り上げた芸術家はフリーダ・カーロである。メキシコが生んだこの特異な画家について、たまたま受講生のうちにすでに知っている者はおらず、まったく白紙の状態で、ひとりの女性画家の作品に向き合ってもらうことになった。本稿では紙数の関係で、授業で見てもらった数十枚の作品をすべて紹介することも、フリーダの生涯についての詳細を語ることもできない。そこでフリーダの作品の中から七枚の絵を選んで、一枚一枚紹介することにしたい。読者にはまずその絵を見ていただき、その絵から自分が何を感じるかに注意を払ってもらいたい。そしてこの絵を描いたのはいったいどんな女性であるかを想像してもらいたい（できればそれをメモに書くのがいいかもしれない）。そのうえでその先を読み進んでいただければと思う。七枚の絵を全部見終わる頃には、あなたのこころの中にひとりの女性が像を結ぶはずである。

1 ❖ ひとりぼっちの女の子

まず最初の作品（次頁図１）を見ていただきたい。小さな女の子がなにやら奇妙な仮面をかぶっている。女の子のまわりには何もなく、遠くに山々が見えている以外は殺風景な草もはえない荒野である。かぶった仮面はどうやら骸骨のようだ。足元にはもうひとつ別の怪物のような仮面が置かれているが、その怪物の口は何か生き物をむさぼってきたかのように赤く血塗られている。あなたはこの絵に何を感じるだろうか。

この絵には、少女のもつ不安、拠り所のなさが表されているようだ。茫漠とした世界には現実感の薄い離人的な雰囲気もある。そして女の子は仮面をかぶることによって必死でその不安に対抗しようとしているの

図1　「死の仮面をつけた少女」1938年

かもしれない。「死の仮面をつけた少女」という題のこの小さな絵はフリーダ・カーロが三一歳のときに描いたものであるが、描かれている少女は彼女が生涯欲して得られなかった自分の子どもであるとともに、自分自身を表したものともいえる。幼かった頃の彼女に見えていた世界はこのようなものであったかもしれないし、仮面をかぶって生きるしかなかった彼女を象徴している絵のようにも思われる。

　フリーダ・カーロは、一九〇七年にメキシコシティの近郊コヨアカンに生まれている。父のギリェルモ・カーロはドイツ生まれのユダヤ人だが、一九歳のときに単身はるか遠くのメキシコまでやって来ていた。ドイツの大学に入学したものの、転倒がもとでてんかん発作を起こすようになったこと、母親の死、そして父親の再婚相手との折り合いの悪さなど、失意のうちに故郷を捨てたのであった。最初のメキシコ人の妻がお産がもとで二人の娘を残して先立ってしまったあと、ギリェルモは同じ職場にいたマティルデ・カルデロンと再婚することになる。ふたりの間にはさらに四人の娘が誕生するが、その三番目の娘がフリーダである。母親のマティルデは知的なしっかり者で、かたくななまでの信仰をもっていたが、最初の恋人が自分の面前で自殺したという衝撃的な体験を、幼いフリーダに語るような人でもあった。結婚後ギリェルモはマティルデの父親と同じ写真家となり、ある程度の成功をおさめたこともあったが、概して生活力は弱かった。

なぜかこの世に生まれ落ちた当初から、母親としっくりいかない娘がある。フリーダはそういう娘であった。フリーダの出生後すぐに母親が病気になったために、彼女はしばらくインディオの乳母の乳で育てられたのであり、その後も彼女の面倒をみたのは母親ではなく、姉たちであった。母親とうまくいかない娘は父親っ子となることが多いが、フリーダもまさにそうであった。芸術的センスや鋭い感受性、内省的性格など、彼女は姉妹の中でいちばん父親の資質を受け継いでいたと思われる。息子のいない父親にとって、フリーダは息子代わりの期待の星でもあった。過去の女性芸術家にはこうした父親っ子が多いようだ。そうした女性は普通の女性にはできないような成果をあげることができもするが、母親との絆の弱さは、自分の女性としての評価を低め、男性からの賞賛を常に必要とする。

フリーダは六歳のときに小児麻痺にかかり、九ヵ月間部屋に閉じこもることになってしまった。このときつきっきりで心配したのは母親ではなく父親であったという。父親からもらえる食べ物と母親からもらえる食べ物とは違う。後者はより生の基盤のために必要であるから、それを十分与えられなかったとき、生の実感が希薄になってしまう。孤独で寄る辺ない彼女の魂は夢想の中でもうひとりの女の子と対話していたのだった。彼女は自分の部屋の窓ガラスに息を吹きかけ、そこに指でドアを描き、そのドアを通って空想上の女の子に会いにいったのである。フリーダは後年大人になってから、六歳の頃のその思い出を日記に書いている。

喜びに胸おどらせながら、息せききってこの「ドア」から想像の世界に入っていく。眼前の平原をずっと進んでいくと、「ひよ鳥《ピンソン》」という名の乳製品工場に着く……。ＰＩＮＺＯＮの「Ｏ」の字から入っていき、大急ぎで地球の内部へ下りると、いつもそこに「私の心の中の友」が待っている。姿かたち、顔色も覚えてはいない。しかし、女の子が陽気で――よく笑ったことは覚えている。音はしなかった。女の子は機敏で、まったく重さがないかのように踊った。踊りまわる女の子につきまとい、悩みを話す。どんな悩み？　覚えていない。しかし私の一声で、女の子は私のすべてがわかるのだ……。帰りも、窓ガラスに描いた同じドアを通って戻る。いつ？　どれくらいの時間一緒にいたのか？　わからない。一秒、それとも何千年だったかも。私は幸せだった……。「ドア」を手で消すと、それは「消失」する。秘密と喜びを抱いたまま中庭の反対側の隅まで走っていき、いつもの杉の木の下の同じ場所で、叫び、笑う。そして自分が大変な幸せに包まれ、あの女の子との生き生きとした憶い出を抱きつつ、独りでいることに驚くのだ[1]。

この空想の中の女の子に会える場所が乳製品工場というのはとても意味深い。それは彼女が欲して得られなかったものの象徴でもある。のちに彼女は「乳母と私」という、おとなの顔をした自分がインディオを思わせる乳母からお乳をもらっている絵を描いている。しかしその乳母の顔はまるで死の女神にように不気味である。またその顔は左右の眉がつながっているという点で、フリーダ自身のようにも見える。そこには母からの栄養をもらえなかった者の悲しみがある。

小児麻痺が癒えたあと、父親はフリーダの機能訓練のためにあらゆる運動をさせることになった。しかもサッカー、ボクシング、レスリングなど、女の子が普通しないようなものばかりであった。彼女は父親の期待に応えて頑張り、過剰補償的にお転婆娘になる。しかしその背後には無力感、空虚感があったに違いない。小児麻痺のために細くなったままの右足についてはいじめられたし、彼女自身コンプレックスをぬぐえなかった。表面的にはいつも果敢で勇ましいが、その内面には傷つきやすく孤独で寄る辺ないもうひとりの自分がいる。「ふたりのフリーダ」がいつもそこにいた。

2 ❈ 青春の自画像

図2　「ベルベットのドレスを着た自画像」1926年

次の作品（図２）に進もう。暗い画面の中から情熱的な眼差しの美しい若い女性がこちらをじっと見つめている。彼女はその熱い眼差しで何を訴えかけようとしているのだろうか。これはフリーダが描いた最初の自画像である。この絵を描いたのはどのような女性だとあなたは想像するだろうか。

フリーダは優秀な子どもだった。一五歳でメキシコ最高の教育機関、国立予科高等学校に、医学部への進学も考慮に入れたうえで入学している。学生二、〇〇〇人中、たった三五人の女子学生のひとりとなったのだ。このような知的専門職を目指すこと自体、父親の見果てぬ夢の肩代わりだったのかもしれない。彼女は女子学生は相手にせず、「カチュチャス」と呼ばれる反逆的精神で頭脳的な悪ふざけをするグループに入って活動していた。三歳年長のカチュチャスの傑出したリーダー、アレハンドロ・ゴメス・アリアスはフリーダの大事な最初の恋人となる。フリーダが入学した年、予科高等学校の大講堂では当時三六歳のディエゴ・リベーラが壁画の制作にあたっていた。フリーダはフランス帰りのこの新進画家の制作現場の見物によく行っていた。これがのちに夫となるリベーラとの出会いである。自分が絵を描くことになるなどとは考えてもいなかった頃だったが、イメージに命を吹き込む画家の仕事ぶりに、フリーダは魅惑されていたのだろう。「私の夢はディエゴ・リベーラの子を産むことよ」と友人に語ったこともあったという。

一九二五年九月、一八歳のフリーダはアレハンドロとバスに乗っていて、事故に遭い、瀕死の重傷を負う。バスに電車が突っ込んできて、手すりの鉄棒がフリーダを串刺しにしたのだ。脊椎だけでも三ヵ所折れ、とても助からないと思われた。たぐい稀な生命力で彼女は蘇ったが、こののち彼女の一生は痛みと傷つきで貫かれることになる。死ぬまでの二九年間に三二回もの外科手術をすることになるのである。「フリーダは死につつ生きたのだ」と言う友人の言葉には真実味がある。

病院で意識を回復しても両親は病院に来なかった。娘の事故のショックで母親は一ヵ月の間口がきけなくなり、父親は悲しみのあまり病気になったからだという。娘を守れない無力な両親というべきだろう。むしろフリーダは「二人にこんな打撃を与えたことは、私にとっては四〇ヵ所の傷以上の苦痛なの」（傍点原文ママ）と自分を責めている[2]。姉のひとりが病院に駆けつけてくれたことがせめてものことであった。アレハンドロもまた病院に来なかった。フリーダは彼に切々とした手紙を書き続けたが、アレハンドロの心は離れていきそうだった。
不屈の精神でいったんは回復をみたものの、一年して病気は再発し、家に閉じこもる生活となったとき、彼女は初めて絵を描いたのである。父親のギリェルモは趣味で絵を描く人だったので、画材は家にあった。しかし積極的に絵を描くことを勧めたのは母親だったという。ベッド用の特別な画架を用意したのも、ベッドに鏡を取り付けてフリーダが自分の顔を見えるようにしたのも母親であったらしい。娘とはしっくりいかない母親ではあったが、ここでは母親の直観が働いたのであろうか。このときフリーダはアレハンドロに贈るためにこの初めての自画像を描いたのだった。それは愛する人をつなぎ止めるための贈りものであり、自分の分身そのものであった。小さいとき夢想の中で会話したもうひとりのフリーダが初めてイメージとして表現されたといえよう。画家フリーダ・カーロはここに誕生した。

この事故以来、身体的苦痛に耐えることはフリーダの人生の一部になった。痛みや苦しみをストレートに言葉に出すことはできない。自分の怪我によって母親が病気になったことをいつも人から責められているように感じていたからである。表面上は極端なほどに明るく快活に振る舞いながら、自分にしかわからない苦痛を抱えていくことになる。それをぶつける場所として絵を描くことはフリーダにとって唯一の生き抜く手段だったのかもしれない。フリーダはのちに多くの自画像を描くことになるが、その顔はよく仮面のようだといわれる。感情がうかがいしれない顔だからである。それは自己演出した自分であるが、同時にその仮面の下には苦痛がある。

一九二七年の末になって、フリーダはやっと自由に動けるほどに回復する。しかし半年後アレハンドロとの破局は決定的となる。フリーダが自分の描いた絵を抱えてディエゴ・リベーラに会いに行ったのは、その直後であった。彼女は自分が絵を続ける意味があるかどうかを尋ねたかったのである。フリーダにとって少女の頃に自分がその魔法の筆さばきに見ほれていたこの画家こそが自分の絵の才能があるかどうかの判断を委ねるにふさわしい人物であったのだろう。ここでのフリーダは積極的であり、挑戦的であり、また誘惑的でもあった。

3 ❖ 結婚

第三の作品（図3）を見てみよう。絵本の中に出てきそうな素朴な雰囲気の絵である。パレットと絵筆を持つ大きな男性のかたわらに、裾の長いテワナ衣装と呼ばれるメキシコの民族衣装を身につけた小さいフリーダがちょこんと寄り添っている。この絵はあなたにどんな印象を与えるだろうか。先の自画像の中のフリーダと、この絵の中のフリーダではどのような違いを感じるだろうか。

この絵の大男が当時すでに名をなしていた画家ディエゴ・リベーラである。彼は自分の前に突然絵を持って現れた若い女性に驚いたが、フリーダの絵の才能を認め、創作を続けるようにと励ました。ディエゴは彼女の絵にも、彼女自身にも魅了され、ふたりは結婚したのであった。この絵はフリーダが結婚記念画として描いたものである。夫の方に首をかしげた子どものようなフリーダはやっと頼れる人を得た思いであったのかもしれない。ここに描かれた彼女の足は自分で立つにはあまりにも小さい。彼女は結婚をすることでやっと安定を得ることができるのだろうか。

夫となったディエゴ・リベーラは一八八七年生まれ。小さい頃からその画才において天才の誉れ高く、一九〇七年から一四年間パリで過ごしたあと、帰国したのだが、その第一作が先の予科高等学校の講堂の壁画だったのである。彼はメキシコ人にはめずらしいヨーロッパの香りを持ち帰っていたはずで、フリーダはそこに自分の父親と同じ臭いをかいだのかもしれない。

ディエゴは肥満体型でどちらかというと醜い風貌をしていたが、非常に女性を惹きつける魅力をもち、女性との浮き名が絶えなかった。それは女性の本質を評価していたからだと思われる。女性はより感性に富み、より平和的で文明的である点において男性よりも優れていると公言していた。女性は彼と一緒にいれば、ありのままの自分を認めてもらえる気がしたのかもしれない。二〇歳も年が離れ、また体格的にも不釣り合いなところから「象と鳩の結婚」とも言われた。母親はこの結婚に反対だったため、結婚式に出席した家族は父親だけである。結婚衣装さえメイドから借りたものであった。父親ほどの歳の開きがあり、すでに画家として世に知られたディエゴとの結婚は、生活の保証を与えるものではあった。画家としてのその才能への尊敬もあった。そして何よりも彼女の絵を認めてくれた人であったことが、フリーダをこの結婚に踏み切らせた大きな要因であったのではないだろうか。生の基盤の弱いフリーダにとっては、生きていてもいいのだという保証を与えてくれる存在だったのかもしれない。しかしそれ

図3　「フリーダとディエゴのリベーラ夫妻」1931年

が幸せな結婚であったかどうかは、次のフリーダのことばが端的に表している。

> 私は一生のうちに二度、重大事故にあった。一つは電車が私をぶちのめしたあの事故であり……もう一つはディエゴだった。[3]

結婚は新たなる苦しみの幕開けでもあった。才能豊かな画家としての夫への敬愛は揺るぎないものがあったし、良き妻でありたいという願いも強かった。結婚してからの彼女は絵を描かず、天才の夫にかしずく若妻の役割に徹しようとした。歳の差があったにもかかわらず、夫の性格は天才にありがちな自己中心性と幼児性を残していた。フリーダは夫の母親役をいつのまにかとらされるようになっていく。結婚において彼女を苦しめたのは、ひとつにはディエゴの女性関係であった。夫はおおっぴらに次々と女性と関係をもったのである。さらに彼女を絶望させたのは、度重なる流産であった。おそらくは事故の後遺症のために、そして精神的な要因もありそうであるが、彼女は何度妊娠しても、子どもを産むことがかなわなかったのである。「子どもが産めない」ということに、フリーダは打ちのめされる。それは自分が母親になれないということへの失望でもあるし、夫の浮気をくい止める強力な武器ともなる子どもを得られないことへの落胆でもあった。

夫の仕事のために馴染めないアメリカ滞在中に体験した流産は、その苦しみそのままに「ヘンリー・フォード病院」という痛々しくも奇妙な作品として残されている。産褥のベッドの上に横たわった裸の女性から、赤い紐が胎児をはじめとしたいくつかのものにつながっているという図である。絶望の淵から這いあがる手段として、フリーダはふたたび絵筆をとったのであった。この作品において彼女は耐えがたい苦しみをそのまま絵にするすべを知ったのだった。それは正視するのが辛い作品であるが、そこにはメキシコの教会に見られる病気治癒などを感謝する教会奉納画（レタブロ）からの影響もあるといわれている。この作品を境に平然とした仮面の下の苦悩をもまた彼女は描くことができるようになったともいえるだろう。雄々しく困難に立ち向かうフリーダと、拠り所なく不安に震えているフリーダ。絵を描くことはふたりの自分をなんとか結びつける通路であり、手段であったのかもしれない。

　流産の痛手から三ヵ月後、乳癌をわずらっていた母親が危篤となる。フリーダは急いで汽車でメキシコに戻るが、一週間後母親は亡くなった。弔いを済ませて戻ったデトロイトで、フリーダは奇妙な「私の誕生」という絵を描いている。死んだ人のように顔に白い布をかぶせられた裸体女性の足の間から赤ん坊が生まれようとしているところを描いたものである。フリーダにとって横たわった女性も自分であり、生まれてくる子どもも自分だったようだが、そこには死の影がただよっている。「自分は本当にこの母親から生まれたのだろうか」「自分は生まれてきてよかったのだろうか」という問いかけは、いつもフリーダのこころのどこかにあったようだ。

4 ❖ ふたりの自画像

四番目の作品（次頁図4）を見てあなたは何を思うだろう。大きな画面いっぱいにふたりのフリーダが描かれている。先の結婚記念画と同じように画面のふたりは真ん中で手を結んでいる。ここではっきり見えないが、画面右のフリーダが手にしている丸いものはディエゴの子どもの頃の肖像写真である。

　この絵に対照性を見ることもできるだろう。ヨーロッパ風の衣装とメキシコのテワナ衣装が表しているように、彼女の血の中のふたつのルーツや、彼女の傷つきやすさと大胆さを思い浮かべることもできるだろう。

図4　「ふたりのフリーダ」1939年

むき出しの心臓やしたたる血は痛々しいが、フリーダの顔は感情が読みとれない。子どもの頃空想の中でもうひとりの自分に会うことで慰めを得ていたフリーダである。この「ふたりのフリーダ」という作品は、どんな思いで描かれたのであろうか。

　度重なる夫の裏切りは彼女を苦しめたが、なかでも夫が自分の愛する妹のクリスティーナと関係をもったときには、立ち上がれないほどの衝撃を受ける。夫は、フリーダがアメリカに残りたかった彼を無理にメキシコへ帰国させたためにこんなことが起こったのだと開き直ったため、フリーダは自分をも責めたのである。彼女はついに家を飛び出し、別居することになる。またトレードマークの長い髪をばっさり切ってしまったり、衝動的にニューヨークまで逃避行したこともあった。この苦しみの中でフリーダは絵を描くことすらできなくなってしまっていた。彼女が長い沈黙のあとで描いた絵は「ほんの一刺し」という、ベッドの上でずたずたに傷つけられた裸の女性が横たわるものであった。それは女性を惨殺した犯人がつかまったときに、「ほんの一刺ししただけさ」と言ったということから得た題材ではあったが、フリーダの当時のこころの傷つきをまさに表したものといえるだろう。フレームにまで血の飛び散ったこの絵は、目をそむけたくなるようなものであるが、これを描くことで、フリーダはやっと自分の気持ちに整理をつけたようにも思われる。妹を許し、夫との間で相互に干渉し合わない自立した結婚にしようとの話し合いがなされた。

フリーダにとって夫のディエゴは絶対ではあったが、浮気っぽい性向はもともとフリーダにもあった。夫の決定的な裏切りのあとには、フリーダのブレーキもはずれた感がある。自分のことは棚に上げて嫉妬深いディエゴにはわからないようにではあったが、彼女は次々と恋人をもった。そしてそのときの協力者が妹のクリスティーナであったのである。亡命してきた夫の敬愛するトロツキーを誘惑したのも、夫への当てつけがあったのだろう。夫婦の間は泥仕合の様相を呈してくる。

フリーダの画家としての評価は少しずつ高まり、一九三八年にはニューヨークで個展が開かれている。その案内文にはシュール・レアリストのアンドレ・ブルトンが大げさな推薦文を寄せている。そして翌年にはパリにおいても彼女の作品が展覧された。シュール・レアリストに賞賛されたものの、フリーダの作品は夢幻的潜在意識を描こうとしたシュール・レアリズム（超現実主義）とはまったく性格を異にすることは、大方の認めるところである。彼女の作品は彼女にとっての現実にほかならない。

ニューヨークとパリでの展覧会のあと、メキシコに帰国したフリーダを待っていたのはディエゴからの離婚要求であった。そして離婚の書類が届いたのは、まさに先の「ふたりのフリーダ」という作品を仕上げているときだったのだ。離婚の理由ははっきりしないが、ある意味でフリーダは画家として自分の足で歩き始めようとした時期でもあったとはいえるだろう。実際、彼女は帰国後いっさいリベーラからの金銭的援助を受けていなかった。「ふたりのフリーダ」は自立する自分を励ます絵であったかもしれない。しかしそのこころからは血がしたたっている。夫から求められた離婚はフリーダにとって絶望を意味した。

5 ❖ 傷だらけの自画像

フリーダが三七歳のときに描かれた第五の作品（図5）からあなたは何を感じるだろうか。ひび割れた荒野にただずむフリーダの身体の中心の柱は何ヵ所も切断され、身体の姿勢はコルセットでようやく保たれているようだ。身体じゅうに大小の釘が刺さっており、無表情な顔からはただ涙が流れ落ちている。

この絵はその痛々しさにおいて衝撃的である。ただ静かな表情ですっくと立っているその姿は痛みを甘んじて受ける殉教者のようでもある。だからこそこの絵は見る者のこころを揺さぶるのであろう。

フリーダにとってディエゴはすべて、すなわち生きる意味だった。それゆえ離婚によってすべての基盤が崩れる思いをしたのではないだろうか。絶望のあまり毎日一本のブランデーの瓶をあけるような生活が続く中で、背骨の痛みが耐えがたいものになっていき、再手術の必要性が取りざたされるようになる。彼女の身体病状の悪化とディエゴとの不仲とは明らかに相関があった。それを指摘したのは古くからの夫妻の友人で医師のエラーサー博士で、離婚が病気悪化の原因だとして、ふたりに復縁を勧めた。そこで離婚から一年後には再婚することになる。その再婚に当たっては、女友達の助言もあり、フリーダは家計を折半する、性的な関わりをもたないなどの条件を出していた。

結婚一五周年の記念にフリーダが製作した「ディエゴとフリーダ　1929-1944」という作品は、ディエゴの顔の左半分とフリーダの顔の右半分をくっつけてひとつの顔にした奇妙な作品である。フリーダにとってディエゴは自分の一部にまでなっていたのかもしれない。

フリーダは画家としてメキシコでも評価されるようになってきていた。メキシコの文部省絵画彫刻学校（通称ラ・エスメラルダ）で教えるようにもなり、学生の個性を尊重する、ユニークな指導ぶりを示した。しかし病状悪化のため教師の仕事は長くは続けられなかった。再婚後ディエゴとフリーダは一緒に新生活を始めたはずだったが、結局ディエゴの足は遠のいていく。フリーダは背骨と足の痛みの激化のために、絶対安静と鋼性コルセットの装着を命じられていた。エラーサー博士から「手術願望症候群」と診断された頻回の手術は、確かにディエゴの気持ちを自分に向かせるためのものであった。しかしそれだけではなく、フリーダにとっては生の実感を得るためにも必要であったと思われる。また苦痛にひたすら耐えるマゾヒズムともいえる態度に、自己懲罰的な意味を見ることもできるかもしれない。彼女は苦痛に耐え、そして苦痛を描くことで、そこから距離をとろうとした。エレーラはフリーダが鏡に向かって自己像を描くときに、鏡に写ったイメージとしての自分が、同じ自分であるにもかかわらず苦痛を感じていないということこそが重要であったのではないかと指摘している[4]。それは小さい頃からお馴染みのもうひ

図5　「折れた支柱」1944年

とりの自分であり、どんなに現実に自分が苦しくても、その苦痛をまったく感じないで笑っていられる自分なのである。

6 ❈ 光と影

次の作品（図6）をどう見るだろうか。もうお馴染みのひび割れた荒野であるが、画面は光と影に二分されている。光の当たる方には手術台の上に背中の大きな傷を見せて横たわるフリーダがおり、かたや影の方には華やかなテワナ衣装で着飾ったフリーダがいる。そのフリーダがコルセットとともに手にもった小さな旗には「希望の樹、しっかりと立て」と書かれている。

図6　「希望の樹、しっかりと立て」1946年

「希望の樹、しっかりと立て」とは歌詞の一節だというが、フリーダが常々友人たちに語っていた、いわばフリーダのモットーともいうべきことばだったらしい。それは自分自身

を励ますためのことばだったのだろう。この絵では傷つきが太陽の光のもとに明らかにされ、平静なフリーダは影の方にいる。普段表面上は強がっているフリーダからしたら、逆のような気がするが、苦痛が覆いきれないほど強いものになってきたのかもしれない。あるいはこの反転はユングの言うエナンティオドロミア（★注1）であり、どん底の中での大きなシフトが起こったのであろうか。一歩先にある奈落は、フリーダの置かれたぎりぎりの状態を示しているともいえるし、また分裂したふたりのフリーダを統合する可能性をも感じさせる。背中の大きな傷はひび割れた大地と通じており、彼女の傷つきが普遍的な意味をもち始めたことをも示唆しているようだ。

「折れた背骨」を描いた二年後に、フリーダはニューヨークで大手術をしている。骨盤から摘出された骨一本と長さ一五センチの金属棒を使って、四本の椎骨が接合されたのである。この手術は大変な痛みで、フリーダは大量のモルヒネを投与される。そのためにフリーダは生涯その中毒症状をもつことになってしまった。しかも手術は明らかに失敗だったらしく、いつまでたっても背中の痛みはフリーダを解放しなかった。「希望の樹」はこの時期に描かれたものである。絵を描くことで自分を奮い立たせようとしたのだろうか。結局一年後にフリーダは、メキシコで再び椎骨接合手術をしなければならないことになったのであった。

7 ❖ 苦悩から愛へ

最後に見ていただくのはフリーダが四二歳のときの作品（次頁図7）である。この絵を見て感じるものは何だろうか。

　この絵の長い題名にあげられている最後の名は犬の名であろう。「希望の樹」と同じように、ここでもまた

図7　「愛は世界と大地(メキシコ)、私、ディエゴそしてセニョール・ソロトルを抱擁する」1949年

太陽と月、光と影に二分された画面であるが、フリーダはそのふたつの世界を結ぶように赤子となったディエゴを抱いて位置している。そして彼女もまた太地母に、そして宇宙に抱かれている。

夫ディエゴの不実に苦しみ抜いたあげく、彼女は自分がディエゴの母親となることで、すべてを受け入れようとした。彼女は夫と恋愛関係にある女性たちと友情を結ぶようにさえなる。母からの食べ物をもらえずに、お腹をすかせ愛情を求め続けたフリーダは結局、自分が母となることで、自分もまた宇宙に抱かれる実感をもてたのであろうか。ここでふたりのフリーダはやっとひとりになれたようでもある。宇宙の万物は相互に連環するという考えによって、フリーダは自分が流した血や涙もまた大地に注ぎ、大地を潤すとして、苦しみの意味を捉えようとした。

このような境地に達したにもかかわらず、フリーダの晩年は過酷だった。彼女は死ぬまで苦しみ続けた。「愛は抱擁する」を描いた翌年には、病状が悪化して六回の手術を受けている。一九五三年にはメキシコで個展が開催されるが、そのオープニング・パーティーにはベッドのまま運びこまれる状態であった。そのうえ壊疽《えそ》のために片足切断がまぬがれないことを告げられたのだ。日記には「飛ぶ翼あれば、何故にこの足を欲するや」と書きながらも、絶望したフリーダは自殺未遂をくり返すようになる。彼女は死を「巨大な、じつに静かな出口」と呼んで、早くそちらに行きたがった。片足を切断したあとも、薬が切れたときなど、彼女の痛みとの闘いは周囲の人が見ていられないほどであったという。彼女は少しでも状態がいいと、ベッドに取り付けた画架に向かって絵を描こうとした。最後に描かれたのは生き生きとしたスイカの絵であり、死の八日前に、その絵に「生命万歳」という字が書き込まれた。永眠は四七歳の誕生日の七日後のことである。死因は肺塞栓症との発表であったが、日記の最後の頁には昇天する黒い天使が描かれ、「出口の楽しからんことを望む――二度と帰らぬことを望む――フリーダ」とあった。

おわりに――フリーダという奇跡

七つの作品をじっくり味わっていただけただろうか。そしてそれぞれの作品を目にしたとき、自分のこころに起こったことに注目をしていただけただろうか。今七つの作品を見終わって、あなたなりにひとりの女性のイメージが形作られていればいいし、フリーダ・カーロという女性の生涯とそれぞれの作品がどう結びついているのか、少しは理解できていればいいと思う。

最後にフリーダ・カーロについて若干の心理学的な補足をしておきたい。幼少期、彼女は母親の世話を十分に受けることができなかった。だからお父さん子になったのか、父親が溺愛したから母親が引いたのか、それはわからない。しかしフリーダの容姿が父の亡くなった母親によく似ていたことは、父がフリーダを特別視した要因であると考えられなくもない。フリーダは父親のさまざまな思いを一身に負わされることになった。しかし母親とのつながりの弱さは、基本的安定感の欠如をもたらすことになる。さらには父親との精神的な近親相姦は、母親との三角関係を生じ、母親に対するアンビバレントな感情とともに、罪悪感をもたせることになる。幼い頃に信心深い母親の影響で受けた宗教教育は、そうした罪悪感を強める働きをしたであろう。そして、フリーダが一生の間、ただただ痛みに耐えたのも、どこかでそれが当然の報いであるかのように、自分を罰する気持ちがあったからかもしれない。

父親にとって息子の代わりでもあったフリーダは父親の期待に応えるべく、頑張ったに違いない。雄々しく人生に立ち向かおうとした。しかしこころの奥には拠り所のない寂しさや不安が常に彼女を脅かしていたのだろう。度重なる病気や事故などの不運は、彼女の守りの弱さを示しているようだ。彼女は自分を大事にするすべを知らないのだ。

ディエゴは彼女にとって父親でもあり、母親でもあった。彼女の画才に賛辞を惜しまなかったディエゴをフリーダは生の拠り所にしようとした。しかしディエゴは簡単に彼女を裏切った。そこに両親との三角関係の反復を見ることもできる。[5] そしてフリーダは自分を罰するためにも手術を受け続けた。

フリーダにとって絵を描くことは、何よりも自分を確かめることであったに違いない。良い作品を世に残したいという野心はほとんどなかったようだ。絵を描くことは生の実感の不確かな彼女にとって、生き延びるための手段であったようにも思われる。それは自分の中のもうひとりの私を認めることであり、それを表現していくことによって、最終的に自分を総合していこうとしたのではないだろうか。光と影、太陽と月に表されるような、対立の構図は彼女の中のいわゆる境界性人格障害といえそうな心性を語っているにしても、彼女はそこから脱するべく苦闘し、最終的に自分の中に自分を守るものを見出そうとした。彼女の一生は壮絶な闘いだったといえる。その闘いに彼女は必ずしも勝利を得たとはいえないかもしれないが、彼女の絵をたどってみるとき、そこに人が生きていくということのはかりしれない重さと悲しみと、そして尊さが感じられるのではないだろうか。残された作品はひとつの奇跡である。

彼女の作品は個人的なヒストリーを語ると同時に普遍的な意味を持っている。フリーダの作品の最も良き理解者であることは間違いのないディエゴ・リベーラは次のように評している。

フリーダの芸術は個人的＝集団的なのだ。そのリアリズムはとてつもなく壮大なので、すべてが「n」次元を持つ。したがってフリーダは、己れおよび世界の内部と外部を、同時に描いているのである……。[6]

そこにはわれわれのこころの深い部分を揺さぶるものがある。

彼女の絵が特に近年脚光を浴びるようになってきたのには、彼女の絵の中に現代のわれわれにアピールする多くのメッセージがあるからにはかならない。はじめそれはフェミニストの女性たちの注目を集めた。そこに男性中心社会の中で傷ついた女性を象徴するかのようなイメージを見たのである。しかし彼女の作品は単に女性の問題だけに限らず、現代のわれわれが置かれている状況を象徴的に表しているともいえるのではないだろうか。干からびた大地と傷ついた女性のイメージは、女性的なたましいの源泉を失ってしまいそうな現代のわれわれに警鐘を鳴らすものでもある。われわれを取り巻く自然破壊や、起こってきているさまざまなこころの問題の背後にある女性的なたましいの枯渇について、それは訴えかけているようにも見える。彼女の絵はしばしば見る者を辛くさせる。それを見ることで身体的な感覚をも覚えることもあろう。それは人々がどこかに置き忘れてきたたましいを揺さぶるものでもある。そしてどんなに見るのが辛くても、そうしたものから目をそらさないでいくことが、現代のさまざまな問題に呑み込まれないために、われわれにできる第一歩なのかもしれない。

最後にもういちど七枚の絵をじっくり見直してほしい。そしてあなたのこころに起こってきたものをしっかりとこころに留めておいてほしいと思う。

[注]

★注1……ひとつの側に多くの力がかかるときに、ある基準を超えると反転して、それと反対の力が優勢になるという逆転現象。ユングは意識と無意識は補償的な関係にあるとして、このような現象が起こりうることに注意を促している。

[引用文献]

（1）Herrera, Hayden：*Frida: A Biography of Frida Kahlo*. Harper & Row, 1983.（野田隆、有馬郁子訳『フリーダ・カーロ――生涯と芸術』晶文社、一九八八、二九～三〇頁）
（2）同書、邦訳六三頁
（3）同書、邦訳一一五～一一六頁
（4）同書、邦訳三三七頁
（5）West, Jacqueline J.: Frida Kahlo: Dynamic Transformations. Proceedings of The 13th International Congress for Analytical Psychology, 1995.
（6）文献（1）、邦訳二五五頁

[参考文献]

（1）Drucker, Malka: *Frida Kahlo: Torment and Triumph in Her Life and Art*. Doubleday Books, 1991.（斎藤倫子訳『愛と苦悩の画家 フリーダ・カーロ』ほるぷ出版、一九九五）
（2）堀尾真紀子『フリーダ・カーロ：引き裂かれた自画像』中央公論社（文庫）、一九九九
（3）Jamis Rauda: *Frida Kahlo, Autoportrait D'une Femme*. Presses de la Renaissance, 1985.（水野綾子訳『フリーダ・カーロ――太陽を切り

とった画家』河出書房新社、一九九一）

（4）Le Clézio, J. M. G. : *Diego et Frida*. Editions Stock, 1993.（望月芳郎訳『ディエゴとフリーダ』新潮社、一九九七）

（5）Waberer, Keto von: *Frida Kahlo, Meisterwerke*. Schimer/Mosel GmbH, 1992.

（6）Zamora, Martha: *Frida Kahlo: The Brush of Anguish*. Art Data,1990.（北代美和子訳『フリーダ・カーロ――痛みの絵筆』リブロポート、一九九一）

3 ❖ メキシコにフリーダ・カーロを訪ねて

はじめに

ひび割れた荒野の中に佇む傷だらけの女性。フリーダ・カーロの描いた女性の姿は、見る者に戦慄を与えずにはおかない。それは彼女の自画像であるが、同時に多くの女性の心の奥に密かにうずく、長い歴史の中で負ってきた深い傷を、そして無意識の深みに長く沈められたままにあるその痛みのかすかな記憶を刺激する。そうでなければ、彼女の作品が近年特に、多くの女性の関心を集めることになっているという事実を十分に説明することはできないだろう。

心理療法という仕事を通して出会うことになった女性たちや、また女性としての自分自身の心の奥を覗き込むことによって、筆者はそうした女性の心の中に長年にわたって受け継がれていく深い傷つきに無関心ではいられない。それゆえにフリーダ・カーロの絵は、筆者にとって無視して通り過ぎることのできない意味をもつのである。

この特異な女流画家の生涯とその作品について、筆者が授業で取り上げたことはすでに報告した(1)。その授業を通して、それぞれの作品が描かれた背景を画家の個人史の中にたどっていくことは、それ自体がひとつの旅の過程でもあるように筆者には感じられるものだった。それはひとりの生身の女性の苦闘をなぞるような体験であり、ひとつの尊い魂の記録に触れる機会でもあったといえよう。

しかしながら、フリーダ・カーロという女性について、そしてその作品についても、彼女が生まれ育ったメキシコという土地を知らずには本当には理解できないのではないか、という思いもまた筆者は強くもつことになった。少しは馴染みのあるヨーロッパとは違い、メキシコという土地は筆者にとってまったく未知の世界であり、想像を超えるところがあったからである。

そこで今回アメリカに行く機会を利用して、メキシコへ足を伸ばすことにした。わずか数日の慌ただしい滞在であったため、それによってどれだけ理解が深まったかについては疑問の余地はあろう。きわめて不十分なのは当然である。しかしそれでもなおメキシコに足を運んだことで、フリーダ・カーロという画家に、ほんの少しでも近づけた気がしている。メキシコで得た印象が色あせないうちに、この旅の報告として、そこで筆者が感じたこと、考えたことをまとめておきたい。

1 ❖ 傷ついた土地

メキシコシティは標高二、二四〇メートルの高地にある、人口二、〇〇〇万人の大都市である。もともとその地は一三世紀頃から栄えたアステカ王国のテノチティトランと呼ばれた首都であった。それは大きな湖の中に神殿や塔、建物などが林立する美しい水の都であったという。しかしエルナン・コルテス率いるスペイン軍が一五一九年にベラクルスに上陸するや、次々とアステカの町々は侵略され、一九二一年にはついに首都テノチティトランも陥落して、それから三〇〇年の間、メキシコはスペインの支配下に置かれることになった。

コルテスが数百人という僅かな人員の軍隊をもって、一大王国を手中に納めることを可能にしたのは、メキシコの伝統においてきわめて重要な位置を占めるケツァールコアトル（羽毛をもった蛇という意）という神が、人間の姿をとって再来すると伝えられていた年にたまたまコルテスが上陸したために、当初アステカの人々はコルテスのことをケツァールコアトルに違いないと誤解したためだといわれている。アステカの王は自らコルテスの前に頭を垂れてしまったのである。

　しかしテノチティトランを占領したスペイン人がやったことは、湖を埋め立て、アステカの神殿や建物を徹底的に破壊し、その上にスペイン風の街を築くことであった。スペイン人にとっては、メキシコの人々が伝統的に行なってきていた、人間を生け贄にした宗教儀式ほどおぞましいものはなかったのであり、何よりもまずそのための神殿が破壊され、その跡に十字架や聖母マリアの像が置かれることになったのである。征服者たちがスペインの栄光を背景に、「ソカロ」と呼ばれる広場を囲むように築いた建物は、現在のメキシコシティの観光名所となっている。コルテスが本拠としていた国立宮殿や、メトロポリタン・カテドラルがその威容を誇るが、その横には「テンプロ・マヨール」と呼ばれる、テノチティトランの中央神殿の遺跡が発掘されていて、この地域一帯がアステカの美しい水の都の聖なる中心部に当たっていたことがわかる。カテドラルもまたケツァールコアトルの神殿を破壊し、その跡地に破壊された神殿の石材を用いて建てられたとされている。完成まで二〇〇年余の歳月をかけたというメトロポリタン・カテドラルはその大きさ、華麗さにおいて、植民地支配においてキリスト教会が果たした大きな役割を考えさせるが、湖の埋め立て地という地盤の悪さゆえに、今や床が傾いてしまっているというのも印象的である。

　このような少数の外来異民族による支配は、先住民族であるインディオの人々にとっては、古くからの文明をもっていた民族であったからなおのこと、大変に屈辱的なことであった。しかもそこに混血という事態が生じることになる。現在の多くのメキシコ人はそうした混血の民である。そしてこれこそがメキシコ人の複雑な心理状況を生んでいるといえる。混血であることは、過去の屈辱の歴史を決して白紙に戻すことがない。実際コルテスの通訳を務め、コルテスと関係を結んで最初の混血児を産んだとされるアステカの女性マリンチェは、いまだにメキシコ人に忌み嫌われているのだという。女性はその子どもを産むという機能において裏切り者の烙印を押されてしまったのである。メキシコにおいては母親（Madre）ということばは罵りのことばにもなるという。

しかも混血であるメキシコの人々の心の深い層には「征服者」と「被征服者」のその両方がある。加害者と被害者が同じ人の中にせめぎ合っているのだ。そこにはどこにも向けようのない、どうしようもない怒りと悲しさ、怨念と無力感が渦巻いているのではないだろうか。表面的には陽気で明るく、お祭り好きのメキシコの人々の背後にあるこの心の闇を知らないと、メキシコを理解することはできないのかもしれない。メキシコの大地は容易に癒えないほどに傷ついてしまったのだ。傷ついた土地に生きる明るい人々に、筆者はふと沖縄のことを思った。

2 ❖ 青い家

今回の筆者のメキシコ行きの第一の目的は、フリーダ・カーロの「青い家」を訪れることであった。それはメキシコシティの郊外コヨアカンにある、フリーダが生まれ、育ち、そして亡くなった家であり、現在は彼女の記念館になっている。あざやかなウルトラマリンに塗られたその家は、通りから入ると、広い中庭に面して建てられた、思っていた以上に大きな家であった。中に入ってまず目に付くのは、いたるところに置かれた彼女の夫ディエゴ・リベーラの先征服期の彫塑像のコレクションであるが、やがて壁に掛けられたフリーダの作品に目は吸い寄せられていく。ここに展示されているのは晩年の絵で、父親像などが目を引くが、何よりも彼女がその死の数日前に「生命バンザイ」と字を書き入れたというスイカの絵のあまりのみずみずしさは、自ら生命を絶ったともいわれるフリーダの無念さを思うとき、胸詰まる思いにさせる。

そこにあった絵の中で筆者が興味を覚えたのは家族画であった。「私の家族」という題で一九五〇～五一年の作品とある（図8）。それは彼女の身体がすっかり悪くなって、寝ていることも多くなった時期である。エレーラによれば、この作品は何年か前に書き始められており、病院に入院中にベッドの上で仕上げられたもののようだ。そして「家系図を描くことで、自分が文字どおり分解しつつあるという事実を慰めているかのようだった」と述べている。[2] フリーダは一九三六年にも自分のルーツを示すような「私の祖父母、私の父母、そして私」という家系図ともいうべき作品を描いているが、そこに描かれたフリーダはまだ幼い裸の女の子である（図9）。「青い家」で今回見た絵はそれに似て、自分の祖父母と両親が家系図風に描かれているが、微妙に前作品とは違っている。一九三六年の絵では第三世代は幼い自分ひとりのところを、ここでは自分の姉妹たちもまた描いており、それも決して若くない現実に近い姿として描いている。まだ顔を描かれていない右端の三人は恐らく甥や姪なのだろう。祖父母と両親は以前のものとほとんど同じイメージであるが、母方と父方の祖父母の位置が左右逆であったり、母方祖母が陰鬱な表情で描かれているのが目立つ。フリーダはなぜ二度も同じような絵を描くことになったのであろうか。それは自分の血筋を確かめる作業であったはずだ。実際彼女には多くの血が混ざっている。

陰鬱な顔をしたフリーダの母方祖母イサベル・ゴンザレス・イ・ゴンザレスはスペイン人将軍の娘であったが、父を亡くしたあと、修道院で育てられている。その彼女が結婚した相手、つまりフリーダの祖父はインディオ出身の写真家アントニオ・カルデロンである。ここにまさにメキシコ的な結びつきがあるともいえるが、誇り高いはずのスペイン人将軍の娘でありながら家庭を知らない女性にとって、インディオ出身の男性との結婚とはどのようなものであったろうか。

フリーダの母マティルデ・カルデロンは、イサベルとアントニオの間に生まれた一二人の子どもの長女で

図8　「私の家族」1950-51年頃

図9　「私の祖父母、私の父母、そして私」1936年

あった。美しいメスティーソ（混血）であるマティルデは長女らしくしっかり者であったが、修道院育ちの母親の影響だろうか、娘のフリーダがヒステリックと評したほどのやや狂信的な信仰心をもっていたという。その信仰厚い彼女が無神論者であるフリーダの父を結婚相手に選んだのも不思議ではある。自分の目の前で自殺した恋人のことが忘れられないままに、求婚され結婚したものの、彼女はフリーダの父を愛してはいなかったと娘の目には映っていたようだ。

フリーダの父方祖父母ヤコブ・ハインリッヒ・カーロとヘンリエッテ・カウフマン・カーロは、ハンガリー系のユダヤ人であり、宝石商としてドイツに暮らしていた。フリーダの父ウィルヘルムは、バーデン・バーデンに生まれている。長じてニュールンベルグの大学に入学したものの、てんかん発作を起こすようになり、また母親が亡くなって父親の再婚相手とはうまくいかないという、重なる不運によって一九歳の彼は故郷を捨て、遥かメキシコに移住したのであった。名前もギリェルモとスペイン語風に改め、二度とドイツには戻らなかったものの、メキシコ人になりきれたわけではなく、終生孤独を抱えていたようである。そしてその孤独についていちばん理解していたのはフリーダかもしれない。とはいえギリェルモが最初の妻を病気で亡くしたあと、二度目の結婚の相手としてしっかり者のマティルデを選んだのは幸運だったといえよう。なぜなら写真家としてある程度成功したのも、マティルデが写真家になるよう勧めたからであったから。二人の間に生まれた四人の娘のうちの三人目がフリーダであった。

一九五〇～五一年に描かれた「私の家族」という絵を見ると、父のギリェルモとフリーダの二人だけがどこか遠くを見るような表情をしている。外見はともかく、その内面においてはフリーダが最も多く父のものを受け継いでいることを示しているかのようである。その芸術的センスや病的な弱さと結びついた繊細さ、そしてその深い孤独をも含めてである。フリーダのこのような複雑な血統は、彼女の複雑なパーソナリティと無関係ではありえない。彼女は生まれつきの敏感さで、表層には現れない人々の深い心の底にうごめくさまざまな葛藤、矛盾、恨みや怒りなどを察知していたのではなかったろうか。

3 ❖ 祈り

「青い家」はフリーダの生まれる三年前に父親が建てたものである。フリーダは二二歳でディエゴ・リベーラと結婚するまではここで暮らし、紛糾した結婚生活を経て、父親が亡くなって住人の居なくなったこの家に三四歳のときに戻っている。夫と一緒にここで暮らしたこともあるが、夫はサンアンヘルの自分のアトリエで過ごす方が多かったようだ。子ども時代を過ごしたこの家は、フリーダを暖かく迎え入れたのだろう。中庭には多くの木が植えられており、はるか見上げるような大木はやさしい木陰を提供している。木々に集まった小鳥達の鳴き声はうるさいほどだ。子どもの頃空想の中でもうひとりの自分に会いに行き、空想から覚めると決まって中庭の端の木のところまで駈けていったというフリーダだが、その木はいったいどの木だったのだろうか。ふたたび住み始めたこの家をフリーダは自分の個性を活かしつつ、またディエゴの気に入るように飾り付けた。台所、食堂、寝室、アトリエなどは彼女の生前そのままに、今記念館として保存されているので、ふっと生きたフリーダがそのあたりから顔を出しそうな気さえする。彼女には自分の母親のように、有能な主婦を目指そうとした一面もある。彼女がお祭りの日に準備したといわれる料理のレシピを集めた本が出版されているほどだ。

記念館の見学で最も意表を突かれたのは、二階のアトリエへと続く広い階段室の二面の壁いっぱいに掛けられた、おびただしい数のレタブロのコレクションであった。数百はあるだろうか。レタブロというのは教会奉納画のことであり、病気などの厄災から神への祈りによって脱したときに、それを感謝する意味で、苦しかったときのことを詞書を添えた絵にして教会に納めるものである。日本の神社の絵馬ならば二、三枚分の大きさの小さな金属板の上に祈りを込めて一筆、一筆丹念に描かれたその絵は、素朴ではあるが、ひとつの民衆芸術としてすぐれたものである。しかし本来は教会にあるはずのものがこのような個人コレクションになるのはおかしなことかもしれない。それだけフリーダはこのレタブロについての思い入れが強かったに違いない。彼女の絵とレタブロの関連性はよく言われることであるが、実際この両者を見てみると、フリーダのきわめて精緻で繊細な筆遣いにまさしくレタブロと同質なものが感じられる。フリーダにとって絵を描くことは「祈り」ではなかったかと、筆者はそんな思いをもった。

　フリーダの母親は熱心なカトリック信者であり、父親は無神論者であったことはすでに述べた。フリーダは母親に連れられて、幼い頃から毎日のように教会に通い、カトリックの教育を受けている。実際思春期までは、その影響を強く受けていたかもしれない。大きな十字架を胸に下げた写真が残っている。しかし高校に進学して都会の空気に触れるようになり、また母親への反発もあったかもしれないが、彼女は宗教から遠ざかっていく。それとともに当時の政治的不穏状態や、芸術家との交流は彼女を共産主義へと向かわせた。そして彼女が結婚することになるディエゴは当時共産党の書記長だったのである。

　彼女のレタブロのコレクションにはマリア像が描かれているものが多い。マリア信仰はメキシコのカトリック信者の信仰において大きな位置を占める。一六世紀に貧しいインディオであるファン・ディエゴの前に現れ、彼のマントに自分の姿を浮かび上がらせたとされる有名な「褐色の」グアダルーペの聖処女マリアは今でもメキシコにおいては、カトリック信仰のシンボルともいうべきもので、その教会は夥しい数の巡礼者を集めている。しかしそのグアダルーペの聖マリアこそはアステカ人が信仰していた「神々の母」という意の「トナンツィン」という豊穣の女神が習合したものであり（マリアが出現した場所はトナンツィンをまつっていた丘である）、教会当局もキリスト教信者獲得のために、それを知っていて利用したことはよく知られている。聖処女マリアのイメージはインディオの人々を無理なくキリスト教へと向かわせただけではなく、彼らを見舞った過酷な運命の中に光を与えるものであったようだ。オクタビオ・パスは次のように述べている。

> 聖処女は貧民の慰め、弱者の盾であり、抑圧された人々の庇護である。要するに、孤児たちの「母」である。我々人間は皆、廃嫡された形で生まれており、我々の本来の状態は孤児であるが、このことはメキシコのインディオや貧民にとってはなおのことである。聖処女信仰は、人間一般の条件だけでなく、物心両面における具体的な歴史的状態をも反映している。そしてさらに、普遍的な「母」である聖処女は廃嫡された人間や未知の計りがたい権力、すなわち「よそ者」との間の仲介者であり使者でもある[3]。

それはマリンチェに象徴される傷ついた母性を補償するものでもあったのだろう。

メキシコに限らず聖母マリアはそれまでの太地母神への人々の信仰心を吸収するかたちで信仰を集めるようになってきた[4]。そこには女性的なスピリチュアリティを求める人々の心がある。キリスト教の枠を超えたその普遍的なイメージは、二つの異質な文化の橋渡しをするものというだけではなく、メキシコの人々の深い層にある、征服者であり、被征服者であるという抜き差しならない対立にも橋をかけるものであったのではないだろうか。

もしもフリーダが信仰をもち続けていたとすれば、彼女はもう少し楽に生きられていただろうか。彼女はどこか心の深いところではそれを望んでいたのかもしれない。そうでなければ、なぜこれほど多くのレタブロを集める必要があったのだろうか。彼女にとってマルクス主義はひとつの信仰のようなもので、彼女は単に信仰の対象を移しただけだという見方もある。しかし決定的に違うところは、彼女はそれによって聖母マリアで表されるような、女性的な護りを失ってしまったということなのである。信仰を捨てた彼女の病の床にはマリア像の代わりに、マルクス、エンゲルス、レーニン、スターリン、毛沢東の肖像写真が麗々しく飾られていた。これでは少々悲しすぎる、そんな気がしてしまうのは筆者だけであろうか。

4 ❖ メキシコ主義

遠い昔から輝かしい文明を築いてきたメキシコの人々が、メキシコ固有の文化を再評価し、それに誇りをもつのは大事なことである。一九一〇年のメキシコ革命に端を発する民衆運動の盛り上がりは、長かったスペイン支配ではびこったヨーロッパ文化崇拝主義を廃し、よりメキシコ的なものを目指して、スペインに征服される以前の美術工芸品や民衆芸術に人々の関心を向けさせることになった。ヨーロッパ生活の長かったディエゴ・リベーラは、なおさら故国の伝統に対して熱い思いを寄せ、帰国後は精力的な壁画製作で、そのメキシコ性を追究していくことになる。彼は自分で集めた膨大な先征服期の彫塑像のコレクションのために、博物館さえ作ってしまったほどである。ディエゴのこのメキシコ主義はフリーダとの結婚生活にも反映されないはずはない。

　フリーダはディエゴと結婚してから、テワナ衣装と呼ばれるメキシコの民族衣装を着るようになった。それは母親の出身地であるオマハカ地方でも、母権制社会が残っているテワンテペック地域の衣装で、非常に手の込んだ刺繍がほどこされた裾の長い、華やかで優雅な衣裳である。フリーダがなぜ特にその地域の衣装を好んだのかといえば、それがどこのものよりもまして豪華で美しいということもあるが、母権制社会のその地域の女性が非常に堂々としていることも、フリーダの目指した女性像としては大事だったのかもしれない。ディエゴがフリーダに求愛していた当時に、ディエゴが浮気した相手がテワンテペック美人だったということもあるらしい。しかし結局は熱烈なメキシコ主義者である夫を喜ばすためにその衣装を着始めたというのが本当のところではなかったろうか。エレーラによれば、「リベーラは、フリーダの血統のインディオ的側面を好んで強調し、彼女を真にインディオ的で、純真で「原始的」だとほめそやした」という[5]。フリーダはその期待に応えようとテワナ衣装に身をまとい、それを自己演出の道具とし、ついにはそれと一体化するほどになる。

しかし前にも述べたように、フリーダの中にはさまざまな血が流れている。たとえば彼女が多くのものを受け継いだと思われる父親は、ヨーロッパ出身のユダヤ人である。彼女の中のその部分はディエゴとの結婚生活の中でどれほど認めてもらえていたのだろうか。それは孤独で、デリケートで、容易に壊れそうな彼女の中の弱い部分だと思われる。彼女は自分

図10「私の父の肖像」1951年

のその部分を絵の中に塗り込むことしかできなかったのかもしれない。

青い家もまたディエゴの先征服期のコレクションで埋まっていることはすでに述べた。その中庭にはピラミッドさえ築かれている。そんな中で過ごしながら、もう体調も悪化しているフリーダが自分の血筋を確かめるように先にあげた家系図的な絵（図8：「私の家族」1950-51）や、父親の肖像（図10：「私の父の肖像」1951）を描いた気持ちがなんとなくわかるような気がする。そうすることで彼女は、せめて自分の中の父親から受け継いだ部分を認めてやりたかったのではないだろうか。父親の肖像の背景に受精卵のようなものが描かれているのも、それを示しているのかもしれない。

5 ❖ 日記

青い家の展示物の中のガラスケースには彼女が一九四四～五四年にわたって、つまり死の前一〇年間にわたって書いた絵入りの日記帳が納められている。それは今では復刻出版されているため、その一頁一頁を間近に見ることができる。それは飾りたてたり、強がって平静を装うような外に向けた彼女とは違う、より生身の彼女をうかがい知ることのできる貴重な記録であるといえるだろう。その三分の二は色あざやかな絵が描かれており、こころの奥から噴出したようなさまざまな表現は、決して手を抜かずに精巧に完成された彼女の絵画作品とはまた違う、より生々しい形での魂の記録である。

この日記においてもフリーダのディエゴに対する執着は相当なものがあり、それはよく引用される次の詩が物語っている。

ディエゴ　始まり
ディエゴ　築く者
ディエゴ　私の子ども
ディエゴ　私の男友達
ディエゴ　画家
ディエゴ　私の恋人
ディエゴ　〝私の夫〟
ディエゴ　私の友
ディエゴ　私の母
ディエゴ　私の父
ディエゴ　私の息子
ディエゴ　〝私〟
ディエゴ　宇宙
統一の中の多様性

しかしその後に、「なぜ彼を私のディエゴと呼ぶのだろう？　彼は決して私のものではなかったし、私のものにはならないだろう。彼は彼自身に属している」との苦い洞察が記されてもいるのである。[6] 書くことによって彼女は内省し、何らかの気づきを得ることもできていたのかもしれない。幼い頃、空想の中で窓に息を吹きかけて描いたドアを通ってもうひとりの自分に会いに行ったというエピソードも、この日記に見られる

図11　日記の中の絵　1953年頃

ものである。

日付が記されることは少なく、何かふと思いついたときに書いたのであろうこの記録は、後半の病状の悪化とともに、病気と闘いながらもくじけそうになる気持ちを吐露する場にもなっていく。一九五〇～五一年には七回の手術を受けたことが記されているし、特に一九五三年六月に片足を切断する前後からは絶望感が漂い、死を望む表現が増えていく。また痛み止めのモルヒネによる中毒で、彼女の筆跡や描線は乱れていく。一九四六年には「希望の樹、しっかりと立て」という絵（二〇八頁図6）で、傷つきながらもすっくと佇んでいたフリーダは、一九五三年の日記では、もう背中を起こす気力はないかのように横たわっている（図11）。そしてやっとのことで立っている木は立ち枯れてしまっている。そこに書かれた「毒の色。すべてがひっくり返っている。私？　太陽と月、足とフリーダ。」[7]とは何を意味しているのだろうか。

この日記の最後の方の頁で、彼女は今度はまたことばによって、自分の血統について書き記し、自分の祖父母や両親について紹介しているのである。そして父親については、病気持ちであり、一、二ヵ月に一回はてんかんの発作を起こしていたことを述べつつも、そのやさしさと、仕事に対する職人魂を讃え、彼女が幼い頃からもっている世の中に対する不安についてのよき理解者であったことを述べている。自分の血統についての再度の確認作業によって、彼女は自分の内に流れる父の血筋を、そして自分の中の弱さを、少しずつ認めていったのだろうか。

おわりに

メキシコシティの郊外に、リベーラと親交のあった富豪ドローレス・オルメド・パティニョの美術館がある。そこでは彼女が集めたリベーラ作品の一大コレクションを私邸を解放して見せているのである。パリ在住の頃の印象派風の作品から、フリーダ没後の晩年に描かれたアカプルコの海に沈む日没風景の連作までの作品が所狭しと展示されており、リベーラという画家の多面的で華やかな才能を十分にうかがい知ることができる。

しかしその中で一室だけ、凛とした別の空気が流れる部屋がある。それがフリーダ・カーロの作品が集められた部屋である。見ていると胸が痛くなるような「ヘンリー・フォード病院」や「ほんの一刺し」、印象深い「乳母と私」、代表作である「折れた支柱」などが並んでいる。こうした絵は一見したところではショッキングな即物的な表現をとりながら、そこに塗り込められたものには深く胸を打つものがある。「スピリチュアル」と言ってもいいのかもしれない。「折れた支柱」に矢を受けて佇む聖セバスチャンの受難のイメージを重ねる人が多いのもそのためなのだろう。彼女の絵はやはり「祈り」というのが相応しいと、筆者には思われた。その中でもいちばん味わい深いのが、フリーダ自身も気に入っていたという「ドニャ・ロシータ・モリリョ・サファの肖像」である。編み物をするこの老婦人の印象的な大きな手は、見る者をほっと安心させる何かがある。この安心感こそ、フリーダが生涯欲して得られなかったものなのかもしれない。

　作品を見終わったあと、オルメドの邸宅の孔雀の群れる広大な庭園を歩きながら、筆者はメキシコシティからテオティワカンのピラミッドへ行く途中の山肌にびっしりと張り付いている果てしないスラムのイメージを思い浮かべた。この埋めようのない貧富の差という矛盾、そして共産主義者のリベーラのパトロンが大富豪だという矛盾、被征服者が征服者の血を分けているという矛盾、傷ついた大地のもつ光と影、太陽と月……。メキシコという国は大いなる矛盾に満ちている。メキシコの人々はこの矛盾を抱えながらも、それを無視するか、気づかないふりをして、どこか刹那的に生きる方法をあみ出したのかもしれない。たとえばフリーダの夫「嘘つき」ディエゴのように。そしてフリーダ・カーロはこの矛盾の国で生き抜くためには、あまりに敏感で生真面目過ぎたのだろうか。

　オクタビオ・パスはメキシコ人の心の中核にある孤独について述べている。[8] 一見陽気なメキシコの人々は、実は容易には他者に対して心を開けない人々であり、仮面で武装せざるを得ないのだと。その点でフリーダは典型的なメキシコ人のようにも見える。しかしフリーダの孤独は、父親譲りのその敏感さゆえに、見なくてもいい矛盾が、その間の深い奈落が全部見えてしまったことにあったのではないだろうか。彼女の一生はその深い溝をなんとか埋めようとした一生だったのかもしれない。それが彼女の絵を描くという「祈り」だったのだろう。

　しかし一方でメキシコでは、マリンチェ以来呪われた女性という性にとって、自己の同一性をもつことは困難であり、ただ許される女性のあり方は堪え忍ぶことなのだともいわれる。[9] そしてフリーダは「堪え忍ぶ女性」という、メキシコの女性に期待された女性像から、すっかり自由になることはできなかったともいえるだろう。彼女は夫ディエゴの裏切りによって再三傷つけられながらも、自分がディエゴの母親になることで、それを受け入れようとした。それが彼女の心の平安を必ずしももたらさなかったのは、彼女はそうすることでまだ自分の魂を裏切っていたからなのかもしれない。彼女の魂が本当に望んでいたのは、夫の母親になることではなく、「自分自身に属する」自分という感覚であり、「彼自身に属する」夫との対等の関係だったに違いない。

［引用文献］

（1）豊田園子「七枚の絵が語るこころの軌跡——フリーダ・カーロの作品から」京都文教大学臨床心理学科編『ザ・臨床心理学科——大学で何をどう学ぶか』創元社、二〇〇〇a

（2）Herrera, Hayden：*Frida: A Biography of Frida Kahlo*. Harper & Row, 1983.（野田隆、有馬郁子訳『フリーダ・カーロ——生涯と芸術』晶文社、一九八八、三七五頁）

（3）Paz, Octavio : El laberinto de la Soledad. 1950. Posdata, Mexico, 1970.（高山智博・熊谷明子訳『孤独の迷宮——メキシコの文化と歴史』法政大学出版局、一九八二、八六頁）

（4）豊田園子「癒しの象徴としてのマリア」生駒孝彰編『宗教と癒し——救いの手がかりを求めて』三五館、二〇〇〇b

（5）文献（2）、邦訳一一〇頁

（6）Kahlo, Frida: *The Diary of Frida Kahlo: An Intimate Self-Portrait*. Abradale Press, New York, 1995, p.235.

（7）Ibid., 271.

（8）文献（3）（メキシコ人の孤独はこの本全体のテーマであり、頁が特定できるものではない。）

（9）同、邦訳八六頁

［参考文献］

（1）Bennholdt-Thomsen, Veronika (ed.): *Juchitan-Stadt der Frauen*. Rowohlt Taschenbuch Verlag, 1994.（加藤耀子他訳『女の町フチタン——

メキシコの母系制社会』藤原書店、一九九六)

(2) Gruzinski, Serge: *Le Destin Brisé de l'Empire Aztèque*. Gallimard, 1988.(落合一泰監修『アステカ王国——文明の死と再生』創元社、一九九二)

(3) Herrera, Hayden: *Frida Kahlo: Las Pinturas*. Editorial Diana S. A. de C. V., 1994.

(4) Kettenmann, Andorea: *Frida Kahlo 1907-1954*. Benedikt Taschen Verlag, 2000.(中村みつよ訳『フリーダ・カーロ1907-1954——その苦悩と情熱』タッシェン・ジャパン、二〇〇〇)

(5) Zamora, Martha: *Frida Kahlo: The Brush of Anguish*. Art Data,1990.(北代美和子訳『フリーダ・カーロ——痛みの絵筆』リブロポート、一九九一)

第6章

こころの探求としての心理療法

1 ❖ 夢と「内なる自分」との関係

1 ❖ 夢に現れる人々

(1) 内なる人間関係

　人はこの世に生を受けてから、どれほど多くの人々に支えられて今日までできたことか、そしてこれからも、どれだけの人々に助けられていくのだろうか。人は一人では生きていけない。このあたりまえのことが、一人ひとりの生活を複雑にし、喜びや悲しみ、怒りや悔しさといったさまざまな色調で人生模様を織り出していく。胸躍るような期待や熱い思い、はたまた奈落の底に突き落とされるような苦しみまでもが、人々との関係の中で体験されていくのである。人は人間関係の中で鍛えられ、成長していく。人は人間関係の中で磨かれ、人間としての輝きを増すのである。これは外的な社会生活の中だけで起こることであろうか。

　多くの人々との出会いの中で、できるだけ多くの人々を理解し、受け入れるようにしたいと思うなら、人はそれだけ大きな器にならなければならない。つまり自分を大きくする必要がある。小さく固まってしまった人は、他者をすんなりと受け入れることができない。自分の価値観に固執して、他の価値観を受け入れられない人は、必然的に人間関係は狭まって、多くの敵対者をつくることになる。自分を大きくするとはどういうことであろうか。それは自分の中にある弱さや卑怯さや、その他さまざまな欠点を十分承知したうえで、ありのままの自分を受け入れることである。それは自分の中にある多くの側面を知ることであり、いわば自分の内にあるさまざまな人間的な要素と良い関係をもつことなのである。これを内なる人間関係と呼んでみたらどうだろうか。

しかしながら、もし「あなたの心の中には、あなたの知らない多くの人たちが住んでいるのですよ」と言われたとしたら、「そんなばかな」と思う人も多いだろう。あるいは自分が多重人格の濡れ衣を着せられたように感じられるかもしれない。なぜなら特に問題もなく、普通に生活している人にとっては、自分は自分であって、そこに何の矛盾も困難も感じずにいられるし、疑いを差し挟む余地はないと考えるに違いないからである。それはそのとおりなのであるが、人は時として、自分でも思いがけない行動をしてしまうことがある。それは考えられないような言い間違いであったり、とっぴな反応だったりする。あるいは頭では心底ばからしいと思っていても、そうしなければいられないということもある。そんなとき、人はまるで自分の中に、自分とは別の人物がいるかのように感じるのである。たとえば、ある申し出を絶対に断ろうと堅く決心して出かけたのにもかかわらず、自分の口から出た答えは、まったくそれの正反対であった、ということさえ起こってくる。そして取り返しのつかない状況に自分自身を投げ込んでしまったことに呆然と立ちすくむのである。そんな答えをしてしまったのは、いったい誰なのだろうか。

(2) 無意識

フロイト（Freud, S.）はこうした現象を無意識の作用だと考えた。すなわち人が意識している自分以外に、人の心には意識の光の届かない暗黒の闇の部分があるのだということを仮定したのだ。そして無意識での抑圧が神経症を引き起こすと考えたフロイトは、その闇に沈んだものを意識に浮かび上がらせることによって、神経症を治療しようとしたのである。そのフロイトが夢に注目したのも理由のないことではない。意識的には作りえない夢の内容は、無意識の淵から意識の光の中にかすかに浮かび上がった心の断片であり、無意識の内容をうかがい知るための貴重な素材なのである。フロイトの『夢判断』を読んで、フロイトに接近したユング（Jung, C. G.）は、フロイトがのちに夢よりも自由連想に重きを置いたのに対して、より積極的に心理治療に夢を取り入れることとなった。本論はユング派の立場から、夢に現れる人間関係を問題にしたい。

　自分の心の中にたくさんの、「自分」とは違う人々が生きていることは納得できない人でも、自分の夢の中に多くの人々が登場することを否定することはできないであろう。その中には家族や友人や職場の上司といった、現実生活の中で見知っている人もいれば、見たことも会ったこともないような人が現れることもある。見知った人といっても、ごく親しい人もあれば、もう何十年も会っていないような、名前もはっきり思い出せない小学校の同級生が突然現れたりもする。こうした夢に現れる人々をどう考えたらよいのだろうか。

　ユングは夢を捉えるときに、客観的レベルと主観的レベルとの両方の見方をすることが大事であるとしている。客観的レベルで捉えるとは、たとえば夢にあまり近づきたくないような苦手な職場の同僚が現れたとして、それを現実のその同僚と考えることである。それに対して、夢というのは夢を見た人の心の産物であるから、夢に現れるすべてが夢見手のこころ模様そのものを反映していると考える見方がある。これが主観的レベルでの見方であり、この場合、夢に現れた苦手な同僚というイメージは、夢を見た人の心の一部を表していると考える。つまり夢を見た人自身の中に、「その苦手な同僚」的な部分があるのであり、夢のイメージはその表出だと考えるのである。

　そこで、なぜその同僚のことがそれほどに苦手に感じられるのか、ということを考えてみることになる。客観的レベルだけで考えるならば、その同僚の嫌な部分が次から次へと思い浮かぶかもしれない。「だから本当にどうしようもない人なんです」という結論になったりする。だが、もしそれを主観的レベルで考えてみるならば、その同僚の属性と考えられていたものがすべて自分に帰ってくるのである。これはなかなか辛いことである。

(3) 影

ここでユングの言う影（shadow）の概念を説明する必要があるだろう。ユングの言う影とは、自分の中にあって、自分ではどうしても見たくない、認めたくない側面のことをいうのであるが、それは意識に昇ることなく、無意識の中に沈められている。そして、このように無意識に沈められたままにある影は、ふつう自分の周りの人に投げかけられる。つまり投影されるのである。自分の周囲にどうしてもあの人だけは受け入れられないという人がいるとすれば、それは自分が自分の影を投影しているだけなのかもしれない。実際にその人は思っているほど悪い人ではなく、その人に見ている悪い部分は、ほかでもない自分自身の要素かもしれないのである。それに気づくことは、他者に投げかけていた自分の影を自分で引き受けることで、「投影の引き戻し」と呼ばれる。

これは言葉でいえば、とても簡単なことのように聞こえるかもしれないが、人は自分の影をそう簡単に認められるものではない。認めたくないからこそ、無意識に押し込めているのであるから、それも道理である。それは実際には長い心理分析の過程を経て、ようやく部分的に達成されるに過ぎない。しかし、もし投影の引き戻しができて、たとえば先ほどの例でいえば、苦手な同僚の夢を見た人が、その同僚に投影していた影を自分で引き受けることができたなら、何が起こるだろうか。そうなればその夢を見た人は、その同僚のことを現実以上に悪く見ていたことに気づき、もはやその同僚のことを毛嫌いしたり、苦手に思ったりすることはなくなるであろう。すなわち夢を見た人とその同僚の現実生活での人間関係は改善されるのである。

　このように現実の人間関係を円滑にするためには、自分自身がこれまで意識してこなかった自分を認め、受け入れることが重要になる。それは自分の中のいろいろな自分を認めていくことであるから、内なる人間関係を良くしていくことともいえよう。外なる人間関係と内なる人間関係は密接に結びついている。そして内なる人間関係に目を向けるためには、夢の中で展開される人間関係に注目することがなかなか有効なのである。

(4) アニマ・アニムス

　さて、夢の中の人物像を考えるときに、影と並んで重要なユングの概念に、アニマ（anima）、アニムス（animus）がある。ユングの言うアニマとは男性の無意識の奥深くにある元型（archetype）で、女性として擬人化されるようなイメージであり、アニムスは逆に女性の無意識の深奥にある男性のイメージである。ここで元型というのは、人類の心の中に受け継がれている共通のパターンのことをいう。つまり簡単にいえば、アニマとは男性の内なる女性であり、アニムスとは女性の内なる男性である。アニマはラテン語で「魂（soul）」の意であるが、ユングは男性の心の奥深くにひそむ女性で表されるようなものこそ、男性にとっての魂だと考えたのであった。アニムスはその男性形ではあるが、むしろ意味としては「精神（spirit）」になる。これは、意識と無意識は相互補償的な関係にあるとするユングの基本姿勢から来ている。

　アニマ・アニムスは、影よりもさらに深い無意識の層にあるため、影よりもさらに意識化することが難しいとされている。また意識化されない場合には、影と同じように外界の他者に投影されることになるので、多くの恋愛騒動がここから生まれてくることになる。男性と女性がお互い相手に自分のアニマとアニムスを投影している間は、二人は互いにこれこそ理想の相手にめぐり会ったという思いでいられるが、それは互いの実像ではないために、早晩その幻想から目覚めることになり、こんなはずではなかったと思うことになる。

われわれの夜見る夢には、影もアニマ・アニムスも、さまざまな人物として登場する。夢の中に見知らぬ同性の人物が現れたら影だと考えるとよいとか、見知らぬ異性の人物が現れたらアニマあるいはアニムスだと考えたらよいとかいわれている。これはある程度は当てはまるが、必ずしもそうとは言い切れないところもある。ともあれ、夢にどのような人物が現れ、「夢の中の私」とどのような関係をもっているかに注目することは、内なる人間関係を考えるうえできわめて大事なことであり、ひいては現実での人間関係のためにも、多くの示唆を与えてくれるのである。以上のことを踏まえたうえで、本論においては一つのケース（事例）を中心に取り上げ、分析関係の中でクライエントが見た夢の中に現れた人間関係をたどり、それに伴って現実での人間関係がどう変化していったかを紹介したい。

2 ❖ 夢分析の事例

(1) 分析のはじまり

ここでは若い女性が、一年半にわたる分析の中で報告した一六の夢を取り上げる。まずは一つの夢から見てみよう。

夢1

タイヤに乗って川を下る。一つのタイヤに両親が乗り、もう一つのタイヤに、夢の中では知っているが現実には知らない男性と私が乗り、水の上をゆっくり行く。やがて川が二手に分かれたところに来る。その片方には「Not this course way」と英語で書かれた立て札があり、そちらへ行ったら危険なことを示している。ところがもう片方は、じきに水門でせき止められているのが見える。それで選択の余地なく、私たちは警告の立て札のある方に行く。両親は泳げないので、溺れても助けられるように先に行かせる。突然、川の流れが速くなって、滝が近いことがわかる。両親はもう滝に落ちてしまった。私たちもあわや落ちるというところで目覚めた。

これは二八歳の非常に知的で美しい女性が、初めて分析に訪れた際に語った夢である。彼女の名前を仮に真梨花《まりか》としよう。彼女が分析を受けようと思ったのは、未来の見えない恋愛問題に悩んでのことだった。真梨花は大学の助手をしていたが、彼女が今回恋に落ちた相手は自分の父親ほども歳の離れた既婚の教授（仮にＰとする）であった。上の夢は彼女がそのＰ教授に特別な思いをもつようになった頃に見たもので、分析に来る三ヵ月前の夢である。その後、彼女はＰに自分の気持ちを伝えたが、Ｐ自身彼女に惹かれていることは認めたものの、自分の結婚生活を大事にしたいと、彼女と特別な関係になることを断ったのだった。このことが真梨花をひどく落ち込ませたのは、このような状況になるのが彼女にとって初めてのことではなかったからである。彼女は高校生のとき、やはり既婚の高校教師と密かな恋愛関係をもっていたが、それも相手の男性が離婚までは考えようとしなかったために、失恋の痛手をもって終わっていたのだった。

この夢から、再び同じようなパターンで恋愛関係に入ろうとしている真梨花の状況について、いったい何が起こっているのかということがうかがわれる。そこには四人の人物が登場する。両親と真梨花、そして第四の人物として見知らぬ男性である。真梨花は両親とは別のタイヤに男性とともに乗り込むが、彼女の気持ちはまだ両親とともにある。そのため彼女は危険な道を選ぶよりしかたがないのである。男性と新しい関係に入ることによって、両親を失うという不安もどこかにあるかもしれない。親との関係については、母親の支配下からまだ自分が抜けられないということを彼女は問題にしていた。実際、彼女は一人住まいをしていても、母親とは毎日電話で話をしていた。

次の夢は、分析が始まってからのイニシャルドリーム（初回夢）である。イニシャルドリームには分析の今後の展望が現れることも多い。

夢2

農家に住んでいる家族が、状況をなんとか良くする話し合いのため、政治集会に出かける。政治はナチスの手に握られているのである。家族のうち娘だけが急いで家にとって返し、家のまわりに糞便をまく。その後、その家族が反政府活動をしているのではないかと疑っているナチスのメンバーが車でやって来るが、家のまわりに積もった雪とまかれた糞便を見て、この家族は家から出ていないと判断して帰ってゆく。……娘は再び家族と一緒にいる。外は春であり、家の前の木には白い花が咲いている。突然フーグリという名前の雄猫が家の窓から飛び出して、その木の上に登る。雌猫を求めているようである。家族の母親か祖母がそれを見て、「じゃあ、あの猫はフーグリではなかったんだね」と言う。フーグリというのは、雌猫を求めることのない永遠の命をもった特別な猫という意味だったのである。あの猫もいつか死ぬんだという思いで、家族は木の上にいる猫を少し寂しい気持ちで眺める。

この夢の中には真梨花は登場していないようだが、夢の中の娘は自分と同じぐらいの歳だと彼女は言っていることから、彼女自身と考えてもいいだろう。前半はナチスの独裁の下、ある種の緊張状態が漂っている。それは家族の中で常に良い子として、羽目を外すことなく、感情も押し殺してきた真梨花の心の状態を表しているようでもある。しかしこの夢の中で、娘はその機知によって、ナチスの餌食にならずにすむ。そして夢の後半は花咲く春になっている。これは分析の行く末についてのポジティブなサインかもしれない。しかしそこには同時に彼女の抱いていた一つの幻想の終焉があり、そのための悲しみも覚悟しなくてはいけないのだろう。

この間、真梨花とPの仲は少し進展する。夫人が海外旅行に出かけた間に、Pは彼女の招待を受けて、彼女のところで夜を過ごしたのである。その晩、真梨花は次のような夢を見た。

夢3

私は誰か女性と森の中にいる。そこに大きな毛むくじゃらな獣がいて、私はそれを別に怖がってはいないのだが、その女性はその獣はとても危険で、私に噛みついて痛い目に遭わせるだろうと言う。その獣は近寄ってきて、私の手や足に噛みつくが、それはむしろ遊び半分で、愛撫するような感じでもある。しかし、それでも私はその獣が突如獰猛《どうもう》になって私を傷つけるようになる可能性があることも承知していた。獣は私から遠ざかったり、接近したりする。もう一人見知らぬ男がいて、私に警告をし、獣を私から遠ざけようとする。彼は私が獣に傷つけられることを確信していた。

この夢について真梨花は、「獣については、いつ豹変するかもしれないという恐れもあって、複雑な気持ちだった。夢の中の男女は獣から私を守ろうとするが、実際のところはうまくいかない。何かが起こりそうなときに目覚めた」と付け加えている。

この夢には夢1と同様に四者関係が現れている。すなわち真梨花の他に、誰かわからない女性と男性がいて、そして第四の存在として大きな獣がいるのである。これはプリミティブな男性イメージであろう。真梨花を獣から守ろうとする男女は、両親のイメージもあり、真梨花が男性と新しい関係をもつことを妨げようとする。そして真梨花自身が男性と関係を結ぶことに惹かれながらも、同時に恐れをもっていることをこの夢は示しているようである。

(2) 影としての義理の妹

真梨花には歳の離れた姉が二人いるが、彼女が二歳のときに、彼女の母親は真梨花と同い年の女の子を里子として引きとり、世話をすることになった。初めは短期間のつもりであったが、その子が他の里親の家ではなつかなかったために、また世話を引き受けることになり、結局その子は一七歳までほとんど真梨花の家にいたという。その子の名前を仮に摩耶《まや》と呼ぶ。二人の女の子は小さい頃から姉妹のように育ったのであるが、もう長いあいだ摩耶の音信は途絶えているという。その摩耶が突然真梨花の夢に現れた。

夢4

私は摩耶といっしょに列車で旅行している。私はそこからPに電話をする。私は今まで彼に摩耶のことを話したことがなかったので、私の隣に座っている摩耶を彼に紹介しようと思う。しかし電話の回線はどんどん混乱して、ついにはPの声は聞こえなくなり、回線が切れてしまった。もう二度と私の三番目の姉妹について彼に紹介することはできないのだと、私は悲しくなった。

この夢によって、真梨花は長らく忘れていた摩耶のことを懐かしく思い出すことになった。摩耶は内気で繊細な真梨花とは対照的に、活発かつ感情的で、人を惹きつける魅力もあったが、家の中のトラブル・メーカーでもあった。一五歳ですでに男性関係があり、そのことでもひと悶着あったという。勉学の面でも対照的で、真梨花が常に優等生だったのに対して、摩耶は勉強は不得意であった。こうした存在が身近にいたことは、真梨花にますます「良い子」であることを強いたかもしれない。ともあれ摩耶はいわば真梨花の影（shadow）的な存在ともいえるだろう。常に模範的な娘として今まで生きてきてしまった真梨花にとって、自分の中の摩耶的な部分、すなわち自分の影を引き受けていくことが大きな課題であることがわかる。そこで一ついえるのは、彼女の既婚者との恋愛は、親には秘密裏になされているという点で、彼女が親から独立するための手段という側面があるということである。今回またＰとの間に同じことをくり返しているのも、彼女の自立のためのチャンスが、もう一度めぐってきたともいえるのであろう。彼女は数年間、公式なフィアンセをもっていたこともあったのだが、それは便宜的な関係にすぎなかったという。なぜなら彼女は心の内では別れた既婚の恋人のことが忘れられなかったからである。彼女にとっては秘密の関係であることが、とても重要なのであった。

Ｐは妻に真梨花のアパートで夜を過ごしたことを打ち明けたが、それは年上の妻がそれを受け入れると考えたからであった。しかしその結果は、妻の非常な嫉妬を引き起こすこととなり、そのためＰは真梨花に対して防衛的になった。二人の関係は彼の研究室で話をする程度に限られてしまった。その上、Ｐはサバティカルで、半年間ひとりで別荘に閉じこもる計画だという。

夢5

私は研究室のＰに何度も電話をするが、彼は答えない。それで研究室まで見にゆくと、彼は他の人々とセミナーをしているようだったが、彼の顔は道化師のように白く塗られていた。そこにＰとよく似た一二、三歳の女の子がおり、Ｐの娘だということがわかる。それはセミナーではなく、夕食会であった。出席者の一人はＰの妻だが、彼女は私が誰かわかっているのだろうか。私は彼の妻に会うことを予想して、美しく着飾っていたので、勝ち誇った気分もあった。そこには私の両親もいたようで、特に父の姿ははっきり憶えている。

この夢ではＰ夫妻とその娘、真梨花の両親と真梨花が一堂に会している。Ｐ夫妻には現実には子どもはいないので、夢の中のＰの娘も真梨花のことを表していると考えられるだろう。そして真梨花のＰに対する思いは、娘が父親から愛情と承認を求めているものだということが示唆されるのである。Ｐの顔が白塗りのマスクの下に隠されているように、真梨花にはＰの本当の顔は見えていないのかもしれない。

夢6

私は牢獄にいる。他にも私の姉や摩耶、そして女友だちがそれぞれ独房に入れられている。独房同士は細いチューブでつながれており、そのチューブを通じて互いに話をしたり、小さい物のやりとりができる。そのチューブを通して外から食べ物が入れられるが、牢獄に入れられていることに抗議する意味で、皆は拒否しようとする。私もそれに加わるかどうか、複雑な気分である。私の隣の独房には摩耶がいて、とても弱って病気のようだ。私は自分のパンを彼女に送り、彼女がそれを食べるように説得する。

この夢で牢獄に入れられているのは若い娘たちばかりである。それはこの父性社会の中に捕らわれてしまっている「父の娘たち」を思い起こさせるし、そしてそれに抗議して食べないでいる女性たちは、今日の多くの摂食障害の娘たちのことを思わせる。真梨花は夢の中で、弱っている摩耶に自分のパンを食べさせようとする。これは自分の影を統合するための一つの前進と考えられるかもしれない。

(3) 聞き分けよい「父の娘」

真梨花はＰがサバティカルに出かける前の日に、彼と一緒にランチを食べたのだが、そのときＰはサバティカルの間は邪魔しないでほしいと彼女に告げた。次の夢は彼女がその翌朝に見たものである。この夢は真梨花とＰとの関係の本質をさらにはっきり語っている。

夢7

私は小さな女の赤ん坊を抱いている。それはＰの娘である。彼女は泣き叫び、私はあやしたり、ミルクを与えたりして、彼女をうまくなだめることができた。彼女は私の腕の中でスヤスヤと可愛い顔で寝入った。彼女はまだ生後数週間である。すると突然、Ｐの小さな息子が私の膝の上に飛び乗ってきて、私と遊ぼうとした。それで抱いている赤ん坊の手がねじれ、赤ん坊は目を覚まして、火のついたように泣き出した。私は初め、赤ん坊をあやすことができて誇らしく思えていたのに、赤ん坊がまた泣き出したことを自分の責任に感じて、今やすっかり惨めな気持ちになってしまった。……私はＰの部屋を訪ねる。もう二人はしばらく会わないと別れを言い合ったのだが、私は再びＰの娘の赤ん坊を泣きやませることができたことを彼に報告したかったのである。私はドアをノックし、返事を聞かずに部屋に入った。彼はそこにはおらず、次の部屋に通じるドアが開いていた。その部屋をのぞくと、そこは浴室で、下着姿のPがいた。Pのそのだらしない姿は父にそっくりだったので、私はショックを受ける。私はやり場のない気持ちでそこを飛び出すと、朝の町をペットボトルの水を顔に浴びせながら駆け抜けた。絶望的な気持ちで、泣きながら。

真梨花は「夢の中の赤ん坊は、自分で想像している生まれたばかりの自分のイメージそのものだった」と述べていた。彼女はPの言うとおりに、しばらく互いに会わないことに同意したものの、そこで押し殺してしまった本当の気持ちが夢の中の泣き叫ぶ赤ん坊として示されている。しかし彼女はPに褒めてもらうために、その赤ん坊を泣きやませることに全力をあげる。Pを失うことが怖くて、彼女はPの前で聞き分けのよい娘として振る舞っていた。そしてこの夢は同時に、Pに対する愛着が父親の愛と関心を求めるものであることを、彼女に突きつけているのである。しかしまだこの時点では、真梨花はそれを意識化しようとはしなかった。彼女はただ、「もしPが私の恋人になってくれないのならば、父親になってほしいと思っていた」と述べるにとどまっている。ただこの夢から、自分が押し殺していた本当の気持ちに気づいた真梨花は、このあと初めてPに、自分が彼の態度について不満をもっていることを、この時点ではまだやんわりと、手紙に書いて彼に送っている。

⑷ アニムス

夢8 ホラー映画のような話。ある家族が非常に古い城に住んでいる。私は初めその映画を見ていたのだが、いつのまにかその映画の中に入っている。ある男性がいて、彼と私のことをその家族は胡散臭そうに見ている。そのお城は幽霊が出没する気味の悪い雰囲気で、やはり亡霊の出る荒れ果てた庭がある。その庭には壊れかけた小さい家があって、とても恐ろしい雰囲気で、誰もそこに近づこうとしない。その後何があったのかはっきりわからないが、ともかく最後には、私はその男性と二人でその庭を明るく、美しいものに変えてしまう。小さい家もきれいに手入れして、私たちはそこに学校を開いた。私はそこで子どもたちを教えるようで、子どもたちの声が聞こえた。

真梨花の心の庭には幼少期からの亡霊がまだウロウロしている。意識の光によって亡霊を追い払い、庭を楽しめるようになるためには、男性との共同作業が必要なようである。これは彼女の中の男性性、すなわちアニムスであろうが、今の彼女にとってＰとの出会いは、彼女が家族の亡霊から自由になるために大事なことであることも考えさせる夢である。

この頃には、真梨花は母親にもう干渉されないようになっていたが、問題は父親の不在にあることに少しずつ気づくようになっていった。父親は真梨花にとって影の薄い存在であった。母親は感情的で、いつ爆発するかわからない「火山のような人」であり、家の中の母親の影響は絶大で、彼女の支配力から自由になるのは、なかなか大変であったが、父親に関してはほとんど意識の外にあったという。真梨花は自分のＰに対する思いや、高校のときの教師に対する思いは、父親を求めていたのかもしれないと語るようになる。

夢9

私は両親と三人でカード・ゲームをしている。そのゲームをすると悪魔が部屋の中に入ってくることを私だけは知っている。しかし私は悪魔と対決するほど強くて、悪魔を追い出す方法を知っているから大丈夫だと思っていた。悪魔がすでに部屋の中に入ってきているのが私にはわかった。そして悪魔を追い出すトリックとは、私の父の目の中をのぞき込むことだということが了解された。私の想像の中で父の目がギラギラした恐ろしい悪魔の目に変わり、その目は私を見すえた。もし私がその目から目をそらせないでいられるほど強ければ、彼は退散する。しかし私がそれだけ強くなければ、彼はずっと私の部屋に居続けることになるのだ。私は自分が十分に強くないのではないかと心配になってくる。彼はその対決を避けるためにゲームを中断し、スープを作り始めた。悪魔がずっと部屋にいることはわかっている。突然私は、永遠に悪魔を部屋から追い出すことができないのではないかと、絶望的な気持ちになる。

この夢は夢1や夢3と同様、四者関係の夢である。三人でゲームをしているところに忍び込んでくる第四の者は、悪魔というかたちをとっている。それはネガティブなアニムスといってよいのかもしれないが、父親と密接な関係をもっているらしい。ともあれ真梨花は、やはり父親の問題から目をそらしてはならないようである。彼女は自分の目が父親の目に似ていることを述べ、さらに自分が姉妹の中でいちばん父親に似ているかもしれないと語った。真梨花の母親が妊娠したことで、大学に進学することを断念して結婚した父親は、その後夜学で学んだ努力家であったが、働き過ぎで、真梨花が小さいときに、うつ病に苦しみ、自殺を口走っていた時期が数年間ある。父親は自分の意見を絶対に曲げない偏屈なところもあり、幼い娘にとっては近寄りがたいところがあったかもしれない。ある意味ではアカデミックな道に進みたかったが果たせなかったという父親の夢を、真梨花は肩代わりしていたところもあった。摩耶と違って、運動が苦手で泣き虫だった真梨花は、父親を失望させないため、父親に認めてもらうために、勉強したのかもしれない。

(5) 女性性に目を向ける

夢10

私はＰ夫妻に会う。Ｐ夫人は私のことを罵り、ひどい言葉を投げつける。彼女は厚化粧で若づくりした老女優のようなひどい顔をしている。私は彼女に空の瓶を投げ始める。Ｐはといえば、この争いの模様を写真に撮っている。私に同じポーズを再現させ、「怒ってる君はきれいだよ」と言う。私はＰ夫人の頭に瓶を振り下ろし、気を失わせてしまう。彼らは私のアパートの階下に住んでいるらしい。私は半分気を失ったＰ夫人を階下の彼女のアパートまで連れていき、ベッドに寝かせ、靴を脱がせ、介抱する。

一人の男性をめぐって女同士が争う夢であるが、当の男性の態度は無責任このうえなく、理想化していたＰのイメージが少し変わってきている。最後に真梨花がＰ夫人を介抱するところは、男性の期待するイメージに自分を合わせることで、自分の真の女性性を裏切ってきた真梨花が、内なる女性性をケアできるようになる新しい動きなのかもしれない。

真梨花はＰとの関係に、何かおかしいことがあることに気づき始める。彼女が彼に送った映画音楽のＣＤについて、彼が「君がこんな繊細な音楽が好きだなんて意外だな」と言ったことに、彼女は愕然とする。というのも、彼女は自分の繊細さについてわかってくれるのは彼しかいないと思い込んでいたからである。結局、真梨花は自分が明るい面しか彼に見せていなかったことに思い当たる。なぜなら、彼女は彼がそういう彼女を期待していることを感じたからである。一人のときにはよく涙を流している彼女は、彼の前では彼の期待に合わせて、物わかりよく、知的で、独立した女性を演じていたのであった。

真梨花はPのことを断念するべきかと考えるようになる。しかし、まだまだ彼を失うことを恐れていた。そんなとき、彼女は次のような夢を見た。

夢11

私は霧の中に多くの見知らぬ人々と一緒にいる。そこは沼地なので、視界が効かないのは危険である。われわれは安全な場所にいるが、遠くに小さい島が見え、そこにいる多くの人々が危険な状態にある。われわれは人鎖をつくって、その島の人々を救おうとする。その人鎖を伝って島の人々がこちらの安全な土地に来られるようにしようとするのだ。われわれ一人ひとりが小さいロープの輪を一つずつ手に持って人鎖をつくろうとする。人間だけでは向こうに届かないからである。もし手を離してしまったらどうしようと皆が恐れている。もし一人でも手を離したら、全員が溺れてしまう。霧はどんどん深くなり、隣の人さえもう見えない。われわれは救出作業を始める。

この夢は真梨花に、アーサー王伝説にある女性たちの住むアヴァロン島を思い出させた。男性中心の世界が始まってからは、この島は霧のかなたに姿を消している。この夢では、女性原理を表すその島が危機に陥っている。女性たちを救うために行動を起こさなければならない。それは真梨花の女性性の救出でもあるのだろう。

(6) 転回点

その頃、女友だちと映画を見にいった真梨花は映画館で偶然、妻と一緒のPと出会う。彼女は反射的に彼に挨拶をするが、彼の方は何も言わずにそそくさと行ってしまった。真梨花はひどく傷つき、突然何もかもがばからしくなる。その晩、彼女は次のような夢を見た。

夢12

Pが突然映画館に現れる。私はこのイメージをコンピュータで翻訳しようとする。コンピュータはそれを翻訳しようとするが、結局、最後に翻訳不能というメッセージが出る。何度やり直しても同じことであった。（夜中に目を覚ました私は、胃が空になるまで嘔吐した。）

真梨花は「私はもう彼を愛していないのかもしれない」と分析の場面で泣いた。そして彼女は今まで、全力をつくせば何でも可能になると信じていたが、彼をあきらめるということは、そのような子どもっぽい信念を捨てることであり、それこそが悲しいのだと語った。

この頃、真梨花はキャリア志向の自分の生き方にも疑問をもつようになっていた。分析に来だした頃は、同僚に対しても大変な競争意識をもっていたために、職場の人間関係では孤立しがちであったが、その問題は分析の過程でかなり改善され、職場は彼女にとってどんどん居心地の良い場所に変わっていった。実際彼女は大変な向上心の持ち主で、野心家でもあったが、どれだけ頑張っても満足できないのも事実であった。彼女は自分がワッパを回し続けるハツカネズミのような気がしてきたという。そして「努力しても努力しても、結局何にもならない。輪からはずれるのがいちばんいいのかもしれない」と語った。また子どもの頃、自分は何でもパーフェクトにしなければ、自分にとって重要な人から愛してもらえないと感じていたことも思い出した。次の夢は、彼女には子どもの頃から引きずっている寂しい気持ちがあることを示している。

夢13

小学校の頃のよう。しかし大学のような階段教室のある建物にいる。私はとても寂しくて、それを示すために、寒いのに窓を開けて、窓から身を乗りだす。しかし誰も私のその気持ちに気づいてくれない。その建物の中に独身のPが部屋を借りていて、私はその部屋の前を通りかかる。Pは部屋の中にいたが、彼の部屋の壁にはあらゆる種類のサッカー・チームのポスターが張りめぐらされている。その部屋は暖かいのに、「君があの部屋で窓を開け放したので、寒くてしかたない」と私を非難する。私の同僚の女性の助手が彼の身の回りの世話を申し出て、彼はその申し出を受けるようである。

サッカーについては、真梨花は自分の父親がサッカーのレフリーをしていたため、日曜日にサッカーを家族で見に行くことがよくあったが、彼女だけがそれに興味をもてず、つまらない思いをしたということを語った。寂しさをわかってもらいたくてとった行動を、彼女の気持ちを考えることなく非難されるというのは、小さい頃父親との間で体験したことだったろうか。

(7) 新しい自分に

夢14

私は産院にいる。妊婦や看護師や助産師がいる中で、私は格別に大きなお腹をして出産にそなえているのだが、女性の医者によれば、私は六人もの子どもを妊娠しているのだという。子どもはもうすぐ生まれそうなのだが、その前に私はトイレに行って腸を空にしておきたかった。しかし、もし排便中に子どもが出てきてしまったらどうしようと思い、怖くなる。便器に落ちて子どもが死んでしまうかもしれないとか、いろいろ恐ろしいことが思い浮かぶが、やはり腸を空にしなければ子どもは産めないと思い、トイレに行く。怖いけれど、同時に子どもをお腹に留めたまま排便はできるという確信もある。それでトイレに行くが、際限ないほどたくさんの便が出る。私は非常に清々した気分になる。

この夢は真梨花がＰに対して、自分の立場をはっきり主張した日の翌日に見たものである。彼女は長年にわたって、お腹の中にずいぶんたくさんのものを溜め込んでいたようだ。それを外に出すことによって、すなわち押さえつけてきた自分の感情に気づき、それを自然に外に出せるようになることによって、新しい自分になっていけるのだろう。生まれる子どもたちは彼女の創造的な可能性をも示している。この夢には女性しか出てこないが、男性に認められるためではなく、業績のためでもなく、女性の内から出てくる自然な創造性に、彼女はこれから目が開かれていくのかもしれない。

この頃には、真梨花はＰについて、「私の思っているＰは現実なのか、私の抱いているイメージなのかわからなくなった」と述べ、彼を理想化していたことに気づいていった。彼女のアニムスの投影はこのように引き戻されていったのである。Ｐのリアルな姿が見えるようになった真梨花には、Ｐは急に年をとったように思われた。

夢15

私はイタリーに休暇に来ていて、そこから家に帰るために列車に乗っている。乗り換え駅で、列車が来るまでウロウロしているが、気がついたら一分違いで乗り換えの電車に乗り遅れてしまう。次の電車は一時間後である。すると駅はロシアの駅に変わっており、意味のわからない言葉が聞こえてくる。夢の中では友だちらしい（現実には知らない）女性が現れ、私は彼女と一緒にカフェでお茶を飲むことにする。何か新しい世界を体験するようでわくわくした。

確かに新しい世界が彼女には開かれようとしていた。そのとき彼女をイニシエートするのは男性ではなく、女性である。これは一種の女性にとってのアニマ像と考えることもできるであろう。現実生活においては、以前はライバル意識から敵対していた女性の同僚たちと友情をはぐくむようになっている。そんな自分を「一年前の自分からは想像できない」と彼女は言っていた。

夢16

何か特別な日に私は教会へ行く。教会はたくさんの人でいっぱいである。私は両親の前に現れて驚かそうと思っている。私は前の方の空いた席に座る。突然たくさんの人たちが列をつくって入場してくる。その中に両親もいて、私の隣の席に座る。私たちは摩耶を待っている。摩耶が来なければ、儀式は始まらない。私は一二歳の頃の私のようでもあり、今の年齢の私のようでもあった。摩耶もまたそんな感じである。……それから家々に囲まれた広場のようなところに、教会の中にいた人々がいる。突然そこを囲んでいる家の一軒が燃え上がりそうになる。私は消防のホースで水をかけてうまく火を消す。もう一軒別の家（その中に私の部屋がある）も燃え出すが、それもうまく消すことができる。水をかけ過ぎると家が傷んでしまうのだが、私は家をまったく傷めずに、うまく火を消すことができた。

教会での特別な儀式とは何なのであろうか。まるで真梨花と摩耶の二人のための儀式であるようだ。宗教にはまったく無関心できた真梨花がこのような夢を見たことは、彼女自身にとっても意外なことであった。一二歳といえば堅信礼を受けるような年齢である。子ども時代が終わって、新しく生まれ直す儀式なのかもしれない。そこで摩耶が来ないと儀式が始まらないというのは興味深い。真梨花が新しい自分になるためには、摩耶で表される影との統合が必要なのであろう。（なお現実の摩耶については、ある程度消息がわかったのだが、彼女はドラッグの中毒になっていて、今は遠くの土地で、そこから立ち直るためのセラピーを受けているという。影の世界を生きてきた摩耶も、新しい自分に向かっているのかもしれない。真梨花はいつか彼女に会いに行きたいと考えている。）後半の火事の夢も一つの儀式の続きのようである。ここには火と水という、イニシエーションに必要なものが現れている。また、この部分は感情のコントロールがうまくできるようになったことを示しているのかもしれない。真梨花は以前のようにひどく落ち込むということはなくなっていた。

　こうして進んでいった分析は、筆者の転勤によって一年半で終止符を打った。その間に、真梨花は博士号もとり、大学での有利なポジションも得て、とりあえずはアカデミックな方向に行くことを考えている。しかし以前のように、がむしゃらに頑張ることはなくなり、自分らしく、女性ならではの仕事ができればと考えている。Pとの関係はごく自然なものとなり、知的な刺激を与え合う、年輩の友人というスタンスで続いている。本になった博士論文を彼女は「わたしの最初の子ども」と呼んでいたが、今後彼女がどんな子どもを生み出していくのか、筆者は楽しみにしている。

　真梨花がもっていた問題というのは、今日の多くの「父の娘たち」に共通したものであろう。いつのまにか男性の目で自分自身を見てしまい、男性の期待するような女性のイメージを自分で演じてしまっている女性は多いに違いない。彼女の分析は、そこから女性としての本当の自分を取り戻していく過程でもあった。そしてそのことによって、彼女は自分の本性を裏切ることなく、周りの人々と自然な良い関係をもてるようになったのである。それは彼女が内なる人間関係を良いものにしていったということでもあるのだろう。

3 ❖ 治療関係と夢

(1) クライエントの夢の中の治療者

前節では一つのケースを通して、夢の中に現実の対人関係がどのように反映されるか、そしてまた現実の対人関係の歪みをどのように夢が教えてくれるかを見てきた。このような夢の働きは、一つの現実的な人間関係であるところのクライエントとセラピストとの関係においてもさまざまな示唆を与えてくれることがあり、そのことによって、治療の流れが誤った方向に行っていないかを、確認することができる。夢からは実に多くのことを教えられ、いま一度考えさせられ、反省させられることが少なくない。クライエントの見る夢の中には、さまざまな形で治療者が現れるのであるが、それをどう捉えたらよいのかを考えてみよう。

まず客観的なレベルから捉えるならば、それはクライエントがセラピストに対して抱いているイメージを知らせてくれる。それは、しばしば現実のセラピストとはかけ離れており、そこにさまざまな投影がなされていることがわかるのである。たとえば現実のセラピストよりはるかに大きなイメージとして、たとえば老賢者のような姿として夢に現れることもあるが、そこにはクライエントのセラピストに対する過大な期待が反映しているに違いない。セラピストはこの重すぎる投影を、そのときだけでも引き受けるべきなのだろうか。筆者の場合はそれを主観的なレベルからの見方をすることによって、クライエントに返すことが多い。たとえば「あなたの心の中には、こういう治療者がちゃんといるんですよ、いつか良い知恵を貸してくれるかもしれませんね」というようなことを言って、返すのである。

このような良すぎるイメージだけでなく、逆にネガティブなイメージとしてのセラピストが、クライエントの夢に現れることも当然起こってくる。たとえば魔女のような、胡散臭い人物として現れるかもしれない。その場合もやはりクライエントの投影といえばそうなのであるが、この場合は、セラピストは自分自身のあり方について見返すことがより重要となるだろう。つまりクライエントに不信感を抱かせるところが、クライエントとの面接の中になかっただろうかということをまず考えてみる必要がある。そのうえで、やはり投影だとすれば、それがどこから来ているのか、たとえばネガティブな母親像をかぶせられているのかもしれないなどと考える。しかし、この場合はそれを直接クライエントに返しても、受け入れられないことが多いので、時期が熟すまではセラピストの心の中だけに置かれていることが多い。

治療関係というのはクライエントとセラピストができるだけ同じ地平に立つことが望ましいが、それでもクライエントは治療関係についての不満や、セラピスト自身への不満については、たとえ水が向けられても、直接には言いにくいものである。その意味で、クライエントの夢の中にセラピストがどういう形で登場するかに注目することは、クライエントの言葉にされないままにある、治療関係への不満を吸い上げるという意味でも大事なことである。それはたとえば、クライエントが一生懸命話しかけているのに、セラピストは別の人としゃべるのに夢中で、彼／彼女に注意を払わないという夢であったり、クライエントがセラピストに電話をかけようとしているのに、電話番号がうまく押せなかったり、回線が混乱してうまく通じないという夢であったりする。こうした夢をクライエントが報告したときには、セラピストはクライエントのことをちやんと受けとめられていないのではないかと、大いに反省するべきであろう。

(2) 治療者の夢の中のクライエント

これとは逆に、セラピストの夢にクライエントが現れることもしばしば起こることであり、こうした夢についてセラピストは十分に考えなければならない。どうして今このときに、このような夢を見たのか、それは何を語ろうとしているのかを深く考えてみるとき、自分がその治療関係の中で見落としていることがわかってくることがある。こうした夢の例として、ユングが再三語っている夢を紹介しよう。それはユング自身が見た夢である。

ユングはある非常に知的な女性との治療関係の中で、何かうまくいっていないことを感じていた。面接場面で話される内容は気の抜けたものになり、意味がないようにさえ感じるようになっていたが、それがどうしてなのか考えてもわからなかった。そのことを患者当人にも言おうと決心したのだが、次回の面接の前の晩に次の夢を見たという。

> 夕日に赤く染められた谷間の街道を、わたしは散歩している。右手の険しい丘の上に城が立っていて、その城の一番高い塔の上に、女がひとり欄干に腰をかけている。その女の姿をはっきり見ようとして、頭をあまりにもうしろへのけぞらせたので、頸部に痙攣感を覚えて目が覚めた。夢の中の女はわたしの患者だった。

（C・G・ユング『無意識の心理』より）

ユングはどうして自分がこの夢の中で、あんなに上の方を見なければならなかったのかを考えたが、それは現実において自分がその患者を見下ろしすぎているのではないかということに思い至る。ユングは次の日の面接の中で、その女性患者に、自分が見た夢とその解釈を語った。するとそれを転機に、治療は予想以上にうまく進むようになったという。

　これに類する体験は、夢に関心を払うセラピストであるならば、誰でも経験があるのではないだろうか。筆者自身も筆者の見た一つの夢が治療関係の一つの転回点となった経験を何度かしている。また、時には、セラピスト自身がわかっていなかったクライエントの病理を、夢が警告してくれることもある。あるいは逆に、あるケースを引き受けるかどうかで、ネガティブな材料しかないときに、それほど心配することはないと夢が教えてくれることもある。

　このように書いてくると、いかにも夢は便利で役に立つと思われるかもしれないが、本論で取り上げた夢はわかりやすいものが多かったのであって、実際には夢のメッセージというのは、それほどわかりやすいものばかりではないことも、付け加えておく必要があるだろう。それを意味あるものとするかどうかは、受け取る側がある程度夢の世界に馴染んでいなければならない。また夢を妄信するのではなく、客観的な目で、夢のイメージの中から今のクライエントに、あるいは今ある自分に必要な知恵を汲み取るためには、セラピスト自身が夢分析を受けることも必要になってこよう。

　夢の世界に目を開くようになり、そこに現れるさまざまな人々と自分とが、心の内で無関係ではいられないことがわかってくると、人は自分自身に対して、そして他者に対しても、もっと優しくなれるのかもしれない。

〔引用文献〕

Jung, Carl Gustav: *Über die Psychologie des Unbewussten*. Rascher, 1948.（高橋義孝訳『無意識の心理』人文書院、一九七七、一八四～一八五頁）

2 ❖ ユングのヴィジョン・セミナーが問いかけるもの

1 ❖ ヴィジョン・セミナーとは

一九九七年になってプリンストン大学出版のボーリンゲン・シリーズにカール・グスタフ・ユング（Jung, C. G.）のヴィジョン・セミナーがようやく加わった。[1]「ヴィジョン・セミナー」と呼ばれているものは、あるひとりの女性が見たヴィジョンを素材として、一九三〇年一〇月から一九三四年三月までの四年半にわたって、ユングが英語で行なった連続講義のことである。その速記記録はタイプ印刷され、限られた人だけに閲覧が許されていた。それが人々の目に触れやすくなったのは、一九七六年にスプリング社からそれを半分以下に縮小したものが出版されてからである。[2]その版には巻末にヘンリー・A・マレー（Henry Alexander Murray）があとがきを書いていたのが目を引いた。それによって読者はやっと、ユングがセミナーにおいては、「私は彼女の個人的な詳細については意図的に語りません。なぜならそれはほとんど私には意味をもたないからです」として語らず、ヴェールに包まれたままにあった、これらのヴィジョンを見た女性について、いくらかの情報を得ることができたからである。しかしそこではまだ、この女性とマレーがどのような関係にあったのか、本当のところは見えてこない。

このほど新しく出版されたプリンストン大学出版部のものは、ふたつの点で大きな意義をもつ。ひとつには、それがほとんど省略のない形で出版されたため、セミナーの全容を知ることができるという点である。

つまり完全版としての意味があり、セミナーの雰囲気を臨場感をもって味わうことができるといえよう。実際ユングの連想はあらゆる方向に自由気ままに駆けめぐり、その博識において読む者を圧倒するところがある。それが反面読みにくくしているともいえるのだが。

もうひとつの意義は、この出版に際して編者にクレア・ダグラス（Douglas, C.）を得たことにある。彼女はユング派の分析家になる前、すなわちまだトレーニング中にすでに、ユングの女性論を、またユングの弟子やユング派と呼ばれる人々が著してきた女性についての記述を新たに見直した、『鏡の中の女――分析心理学と女性』[3]という労作を上梓しており、その後も一貫してユング心理学を女性の視点から再検討するということで、めざましい仕事をしている女性である。彼女はすでに『鏡の中の女』においてこのヴィジョン・セミナーのことを取り上げており、ユングの中にある、その時代人としての女性に対する偏見が、ヴィジョンの本当の意味を見損なわせていることを指摘している。

さらにダグラスは謎に包まれたままにあった、これらヴィジョンを見た女性であるクリスチアナ・モーガン（Christiana Morgan）についての徹底した追跡調査をしたうえで、この女性の本当の姿を伝えようとした。それが『この暗闇を翻訳せよ――ユングのサークルでのヴェールに包まれた女性、クリスチアナ・モーガンの生涯』[4]である。この著書の題名の由来は巻頭に引用されたマルグリット・デュラスの次のことばによる。

> 幾世紀にもわたり女性たちは暗闇の中に居た。彼女たちは自分自身がわかっていない。あるいはほとんどわかっていない。そして女性がものを書くときには、この暗闇を翻訳するのだ。

デュラスは、男性はすでにある言葉そのままを伝えればいいので翻訳の必要はないが、女性はまったく未知のものを新たなるやり方で翻訳しなくてはならないことを述べている。それが女性たちがものを書くときの難しさなのだ。もちろん男性の言葉をそのまま借用することはできるだろう。しかしそれでは本当に自分を表現したことにはならない。ダグラスがこのデュラスのことばを書名に選んだ意味はクリスチアナ・モーガンの心の暗闇から湧き上がった夥しい数のヴィジョンがいまだ本当の意味では翻訳されていないことを、そしてそれが翻訳できるとすれば、それは女性たちが取り組むべき課題であることを言いたいのではないだろうか。

　ともあれダグラスは、すばらしい能力をもちながら、それを「霊感を与える女性」として男性のためだけに捧げ、自分のためには使うことができずにひっそりと消えた（おそらくは自死と思われる）、クリスチアナ・モーガンの生涯を伝えることに、同じアメリカ人の女性としての使命感をもったに違いない。そのダグラスが編集することで、今回ヴィジョン・セミナーが新たに蘇ったことは、大きな意味をもつ。そしてそこに記されたヴィジョンの数々は、われわれに多くの問題を投げかけるのである。その一連のヴィジョンはそれを受け取ったユングをして、「私にとって最も価値のあるもの」であり、「独創的なイニシエーションの過程のきわめて美しい例に思われる」と言わしめたものである（Jungの一九二七年のモーガンに宛てた手紙[5]）。それにしてもユングをこれだけ夢中にさせたヴィジョンを見た女性とはどんな女性だったのか、ダグラスの著書からたどってみたい。

2 ❖ ヴェールを脱いだクリスチアナ・モーガン

クリスチナ・カウンシルマンは一八九七年一〇月に、ボストンの保守的なブルジョワ家庭出身の母と、自由な気風をもった南部出身のハーバード大医学部の病理学の教授を父に、三人姉妹の二番目としてボストンに生まれている。男の子を望んでいた母親とこの娘との間は初めからうまくいかなかった。癇の強い育てにくい娘を母親はもてあましたのである。母親とうまくいかない娘がたいていそうであるように、クリスチアナは父親っ子であった。いつも父親と一緒にいることで、彼女は知的訓練を受ける。父親は彼女の並々ならぬ利発さを愛でてはいたが、当時の女性の枠をはみ出すような高等教育の機会を娘に与えることなど考えも及ばなかった。クリスチアナは当時の良家の娘として花嫁学校に送られ、社交界でのデビューにそなえたのである。自分がいかに生きるかよりも、女性たちはパートナーたる男性に夢を託す時代であった。第一次世界大戦の戦場に志願して行こうとしていた若きハーバード大の学生にヒロイズムを見、クリスチアナは恋に落ちる。戦争はふたりの気持ちを高揚させ、戦場に恋人を送ったあと、クリスチアナは自分も戦争のために何か役立ちたいと、看護師養成のコースをとったりもした。二年後、戦争から戻ったその恋人ビル・モーガンとクリスチアナは結婚をするが、戦争での過酷な体験はビルの生気を奪い取ってしまっており、その結婚生活はクリスチアナを満足させるものではなかった。

　結婚してからのクリスチアナは、ある意味では結婚前にはなかった自由を手に入れたようにも見える。彼女の知性と独特の魅力は多くの男性を惹きつけ、彼女は半ば公然と多くの恋人をもった。その中にはイスラエルの建国につくしたワイズマンがいる。しかし彼女は生涯をかける恋人にやがて出会うことになる。その人物こそがスプリング社版のあとがきを書いたヘンリー（通称ハリー）・マレーであった。そのパーソナリティ論によってアメリカの心理学史上に名を残すことになるこの人物にユングのことを最初に教えたのは、実はクリスチアナだったのである。「フロイトとユングとどちらがお好き？」と尋ねられ、答えられなかったマレーはあわててユングの本を買って読んだという。クリスチアナ自身ははっきりとユングに傾倒しており、『無意識の心理学』（『リビドーの変容と象徴』の当時の英訳書名）の熱心な読者であった。そこに何らかの親和性を感じていたのかもしれない。

クリスチアナとハリー・マレーが知り合ったとき、ハリーもまた既婚者で、資産家出身の妻ジョーがいたが、そのジョーとクリスチアナは友人関係となる。そこで二組のカップルの緊張をはらんだ複雑な人間模様が展開することになった。夫たちは家族をともないそろってイギリスのケンブリッジに留学することになり、関係はますます複雑にからまり合っていった。ヨーロッパ行きはハリーとクリスチアナにチューリッヒのユングを訪ねる機会を与えるものでもあった。ハリーは自分自身が分析家となることを希望していたようだ。しかしクリスチアナがユングの分析を求めていったのは、抜き差しならないハリーとの関係に苦しんだあげく、何らかの打開策を求めてチューリヒの老賢者を訪れたという意味あいが強い。

3 ❖ ユングとクリスチアナ

クリスチアナとユングの最初の対面は一九二五年の秋のことであった。これはクリスチアナにとって運命的な出会いであったかもしれないが、ユングにとってもまた特別なものであったのではなかったろうか。なぜならばその年のユングはチューリッヒに彼の治療を求めてやって来たアメリカ人やイギリス人などの英語を話す人々のために、自分の心理学を英語で講義することを始めたのである。現在一九二五年セミナーとして刊行されているこの連続講義[6]で、ユングは自分が無意識に興味をもつようになったきっかけから語り始め、フロイトとの出会いと別れ、そしてフロイトとの決別後の精神的な危機の状態のときに、のちに能動的想像（active imagination）と名付けることになった方法で、無意識からのイメージを浮かび上がらせ、そしてそれと立ち向かったことなどを、ナイーブなまでに率直に語り、そこから自分の心理学がいかにして着想されてきたかということを、跡づけようとしている。その内容については、死後発表された自伝にほとんどそのまま採用されたのであるが、セミナーでの語り口は、また独特の臨場感とともに、無意識からのイメージの生々しさに聴く者を圧倒させるものがある。たとえば英雄ジークフリートの死をめぐる血塗られたイメージは、無意識が産出するイメージのすさまじさを現出させるのである。それらのイメージを語り直すことで、ユングは無意識と対峙した若き日の気持ちを蘇らせていたのではないだろうか。そこに憑かれたような高揚感を感じるのは、筆者だけではないと思われる。

　このセミナーは一九二五年の三月から七月までの一六回にわたって行われたが、その興奮がまだ尾を引いていたかもしれない九月に、ユングはひとりの若いアメリカ人の女性の訪問を受ける。それがクリスチアナであった。ユングは翌年六月から彼女の分析を引き受けることを承知した（ユングはこのあと、アフリカ旅行を計画していた）。

　よく知られているように、ユングはその『リビドーの変容と象徴』で、アメリカ人女性ミス・ミラーのファンタジーを素材として用いている。それらは彼の膨大な連想を引き出したファンタジーであり、のちに彼はそれらに自分の問題を投影していたことを認めているが、このミス・ミラーとはユングは一面識もない。ところが、今ユングの前に現れたアメリカ人の若き人妻は、まるでユングが望んだとおりに、あるいはそれ以上に、容易にトランス状態になり、無意識のイメージを紡ぎ始めたのである。ユングはたちまちにして、それらの多彩なイメージに幻惑された。しかも多少の絵心のあるその女性はそれらのイメージを絵にすることもできたのである。ユングは自分が見た無意識からのイメージを絵とともに記録した『赤の書』をクリスチアナに見せ、同じようなものを作ることを奨めたともいわれている。すべての女性にこうした才能があるわけではない。たとえばユングの恋人のトニー・ウルフは自分の患者には能動的想像を奨めることはあっても、自分では一切それをしようとしなかったことをバーバラ・ハナーの記述からわれわれは知ることができる。[7] ユングがクリスチアナのもつ特別な資質に、自分と近いものを見て、夢中になったのも不思議はないだろう。

しかしクリスチアナがチューリヒを訪れた所期の目的は果たされたであろうか。クリスチアナとハリーの婚外の関係をユングは支持する立場をとった。ユングはこのふたりの関係に自分とトニー・ウルフの関係を重ねたのである。ユングはクリスチアナの分析を自分がするとともに、ハリーの分析をトニー・ウルフに委ねたのであった。そしてユングはクリスチアナにハリーのために役立つことこそが、クリスチアナの使命であるかのように思わせたのである。彼女の日記にはユングに言われたこととして次のような記述がある。

> あなたの機能は男を造り出す（create）ことにある。ある女性たちは子どもを造り出すが、男を創造する方が偉大である。もしあなたがマレーを造り出すのなら、あなたはこの世界のために大変に有意義なことをしたことになるのだ。…この関係はあなたのリビドーにとってとても高くつく。しかしあなたはできうるかぎりこの関係を保つべきである。この問題に今取り組むように。…これこそが女性としてあなたがするべきことである。そうすればあなたは真に賢い女性、霊感を与える女になるのだ。そして男がもっていないものを彼に与えるのだ。すると彼はあなたの方を向き、彼の内であなたは創造的な仕事をするのだ。[8]

ここには女性が自分自身のために生きる道はない。クリスチアナは自分の内なる声に耳を傾けるよりも、この老賢者のことばに従おうとする一生を送ったようみえる。

クリスチアナは分析を数ヵ月（といってもユングは毎日のように彼女のために時間をとっていた）で打ち切ると、先にアメリカに戻ったハリーを追って、夫をイギリスに残したままアメリカへ戻ったのであった。ハリーはハーバード大学でモートン・プリンス（Morton Prince）が設立しようとしていた心理クリニックの責任者としての仕事を始め、クリスチアナはパート・タイムのスタッフとしてクリニックの仕事を手伝うことになった。深層心理学に関する知識や、ユングとの分析の経験から、彼女は心理療法家として治療に関わることになる。しかし、学位とは無縁できた彼女の研究者としての立場は微妙であった。とはいえ実際にはハリーの片腕以上の仕事をしていたらしい。たとえば絵画統覚検査（ＴＡＴ）の開発にあたっては、中心的な役割を果たし、図版の何枚かはクリスチアナ自身が絵を描いている。しかし彼女の名前はいつのまにかＴＡＴの解説書からも消えてしまった。

クリスチアナの晩年はとても幸せとはいえない。アルコールに溺れ、ハリーが若い女性に気持ちを移すごとに嫉妬に狂った。そしてついには謎の溺死をする。なぜ彼女は自分のために生きようとはしなかったのか。クレア・ダグラスならずとも、現代に生きる多くの女性は同じ思いにとらわれるに違いない。もし彼女が自分の見たヴィジョンの本当の意味を理解していたら、そしてそれを自分の生きる力にできていたら、彼女の生涯は違ったものになっただろうと。せめて今われわれにできることは、彼女が残した膨大なヴィジョンの翻訳を少しずつ試みることなのだろう。

4 ❖ ヴィジョンに見る女性のアニマ

クリスチアナの見たヴィジョンは質、量ともに圧倒的な力をもつ。ところがユングのヴィジョン・セミナーにおいては、ヴィジョンはすべて細切れに紹介されている。あたかもその圧倒的な力を弱めんがために、意図的に細切れにしたのではないかと疑いたくなるほどである。それがこのセミナーを読みにくくし、またヴィジョンのイメージを捉えにくくしていることは否めないであろう。ここではヴィジョンのひとつを、少し長くなるがあえて切らないで紹介しようと思う。セミナーが打ち切られる前に、最後に取り上げられていたヴィジョンである。ユングを夢中にさせたその圧倒的なイメージの力を感じとっていただきたい。

突然私の前を青い服を着た女性が歩いているのを見た。私は彼女の服をつかんで、彼女に話しかけた。彼女は指を唇に当てて、「ついてきなさい。おまえは恐ろしい場所に入るのだ」と言った。彼女はしわくちゃの年寄りであった。「なぜ私はあなたについていかなくちゃいけないの？　あなたは魔女かもしれない。あなたは誰なの？」と私が問うと、彼女は「信用がないんだね」と言い、「見なさい！」と自分の服をはぎ取った。そこには美しい女性がいた。彼女は全身緑色で、勝ち誇ったように、まばゆく輝いて、緑色の光の中にたたずんでいた。私は深々とお辞儀をした。彼女はふたたび青い服を身にまとい、老婆の姿となると、「おまえは幽霊たちの中に入るのだ。顔をこのグレーのヴェールで覆いなさい。彼らから見られないように」と言った。私は彼女が命じたようにした。われわれは岩がごろごろした大きな輪の中にいた。幽霊や幻影が大きく唸りながら、どんどん回っているのが見えた。いくつかは大きな爪をもったハルピュイア（訳註：ギリシア神話で、女面女身で、鳥の翼と鍵爪をもった貪欲な動物）であり、それはわれわれを摑もうと舞い降りてきた。他のものたちは美しく官能的で、あまい音をたてていたが、片ややつれてとげとげしいものたちは、空気をつんざくような叫び声をあげた。私の横の女性は「見せてあげよう」と言い、その輪の中心に進み寄った。そこで亡霊たちは彼女を捕らえ、摑みかかって、彼女をずたずたに引き裂いた。恐ろしさのあまり、私は絶叫した。そのあと何か不思議な魔法で、彼女はふたたび元通りになり、その先の細い道へと私を導いた。「どうやって私たちは逃れられたの？」と私が尋ねると、「私がおまえと一緒にいるから、逃げ道があるのだ。もしおまえがひとりで入っていれば、おまえは破滅していただろう」と彼女は答えた。「こんどは私と一緒に降りるのだ」と彼女は言った。そして私を導いて階段を下に降りていったが、私は頭がくらくらして恐ろしかった。その階段はいろいろな色のエナメルの小さいかけらからできた人間の顔だというのがわかった。「顔の上を歩いている」と私が言うと、「そうだ、そうあらねばならないのだ」と彼女は言った。そうした顔が壊れるのがわかったので、私はそれらをまたつなぎ合わせるために立ち止まりたかったが、その女性は私の先をどんどん行くので、立ち止まることができなかった。われわれは岩々でできた輪のところにやって来た。何もない不毛の地であった。その女性は突然姿を消した。私はそこでぐるぐる回り続けた。ついにその輪の中心の土が動くのが見えた。そして地面が割れると、そこからゆっくりと赤い巨大なピラミッドが迫り出してきて聳えた。そのピラミッドからは青い、また白い光が地面に沿って発せられ、それは大理石に変わった。私は驚きのあまり立ち尽くしていた。それから私はピラミッドに向かって歩いていった。そこに私はひとつの血の滴るナイフを見た。別の側には、ひとりの男の分断された顔が彫られていたし、また別の側にはひとりの男が顔を地面につけて横たわっており、彼のあたりにどんどん伸びてくる緑の植物を払っていた。私はナイフのところに戻った。そこからはまだ血が滴り落ちており、血の流れが私の足を覆った。私はナイフを摑んだが、するとナイフのあったところから人間の手が現れ、その指先から血が滴っていた。私はナイフでその手を切り落とした。それから私はナイフでピラミッドを突いた。ピラミッドは崩れ落ち、それがあった場所にはひとりの男が立っているのが見えた。彼の足と手は地面の中に伸びていて、形がなかった。「あなたは私をピラミッドから解放してくれました。今度は私に手足をくれますか？　手足を自由にして、形作ることはできますか？」と男は言い、私は「待っていて」と答えた。私は彼から離れたところに行き、どうしたらあの男を自由にすることができようかと思いをめぐらしながら、ひとりで座っていた。ついに私は立ち上がると、彼に言った。「私はあなたを地面から切り離さねばならない」。彼は「もし私を切り離すならば、血を流して死んでしまうだろう」と叫んだ。私はナイフで彼を地面から切り離した。彼は顔から前に倒れ、彼の切断された手足からは血があふれ出た。私は恐かった。私は土と彼の血を混ぜ合わせ、血の流れる切り口につなげて足と手をなんとか作った。すると彼は直立して、両手を上げたのだが、その両手と口から火が噴き出した。彼は前に歩を進めた。地面から影のような形がいくつも立ち上がり、彼の後を追った。彼は立ち止まった。「彼らが生きられるように、与えなさい。私は下降をつづけなくてはならない」と私は彼に言った。ヴェールが降りてきて、彼の姿を視界から遮断した。私はひとりで立っていた。私はヴェールで囲われて、ひとりで立っていた。上を見ると、私が降りてきた階段が見えた。下を見た。すると階段はどんどん下に続いていた。私は暗闇の中を降り始めた。岩に囲まれた暗い空間に着いた。醜く不格好な人間の姿がいたるところに撒き散らされていた。私は階段の上に立っていた。「この輪の中に入ることはできない。あまりに醜く、あまりに不格好で、あまりに形がはっきりしないから」と私は考えた。私が躊躇していると、地面に横たわっている人間という生き物の身体から白い蛇が出てくるのが見えた。ヴェルヴェットのような気味の悪い手触りをもった蛇たちが私のまわりでのたうちまわっていた。[9]（翻訳は筆者）

このすさまじいイメージを翻訳することは、まだまだ筆者には荷が重く、今後時間をかけねばならないだろう。ただひとついえることは、ここには明らかにアニマといっていいイメージが現れていることである。ユングは女性の心の中にアニマを認めなかった。それゆえにここに現れた魂の導き手としての女性のイメージについてのユングのことばは歯切れが悪い。アニムスが眠ってしまっているから、その代わりに母的なものが彼女を導くのだと言ってみたり、アニムスではなくセルフ（自己）そのものが姿を現したのだと言ったりしている。そのためにユング自身が混乱をきたしている印象さえ受けるのである。

本書で何度も指摘してきたことだが、ユングが女性の心の中にアニマを認めなかったことは、その時代の女性観に縛られたユングのひとつの限界であったことが、今では多くのユング派の指摘するところとなっている。女性が自分に帰るためには、すなわちその個性化の過程のためには、ユングが考えたようにアニムスとの結びつきが最も大事なことではなく、それ以前にアニマとの結びつきを回復することが不可欠であることは、筆者が日々臨床の中で感じていることである。魂のイメージは女性にとっても女性のイメージで表されるようなものなのだ。実際このクリスチアナのヴィジョンの中の彼女を導く女性がアニマでなければ、何だというのだろう。むしろその存在を信じられないことに、多くの女性の不幸はある。クリスチアナも初めは「魔女かもしれない」と不信感を抱いているように。しかしこの老婆は、輝かしくも神々しい姿を彼女に示す。そして深く、恐ろしい無意識の冥界へと彼女を導くのである。そこでその女性は自ら、亡霊たちに身を裂かれる。ここにはペレラがシュメールの女神イナンナの冥府下りの神話によって示した、女性のイニシエーションのイメージと共通するものが見られる。[10] イナンナもまた冥府に下り、そこで殺され杭にぶらさげられる。そしてそこから生き返るのである。クリスチアナのヴィジョンの中のこの女性も無傷で蘇る。そしてさらにクリスチアナを深く導いていく。このアニマと一緒でさえあれば、彼女は破滅しないですむのだ。ところがクリスチアナはこのアニマとはぐれてしまう。ひとり取り残されたクリスチアナが体験したことは何だったのだろうか。彼女は血塗られたナイフを手に取り、男性たちを解放する役割を与えられてしまう。それは本当に彼女がやるべき仕事だったのだろうか。

クリスチアナと接する男性たちを魅惑したもの、それは彼女の並々ならぬ知性であった。ユングはこの女性の思考能力を高く評価しながらも、一方で彼女の思考優位を批判し、女性の本来のあり方であると彼が信じた感情の面を伸ばすように彼女に要求した。クリスチアナは「父の娘」として、そうした期待に懸命に応えようとしたが、それはダブルバインドとして、彼女を生涯苦しめたのではなかっただろうか。

5 ❖ クリスチアナ・モーガンが遺したもの

ヴィジョン・セミナーは突然に打ち切られ、その唐突さが憶測を呼んだ。クリスチアナのヴィジョンの流れがユングの望むような方向に行かなくなってきたことに、ユングはいら立ちを覚えたのではないかということもいわれてきた。しかし真相はクリスチアナ自身がその中止を申し出たことにあるらしい。というのも、いつのまにかチューリッヒのアメリカ人のサークルでは、ヴィジョンを見た女性がクリスチアナであることが囁かれており、そのことをクリスチアナは知り合いから聞かされ、ショックを受けたという。というわけで、クリスチアナの見たヴィジョンがすべてセミナーで紹介されているわけではない。ヴィジョンは彼女がユングのもとを去ってからもしばらく続いたという。最終的にクリスチアナは一九二七年に自分のヴィジョンのテキストと絵のファイルをアメリカからユングに送っている。それを見て感激したユングの礼状（一二月二八日付け）が残っており、その一部の表現はすでに紹介した。その手紙はさらに次のように続く。

以前の患者たちは黄泉の国の非現実な影となってぼんやりとくすんでしまうのに対して、あなたは常に私にとって生きた現実です。あなたは生き続けています。そこにはある種の生きたつながりがあるに違いありません。…親愛なる、親愛なるクリスチアナ・モーガン、あなたはまさに私にはかなりな驚異です[11]。

ユングの興奮が伝わってくるのと同時に、ユングにとってクリスチアナが特別な女性であったことがうかがわれる。彼女もまたユングのアニマを担ったのである。

セミナーで紹介されているもの以後のヴィジョンについては、その幾分かをわれわれはダグラスの書いた伝記から知ることができる。ダグラスによれば、ユングと別れたあとのクリスチアナのヴィジョンには多くの女性のイメージが出現しているらしい。アニマの問題がより鮮明に出てきていたのであろうか。

クリスチアナはシリーズの最後のヴィジョンだけを別に記録し、ユングにもマレーにも語らなかった。それゆえ、公式に最後のヴィジョンといわれているものは、最後から二番目のものになる。その最後から二番目のヴィジョンでは、クリスチアナは腕を広げ十字の形に横たわっており、右の手のひらの上には夫のビルが、左の手のひらの上にはハリー・マレーが、そして両足の上にはユングを思わせる老賢者が彼女を十字架にとどめる鉄杭のように立っている。まさにこれら男性たちのために、彼女がどのような役割をとったのかを示しているような図である。彼女の上空には青い炎の輪の中の神々しい子どもが上昇していき、山の頂上に近づいている。それに対して最後のヴィジョンは次のようなものである。

私は山を登っていた。雨が打ちつけ、草や花々が私の足元で伸びていく。降り注いでくる山頂の輝かしい白い光の方を私は仰ぎ見た。突然その光は私の前に立ちはだかった大きな黒い男の姿によって遮られた。私はその男に近づいた。彼のそばに行くと、彼は自分の胸の皮膚を切り開いて、内部の骨や筋肉や腱が全部見えるように、皮膚を持った両手を広げて立っていた。彼の胸の上には一枚の鏡があった。私はその鏡を覗き込み、自分の姿が映るのを見た。私の頭の上には小さな、翼のある金色の子どもが腕を広げていた。それは金色の光に包まれていた。その男は鏡を隠したり、顕したり交互にくり返した。ついに私は「それを止めて。さもないと鏡を割るわよ」と言った。私は鏡のある男性の胸の上に右手を打ち込んだ。すると男は私の手の上で皮膚を閉じたので、私は手を自由にすることができなかった。私はもう片方の手で男を打ちすえたが、身を離すことができなかった。それで「いいわ、待つわ」と私は言った。私はその男をもう一度じっくり眺めた。突然彼が透明で、山からの光が彼を通過しているのがわかった。私は叫んだ、「なぜかしら、あなたはもう私と光との間にいない。あなたは透明だわ」と。すると男は「おまえは自分自身を解き放したのだ」と言うと、消えてしまった。私は山を登った[12]。

なぜクリスチアナはこのヴィジョンを男性たちには伝えなかったのだろうか。ダグラスはそれが男性たちの期待には沿わないイメージであったために、彼女が伝えなかったのではないかと考えている。そしてこのヴィジョンをもう少しクリスチアナが大事に考えたなら、彼女の生き方は変わったのではないかと残念がっている。確かにここには、男性の投影を引き受けることを拒否し、それによって男性から解放され、自分の足で山を登っていくというイメージがある。しかし、考えてみると、自分の足で山を登る勇気を、今の女性たちはもてているといえるだろうか。

クリスチアナの生き方を、われわれは笑うことはできない。今でもまだわれわれの中にはクリスチアナがいる。気づかないままに、いつのまにか男性の期待に合わせている多くの「父の娘たち」が自分を十字架に縛り付けているのである。ではどうすればいいのか。本当の女性の生き方とはどういうものなのか。ここにわれわれが再びクリスチアナの残してくれたヴィジョンに注目する意味がある。ひとりの女性の無意識の奥底から紡ぎ出されたこれらのイメージは、われわれに多くの問いを投げかけている。そしてそれに接する女性の一人ひとりが自分なりの翻訳を自分のことばで試みることこそが、今求められている。

　セミナーの記録がこのほど新しく刊行され、クリスチアナのヴィジョンがより多くの人々に知られるようになることは喜ばしい。ユングが考えたように、これらのヴィジョンは女性のイニシエーションの過程を示すたぐい稀な記録であることは間違いがない。そしてそうした意味をもつものとして、これほどのものが今後現れるかどうかははなはだ疑問である。なぜならばクリスチアナの得たヴィジョンは彼女がユングと出会ったことにより初めて可能だったものだからである。実際、彼女はその後ひとりでトランスに入り、ヴィジョンを見ようとしたが、これほどのものが現れることは二度となかったという。そこに、同じ冥界めぐりを経験した魂との出会いがあったからこそ、可能だったのではないだろうか。ユングとクリスチアナはどこか兄と妹のように似たところがあったのかもしれない。クリスチアナがユングに老賢者を見るのではなく、兄を見ることができていたら、彼女の人生はまた大きく違っていたのではないだろうか。

　クリスチアナ・モーガンの名前を初めて耳にする心理臨床家も、実は彼女が身近にいたことを知っているだろうか。心理検査として日本でもポピュラーな絵画統覚検査（TAT）の中に彼女は今も生きている。彼女が描いた絵がどれとどれなのかはわからない。しかし筆致のうえで、彼女が描いたのだろうと思われるうちの一枚に、女性の背後に老婆がいる図版がある（12F）。〝背面夜叉の図〟とも、〝悪魔のささやきの図〟ともとれそうだが、実際この老婆の表情はどこかユーモラスで、それほど悪いイメージは喚起されないようである。[13] クリスチアナは自分の中のこの老婆の存在に気づいており、それが大事なものであることをどこかではわかっていたのかもしれない。ただそれを信じるには、男性の影があまりに大きく邪魔をしていただけなのだ。そう考えたい気がする。

[引用文献]

（1）Jung, Carl Gustav, edited by C. Douglas: Visions: *Notes of the Seminar Given in 1930-1934*. Princeton University Press, 1997.
（2）Jung, C. G.: *The Visions Seminars*. Spring Publication, 1976.
（3）Douglas, Claire: *The Woman in the Mirror: Analytical Psychology and the Feminine*. Sigo Press, 1990.
（4）Douglas, Claire: *Translate This Darkness: The Life of Christiana Morgan, the Veiled Woman in Jung's Circle*. Princeton University Press, 1997.
（5）Jung, C. G., edited by G. Adler & A. Jaffé: *C. G. Jung Letters, Vol.1: 1906-1950*. Princeton University Press, 1973.
（6）Jung, C. G., edited by W. McGuire: *Analytical Psychology: Notes of the Seminar Given in 1925*. Princeton University Press, 1989.（河合俊雄監訳、猪股剛他訳『分析心理学セミナー1925』創元社、二〇一九／横山博監訳、大塚紳一郎他訳『分析心理学セミナー』みすず書房、二〇一九）
（7）Hannah, Barbara: *Jung: His Life and Work, A Biographical Memoir*. G. P. Putnam's Sons, 1976.（後藤佳珠・鳥山平三訳『評伝ユング――その生涯と業績』人文書院、一九八七）
（8）文献（4）
（9）文献（2）
（10）Perera, Sylvia B.: *Descent to the Goddess: A Way of Initiation for Women*. Inner City Books, 1981.（山中康裕監修、杉岡津岐子・小坂和子・谷口節子訳『神話にみる女性のイニシエーション』創元社、一九九八）
（11）文献（5）
（12）文献（4）
（13）坪内順子『ＴＡＴアナリシス――生きた人格診断』垣内出版、一九八四

〈付記〉

この文章は書いたのは、一九九九年のことであり、ヴィジョンの内容も筆者自身が翻訳している。しかしその後、ボーリンゲン・シリーズのひとつとして出版されたこの『ヴィジョン・セミナー』は、二〇一一年に氏原寛、老松克博両氏の監訳により、創元社より美しい装丁で翻訳出版されているので[1]、今では広く日本語で読むことができるようになった。ただ原本に忠実であるということは、クリスチアナのヴィジョンの内容はぶつ切りにされたものであり、その全容を摑みにくいところは、やはり筆者には残念なところだ。

クリスチアナのヴィジョンは三分冊にまとめられていたらしいが、なぜかユングがヴィジョン・セミナーで取り上げたのは、第一巻と第三巻で、第二巻については取り上げられていない。このことを指摘したのは、イローナ・メルカー(Ilona Melker)である[2]。（ボーリンゲン・シリーズの中では本来Book 3であるものが、Book 2とされている。）なぜユングは第二巻を無視したのだろうか。メルカーは第二巻の内容が、ユングには気に入らなかった可能性を示唆する。そしてこの第二巻こそが、女性としてのクリスチアナにとっての大事なイメージであったことを、紹介している。そこではキリスト教以前の異教的な太母神が、そのパワフルで恐ろしい姿を現すとともに、クリスチアナも下降していき、女神イナンナがそうであったように、地下世界に下降して試練を受けるという、女性にとってのイニシエーションのイメージをたどることができる。しかしヴィジョン・セミナーの過程では、クリスチアナのヴィジョンにキュベレーやイナンナなどの女神が現われたときに、ユングはそれをクリスチアナのインフレーションだとして、否定的に捉えていたことを、ここでメルカーは指摘している。

メルカーは二〇一六年に京都で開かれた国際分析心理学会（ＩＡＡＰ）の大会において、これまで公開されていなかった、クリスチアナ・モーガンの第二巻のヴィジョンの図版や、ヴィジョン・セミナー中断後のヴィジョンの図版をわれわれに示してくれた(3)。

最後にクリスチアナが目指し、登っていく、太母神キュベレーを象徴するラピスラズリの青い山のイメージは、筆者に鮮烈な印象を残した。それは地獄めぐりの果てについに現われた到達点であり、今まで見えていなかった女性の本質を何らかの意味で示しているのではないだろうか。

第二巻の図版には一八枚の曼荼羅が含まれている。そのイメージはユングの『赤の書』を彷彿とさせる。これらの図版が遠からず出版され、クリスチアナのヴィジョンの全容が明らかになる日が来ることを切に願いたい。彼女が残してくれたヴィジョンからは、女性たちが学ばなくてはならないことが多くあるに違いない。

［引用文献］

（１）Jung, Carl Gustav, edited by C. Douglas: *Visions: Notes of the Seminar Given in 1930-1934*. Princeton University Press, 1997.（氏原寛、老松克博監訳、角野善宏、川戸圓、宮野素子、山下雅也訳『ヴィジョン・セミナー』全三巻、創元社、二〇一一）

（２）Melker, Ilona: Christiana Morgan's Final Visions: A Contextual View, *Jung Journal: Culture & Psyche, The San Francisco Jung Institute Library Journal*, Vol.9 No.3, 2015.

（３）Melker, I lona: Revisiting the Visions of Christiana Morgan: What was left out of Jung's 'Visions Seminars'. ＩＡＡＰ大会KYOTO2016での口頭発表。

終　章

女性がありのままの自分を生きるということ

1 ❖ 女性の本質とは

女性の本質とは何でしょうか。ご存知のように、女性たちはそれに触れることを好みませんし、男性はあえてそれを語ったりしません。あえて語ろうものなら、彼はまちがいなく、女性の最も神聖な価値を汚したなどと責められるでしょう。それは細心の注意を払って隠されています。それに関する真実を語るには、まったく尋常ならざる意識と個人的な勇気を持った女性が必要です。女性はものごとを、こうであるべきもの、こうであってほしいもの、こうなるべきものとして語りがちですが、あるがままのものとしては語らない傾向がありはしないでしょうか。[1]

（ユング『ヴィジョン・セミナー』原書 p.329, 邦訳三六六頁）

本書では、いわば隠されていた方がよかったかもしれない「女性の本質」について、あえて考えようとしてきたともいえよう。筆者はおよそ、ユングがここで言うような、「まったく尋常ならざる意識と個人的な勇気を持った女性」であるはずもなく、ただ蛮勇にかられた行為というべきだろうか。唯一筆者にその資格があるとすれば、それは筆者が「女性」であることである。少なくとも女性としての感じ方に正直に考えてきたとはいえるだろう。そこでできたことといえば、いろいろな素材をもとに、いろいろな角度から、自分の力量に見合った範囲で周辺から少し地ならしをした程度である。女性の本質を探るという大仕事は、一人ひとりの女性に託されている。

ここでユングは、「女性はものごとを、こうあるべきもの、こうであってほしいもの、こうなるべきものとして語りがちですが、あるがままのものとしては語らない傾向がありはしないでしょうか」と指摘している。鋭い指摘である。それは女性が今ある自分に満足することなく、いつも不足感を抱いていることを表している。このことは女性たちが内からの自信をもつことなく、男性から見た「女性とはこうあるべき」という理想のイメージを押しつけられているのではないだろうか。女性たちが男性に認めてもらうことを目指すとすれば、残念ながら、女性同士がライバルになってしまうということも起こってくる。妬《ねた》みや嫉《そね》みといったネガティブな感情に振り回されることも起こってくるだろう。女性が向き合わずに、男性的な価値観という同じ方向を向いてしまうからである。母と娘がこじれてしまうのも、二人が向き合うことを邪魔するものとして、この第三のものがあるからなのかもしれない。

今ある自分を肯定できること、ありのままの自分を認めて、無理せずに生きられるようになれたら、どんなに肩の荷が下りることだろう。そうなるためには、自分の中に眠っている本来あったはずの、女性のちからを再発見することが大事になるのではないだろうか。その思いをもとに、筆者なりに探ってきたのが本書である。そこから何かひとつでもヒントを得ていただけただろうか。

最後に当たって、筆者が「女性的なスピリチュアリティ」と呼んでいるような、女性の本質を見失ったことで現代に起こっていると筆者には感じられる、いくつかの問題をあげておきたい。

2 ◈ 母娘関係のこじれ、ねじれ

子どもの数が少なくなった現代では、男女を問わず親の期待が子どもに負担を強いる場合がある。母親が同性である娘に、自分がかなえられなかった夢を託す場合もあるだろう。あからさまにそうすることはむしろ少ない。表向きは、子どものしたいようにさせているという態度を示す。しかし子どもは暗黙のうちに親の期待を感じ、それに応えようとする。

　母娘関係がこじれてしまうことの背景には、母親自身が自分を生きられていないこと、自分の女性性を肯定していないことがある。母親自身がどっしり大地に根を下ろして、今の自分に満足できていれば、娘は自由に飛び立てるだろう。しかし母親が自分を肯定できずに、男性的社会の価値観に影響されると、母親自身が男性に負けないような学歴を娘に期待したり、専門職に就くことを望んだりする。社会的な成功とは別に女性がそのままでよいものであるということが、娘に伝達されていかない。

　女性が自分自身の創造性を生かすようなことができないままに、しかし母親になることで社会の中に胸を張れる存在価値を認められるとなると、そのステータスを維持するためには、子どもにかじりつくことにもなってしまう。子どもに代わりに生きてもらったり、時には娘が母の面倒を見ざるを得ないような、逆転現象さえ起こることがある。（最近の小説、宇佐見りんの『かか』では、母娘の入り組んだ関係性が見事に描き出されていて秀逸である。そこでは娘は最終的に自分が母親を妊娠したいとまで思う[2]。）

　さらにやっかいなのは、自分を生きないで、娘に託す母親は、娘が成功すればしたで、嫉妬して憎むことさえもあるのである。母と娘がライバルになってしまうことも起こってくる。「毒親」という言葉がはやり、娘が母親に憎しみを向けることもあるが、母と娘はどこか地続きで、完全に関係を絶つことは、自分をも傷つけることになりかねない。母と娘のそれぞれの気持ちが行き違ってしまうことはとても残念なことである。母は与えようとしていないわけではない、娘は求めようとしていないわけではないのに、方向がずれてしまうのだ。母は娘に受け取ってもらえないと嘆き、娘は母から欲しいものをもらえないと嘆く。こうして母から娘の伝達がうまくいかないのも、女性たちが世間から与えられた役割にとらわれて、自分を生きてこなかったことが関係しているのかもしれない。

女性が自分を生きられないということになると、どういうことが起こるのだろうか。先の例で母親が娘に負担を背負わせるように、ネガティブな作用が起こることになる。現代の女性は男性同様の社会的成果を求められつつも、同時に女性というものについての作られたイメージに合わせるように、知らないうちにさせられているといった、ダブルバインドの状況にあるのかもしれない。女性はいつまでたっても自分に満足できずに追い詰められていく。母親は意識のレベルでは、娘のためを考えているのであって、自分が娘に負担をかけている気はない。ネガティブな作用は無意識のレベルで起こるのである。深層心理学では、いかに人が思わず知らずに無意識の作用を受け、それに動かされているか、ということを考えようとする。ユング心理学では、意識と無意識は相補的なものであると考え、意識的な生き方にどこか無理があるような極端な偏りが出てしまう場合は、それを補償するかたちで無意識が活性化され、ネガティブな力に知らないうちに動かされてしまうとする。自分を生きないで、人に代わりに生きてもらおうとする人は、無意識な力にのっとられてしまうので、相手のためになっているつもりでも、ネガティブな力として相手を支配することになる。

この考え方からいうと、母娘関係に限らず、女性が自分を滅して人のために尽くすというような、母性のイメージのもとに女性に求められていることは、実は相手を操り支配するという、ネガティブな作用と裏腹であることも見えてくるだろう。人のためになろうとすれば、まずは自分を生きなくてはならない。

3 ❖ 女性の守りについて

幼い女児が性的被害を受けることは大変こころの痛むことである。その出来事は受け入れられないこととして幼い子の記憶から消されることが多いが、長じてからさまざまな問題を引き起こす。幼いときにはそれは愛着の問題とからむだけに、寂しさを埋めるために、安易に自らの性を提供することが若いうちから起こってしまう。現代ではＳＮＳの普及によって、ごく普通の中高生がよく知らない男性と関係をもってしまうことまで起こっている。親の知らないところで行なわれてしまうこのような行動をどのように防いだらよいのだろうか。究極にあるのは、本人の寂しさであり、自分の足もとの寄る辺なさ、自分の存在の不確かさである。そうした形であっても、自分が必要とされるということに、自分をつなぎとめようとする。

　こうした話を聞くと、少女がなぜもっと自分を大事にできないのだろうかと、誰しも思うだろう。身体だけの問題ではない。大事にすべきもの、女性であることの誇り、それがどこか曖昧にぼやけてしまっているのではないだろうか。それは母親の世代もそうで、母親までもが男性的な価値観にいつのまにか影響されていて、そうした女性の大切なものを、娘たちに受け継いでいくことが難しくなっているのかもしれない。娘たちは、自分がしっかりと大地に根差しており、この大自然、宇宙の中で祝福された存在であることを信じることができないでいる。

　ここでひとつグリム童話の「手なし娘[3]」の話をしたい。有名な話なので、ご存知の方もいるであろう。ある日、貧しい粉ひきの男が森の中で出会った男（実は悪魔）に、金持ちにしてやろうと持ちかけられ、金持ちにはなったが、代わりに娘を悪魔に渡さなくてはいけなくなってしまう。三年後に悪魔である男が娘を連れにくるまで、信心深い娘は神を敬い、いよいよ悪魔が来たときにも、身を清め、自分のまわりの地面にチョークで円を描く。つまり結界を引いたのである。それによって、悪魔は娘に手を出せなくなる。このような守りの知恵を、現代の少女たちも、一人ひとりがもつ必要があるのかもしれない。ここでの神への信仰は特定の宗教というのではなく、超越的な何か人間を超えた大いなるもの（たとえば、村上和雄氏のいうサムシング・グレートのような[4]）を感じるこころといったものと考えてもよいのでは、と思う。
「手なし娘」の話では、このあと、父親が悪魔の指示で娘の手を切り落とすという展開となるのだが、娘の清らかな涙によって、やはり悪魔は娘に手を出すことはできない。そして手を失った娘は自分から父親の家をあとにして、放浪の旅に出るのだが、関心のある方は読んでいただきたい。この娘はその後も苦労を重ねながら、最終的には自然の大いなるちからに見守られて傷を癒していく。親が守ってくれないとすれば、娘はどうすればいいのか。この物語にはそんなときのヒントがあると思う。

　現代では家族の形態が核家族であることが多く、そのぶん親子関係が緊密になる傾向がある。数世代が一緒に暮らしていたときには、まだ子どもには逃げ場所があったが、核家族のような狭い世界に閉じ込められると、親の機嫌に子どもは一喜一憂するようにもなってしまう。世間に流布した「母性神話」によって、母親は子育てが楽しいものであるというよりも、しくじってはいけないという緊張感をもってしまうこともあるかもしれない。そうなると核家族という密室状態は、親にとっても子どもにとっても息苦しいものになるだろう。親も子も家族という閉じられた世界だけではなく、もっと広い世界の中にいかに自分を位置づけられるかということが、ひとつの課題である。それはひとつには、人間を超えた何かに思いをはせるということでもあるだろう。

　日本人は古来、大自然の中に畏怖の気持ちをもってきた。それを特定の宗教の枠にはめなくても、人間を超えた何か大いなるものの存在をどこかに感じるだけでも、人間は自らの小ささや限界を知って、謙虚になれるのではないだろうか。それは想像力を広げることでもある。行動力のない子どもであっても、本を読んで果てしない空想の世界の中に自分を置くこともできるだろう。しかし現代は空想する前に、さまざまな情報が子どもを取り囲み、子どもの時間を奪うようになった。多くのネット情報によって、世界は広がったのだろうか。確かに知識を増やした面はあるだろう。しかし玉石混淆の情報の中には、いたずらに混乱させるものもあるであろうし、何よりも、「知ったつもり」になることがこわい。地に足のつかない万能感は、五感という人間に与えられた宝を鈍くしてしまう恐れもあるだろう。

4 ❖ 影と向き合う

ユング心理学の重要な概念に「影」というのがある。それは人間のこころの無意識な領域には、自分が絶対に受け入れたくないものがあるのであって、それを「影」と呼んだのである。それは受け入れたくなくても、自分のこころの一部には違いなく、受け入れたくないから無意識に押し込めたともいえる。この影は意識されないままにあると、周りに投影される。周りにたくさんの敵を見る人は、それだけ自分の中の影が濃いということになる。ユング心理学では、心理療法を通して自分らしくなっていく過程を「個性化」と呼んでいるが、そこで取り組まねばならないのが、自分の影を知るということである。これは言うほどたやすいことではない。

女性が外から与えられた「女性らしさ」とか「女性イメージ」にいつのまにか影響され、それから外れないように生きるとすれば、それが世間で求められる、いわば光の当たったものであるだけに、無意識の影は濃くなるのかもしれない。それは知らないうちにネガティブな影響を与える。完璧な母親であろうとすればするほど、無意識のうちに子どもを支配したり、時には虐待すら起こりうる。非常に有能な女性が十分にその創造性を社会の中で発揮しないで、「女性らしさ」の枠に留まるとすれば、それは嫉妬というかたちで周りの人の足を引っ張ることもある。もちろん本人はなぜそんなことが起こるのか、無自覚な場合も多い。だからこそ、女性は、外から押しつけられた「女性イメージ」を生きるのではなく、自分が最も伸び伸びできる自分自身を探していかなくてはならない。そのときには、理想やきれいごとのイメージではなく、多くの欠点や、自分の中のズルいところや腹黒いところなどを自覚していくことも必要となる。

女性は弱いのだろうか。男性に比して体力面では確かにそうだろう。女性が男性の暴力に危険を感じるのも、そこにある。しかし表層のその弱さが強調されればされるほど、無意識のちからが増すという面もある。つまり見えないかたちで男性を心理的に追い詰めることで、男性の暴力がエスカレートしてしまうことさえあり得るのである。そのあたりも、女性が自分の影について考えてみる必要のあるところである。

女性は「こうあるべきこと、こうあってほしいこと」を追いかける前に、ありのままの自分を覗き込むこと、その中には見たくないものがたくさんあるかもしれないが、あえてそこから目を背けないことも、ありのままの自分に少しでも近づくためには必要なことなのだろう。

人間の無意識を意識化することは容易なことではないし、どこまでも無意識は残るように、自分の中の影を全部知ることはできない。それでもいくらかでもそれを知ることで、人は他者に対して優しくなれる。キリストが罪を犯した女を断罪しようとした人々に、「(あなたがたの中で) 罪を犯したことのない者が、この女にまず、石を投げなさい」と言い、誰も石を投げられなかったように(ヨハネによる福音書、8：1～11[5])、誰でも自分の胸に手を当てれば、人を非難することはできないはずだ。現代のSNSの炎上のような非難の嵐は、自分が正義だと思い込む人の多さを示していて残念なことだと思う。人間だから失敗もする、過ちも犯す。それを受け入れられないというのは、自分が神でもあるかのような不遜さがある。それと同時に、自分の可能性も狭めているのではないだろうか。人を受け入れるということは、そこに多くの想像力も必要となる。そしてそれが世界を広げ、こころを豊かにする。

5 ❖ ありのままの自分に向けて

こころの中にも広い世界があること、広い宇宙があることを示してくれたのが、筆者にとってのユング心理学である。ユングは人間のこころの深淵には人間がその進化や長い歴史の中で培ってきたものが蓄積されていることを、集合的な無意識にある元型という概念で示そうとした。つまり一人ひとりは別の存在であるけれど、こころの奥の無意識の世界にも、個人を超えた普遍的な無意識（それをユングは集合的な無意識と呼んだ）という広大な世界が広がっているのであり、そこでは人類に共通して受け継がれていくこころのパターンといったもの（元型）があり、人間に影響を与えているとしたのである。

ユングの心理療法では、前にも述べたように、目指すところは、その人がいちばんその人らしく生きることなのであり、それは「個性化」と呼ばれるのだが、決して自分本位や自己中心的になることではない。それは意識している自分だけではなく、意識していない無意識も含めたこころの中心である「自己（Self）」に少しでも近づこうとすることであり、すなわちいくぶんかは普遍的な無意識とのつながりをも目指すことでもある。それは自分というものが、ある時代、ある環境に縛り付けられているのではなく、自分の中に脈々と人類の歴史が流れている感覚をもたらす。自分になっていくというのは、自分を削り取って自分の輪郭をはっきりさせることではなくて、自分の奥行を広げていくことなのだろう。逆説的だが、自分になっていくというのは、他者を切り捨てるのではなく、他者を受け入れていくことなのである。自分の中の世界が広がることで、私たちは伸び伸びとできるのかもしれない。

とはいえ、女性がありのままで伸び伸びと生きていけるようになるのは、現実には容易ではない。知らない間に女性たちは男性ルールに慣らされているし、男性の抱く女性イメージを疑問もなく受け入れて、それに近づくようにしてきたからである。もちろんそれを逆手にとって、男性を利用しようとする女性もいるかもしれない。あるいは男性並みの仕事に邁進し、成果もあげながら、どこか不足感をもち続ける女性もいるかもしれない。家庭をもったらもったで、社会に取り残される不安をもつ女性もいるだろう。子育ても周りを気にして、純粋には楽しめないこともあるだろう。

　では、どこから始めたらいいのだろうか。まずは情報に振り回されずに、自分の感覚を大事にすることが重要なのではないだろうか。五感を研ぎ澄ますこと。長年にわたって教え込まれたことと、自分の感覚には相いれないものがありはしないかを問うてみて、何か違和感があったなら、それを無視しないこと。その感覚はことばにはならないものかもしれない。おそらく容易にことばにはならないだろう。それでも、ことばにならないからといってそれを無いものとはしない。そんなわずかな、かすかな感覚を少しずつでも集めていくこと。そんなことから始めていくしかないのかもしれないとも思う。

　ことばはひとつの障壁だったかもしれない。女性にとってはあえてことばにする必要がないからことばにしないで来たということも多いのではないかと思う。しかしそのことによって、男性的な言葉では掬うことができないからと、無視されてきたということもあるだろう。それによって女性自身もいつのまにかその存在を忘れてしまったり、信じられなくなったりしてしまったのかもしれない。女性は、たどたどしくても女性としてのことばを紡ぐことがこれからは必要なのだろう。

　自然とのつながりを意識して求めることも大事かもしれない。自然の中で自然の気を感じてみること。そして自分が無理をしていないかを、自分に問うてみること。どういうときに自分が心地よく、安心していられるかを考えてみること。そして自分の内から聞こえてくる声に耳を澄ますこと。それは簡単には聞こえてこないかもしれない。しかしこの本で言ってきたような、昔の人が尊重せずにはおれなかった女性の何か優れた特質、たとえば筆者が「女性的なスピリチュアリティ」と言ったもの、それは時に女性ならではの知恵のようなものかもしれないのだが、そういったものが、ひょっとしたら自分の内にはあって、いざというときに、その声が聞こえてくるかもしれないと耳を澄ませ続けることは、無駄なことではないと信じたい。

［引用文献］

（1）Jung, Carl Gustav, edited by C. Douglas: *The Visions: Notes of the Seminar Given in 1930-1934*. Princeton University Press, 1997.（氏原寛、老松克博監訳『ヴィジョン・セミナー』創元社、二〇一一）
（2）宇佐美りん『かか』河出書房新社、二〇一九／二〇二二［文庫］
（3）『グリム童話集Ⅰ』岩波書店（文庫）、二〇〇一
（4）村上和雄『コロナの暗号』幻冬舎、二〇二一
（5）聖書協会共同訳『聖書』日本聖書協会、一九八七

■初出一覧

序　章❖わたしのユング心理学……二〇一九年三月三日開催のユング派分析家協会研修会での講演をもとに加筆修正

第1章❖女性であることとスピリチュアリティ

1❈心と身体とスピリチュアリティ……伊藤良子・大山泰宏・角野善宏編『心理臨床関係における身体』京大心理臨床シリーズ9、創元社、二〇〇九（初出タイトル「こころと身体とスピリチュアリティ」）

2❈女性的なスピリチュアリティと心理療法……河合隼雄編『ユング派の臨床』金剛出版、二〇〇〇

第2章❖心の内の男性と女性

1❈男性の心の深層……西川祐子・荻野美穂編『共同研究男性論』人文書院、一九九九（初出タイトル「内なる女性」との不幸な関係――男性の心の深層」）

2❈女性的な時……山中康裕・斎藤久美子編『臨床的知の探究――河合隼雄教授還暦記念論文集』創元社、一九八八（初出タイトル「女性的な時をめぐって」）

第3章❖不足と充満――食をめぐって

1❈食の病と女性のたましい……『イマーゴ』特集　食の心理学、Vol.4-10、青土社、一九九三（初出タイトル「食の病いと女性のたましい」）

2❈時を止めたい少女たち……京都市社会教育総合センター『創造的市民』第17号、京都市社会教育振興財団発行、一九八七

第4章❖聖女か魔女か

1❈癒しの象徴としてのマリア……京都文教大学「宗教と癒し」研究会編『宗教と癒し――救いの手がかりを求めて』三五館、二〇〇〇

2❈魔女と心の闇……安田喜憲編『魔女の文明史』八坂書房、二〇〇四

3❈「母なるもの」のゆくえ……『児童心理』二〇〇一年八月号臨時増刊755『母親の心理ハンドブック』金子書房

第5章❖芸術が教えてくれるもの

1❈映画『ユリイカ』とヌミノースということ……『心理臨床と宗教性――臨床家による多角的アプローチ』（共著）創元社、二〇一〇

2❈画家フリーダ・カーロの作品が語る心の軌跡……京都文教大学臨床心理学科編『ザ・臨床心理学』創元社、二〇〇〇（初出タイトル「七枚の絵が語るこころの軌跡――フリーダ・カーロの作品から」）

3❈メキシコにフリーダ・カーロを訪ねて……「臨床心理研究」京都文教大学心理臨床センター紀要、第2号、京都文教大

学心理臨床センター、二〇〇〇

第6章❖こころの探求としての心理療法

1❖夢と「内なる自分」との関係……吉田圭吾編『人間関係と心理臨床』培風館、一九九九（初出タイトル「夢と人間関係」）

2❖ユングのヴィジョン・セミナーが問いかけるもの……「臨床心理研究」京都文教大学心理臨床センター紀要創刊号、一九九九

終　章❖女性がありのままの自分を生きるということ……書き下ろし

あとがき

人生はなかなか思ったようにはいかない。思いがけないことが起こるものだ。それに翻弄されるもよし、それを受け入れるもよし、と年齢を重ねてしまった今は思う。私が心理療法という仕事をすることになったのも、およそ思いがけないことである。なんでこんなことに、と思わなくもない。同じ仕事をしている人の中には、これこそその方の天職、そのために生まれてきたと思わせる方もいる中で、私にとっては天職どころか、自分がこの仕事に向いているかどうかさえ怪しい。ユング心理学に興味を抱いたのがスタートで、いつの間にかこの仕事をしていた。それでも今まで続けてきてしまったのは、それが「人間ってすごい」と思わせてくれる仕事だったからだろう。もし自分に心理療法家としての資格があるとすれば、それは唯一自分が欠点だらけの弱い人間だからだと思う。私が面接でお会いする方々は皆すばらしく、教えられることばかりである。この仕事を続けてこられたのは、お会いしてきた方々のおかげである。

人生においても、これまでにどれだけの方々に助けられて生きてきたかと思うと、気が遠くなる思いがする。何もお返しができないできたことを思うと、今回これまでに書いたものをまとめて本というかたちにすることは、ささやかながら御恩に報いることなのかもしれない。実はこれまでに、私が書いたものに目を止めていただいた何人かの編集者の方から本を書くようにとのお勧めもいただいたことがあったのに、超がつく怠け者の私はそうした有り難いお話に応えることができなかったのである。本当に申し訳ないことをしたと思う。

　今回の本ではこれまで女性について書いたものを集めており、ずいぶん古いものもあるが、振り返ってみると、自分の言いたいことはそれほど変化していない。それは私が成長していないということではあるが、一方では、残念ながら女性の置かれている状況があまり変化していないということでもあるのだろう。今年の七月一三日、世界経済フォーラム（ＷＥＦ）は二〇二二年版の「ジェンダーギャップ報告書」を発表したが、そこでのランキングで日本は一四六カ国中一一六位であった。それだけ男女平等が進んでいないということである。この位置はアジア諸国の中でも最下位であった。日本での、女性は男性の一歩後ろを行くことをよしとするようなあり方は、それほど根深いものかもしれない。

　筆者の願いは女性が周りの価値観に縛られることなく、自分らしく伸び伸びと、自分の創造性を発揮できるようになることである。そのためには自分を振り返ることも必要だが、現在の情報に溢れた世界では、それすらも簡単ではないかもしれない。あえて自分を見ないようにして、多勢に従っておけば生きやすいという考え方もあるだろう。ただ人間というものは数式のように割り切れるものではなく、また矛盾だらけの人間だからこそ可能性に開かれているともいえる。簡単に自分を決めつけないでいきたいものである。

　気候変動による自然災害の増加、コロナウィルスによる感染爆発、ロシアのウクライナへの侵攻による戦争状態など、大変なことが次々に起こるこの時代に、自分を見失わずにいることは容易ではないが、こんな時だからこそしばし立ち止まって自分の足場を確かめることも必要なのかもしれない。ささやかながら本書から、自分を振り返るためのなんらかのヒントを得ていただけたら望外の幸せである。

本書の出版については、ベテラン編集者の渡辺明美さんに全面的にお世話になった。もともと専門書に寄稿したものを集めているが、できれば一般の方にも読んでほしいという筆者の希望をかなえるべく、章立てなど読みやすくする工夫を随所にしていただいている。古い原稿も多いので、余分なご苦労もおかけしたし、編集者の方の綿密な気配りや、細かい作業がなければ、とても出版にはこぎつけられなかったものであり、ただ感謝しかない。

最後に、本書を祖母と母、そして娘に捧げたい。

二〇二二年八月

豊田園子

◆著者紹介◆

豊田園子

（とよだ　そのこ）

名古屋大学文学部卒業（フランス文学）。京都大学大学院教育学研究科博士後期課程単位取得満期退学（臨床心理学）。スイス、チューリヒのユング研究所でユング派分析家資格取得。帰国後心理療法の個人オフィスを開業。京都文教大学専任講師、助教授、天理大学教授を経て、現在は京都と東京の個人オフィスで心理面接に当たっている。臨床心理士、公認心理師。日本ユング派分析家協会会長。

著書　Memories of Our Lost Hands: Searching for Feminine Spirituality and Creativity, 2006,Texas A&M University Press

共著書　『講座 心理療法〈5〉心理療法と個性』（2001、岩波書店）他

訳書　D.カルシェッド著『トラウマの内なる世界』（2005、新曜社）

女性《じょせい》なるものをめぐって

深層心理学《しんそうしんりがく》と女性《じょせい》のこころ

二〇二二年一〇月三〇日　第一版第一刷発行

著　者　豊田園子
発行者　矢部敬一
発行所　株式会社 創元社
〈本　社〉〒五四一－〇〇四七　大阪市中央区淡路町四－三－六
TEL 06-6231-9010（代）
FAX 06-6233-3111
〈東京支店〉〒一〇一－〇〇五一　東京都千代田区神田神保町一－二　田辺ビル
TEL 03-6811-0662
〈ホームページ〉https://www.sogensha.co.jp/
造　本　上野かおる
組　版　東　浩美
印刷所　モリモト印刷株式会社

〈検印廃止〉乱丁・落丁本はお取り替えいたします。

ISBN978-4-422-11779-9 C1011